다시, 총체적 언어

칼데콧 그림책 깊이 읽기 놀이

이경우 · 곽향림 · 이연승 · 정경진 · 이윤희

창지사

머리말

처음 〈총체적 언어: 문학적 접근을 중심으로〉 책을 출판1996년, 개정판 2001년했을 때는, 연습지가 아닌 칼데콧 수상 그림책을 사용해서 언어교육에 임한다는 것이 참 신선했고 재미있었다. 행동주의에서 탈피해서 구성주의로 가는 초입에 소개된 총체적 언어는 독본 읽기Basal reading가 아닌 좋은 그림책을 재미있게 읽어가며 문해 활동을 하고 상호작용을 하는 동안 언어능력을 습득하는 것이었기 때문에 교사들도 어린이들도 즐거운 시간을 보냈었다.

그러다가 미디어 발달이 가속화되어 세상은 IT기술로 인해 인터넷과 소셜네트워크로 연결되면서 인류는 인쇄 기반 문화에서 디지털 기반 문화로 급격히 변화되어 좋은 그림책을 읽기보다는 온라인 읽기에 빠지게 되었다. 디지털 시대 읽기의 관심은 스크린에 보이는 수많은 정보를 빠르게 훑어보기 위해 요약 읽기를 하며 문장이 길어지면 건너뛰고 읽는 습관까지 생기게 하였다. 모니터에서 애니메이션으로 소개되는 천연색 그림책 영상은 살아 움직이는 것 같고 속도가 빠르고 매력적이어서 어린이들도 미디어 중독으로 되어가고 책 읽기를 멀리하게 되었다. 그 결과 그림책의 문자 메시지가 주는 생각하기, 비판적 사고와 반성, 공감과 이해, 그리고 개인적 성찰과 편견에서의 가치를 잃어버리는 위기에 처하게 되었다.

설상가상으로 2019년 말, 전염병 코로나19 바이러스가 세계적으로 퍼져 나가면서 언택트 시대로 서로서로 격리하며 전에 없었던 폭동과 민족적 편견으로까지 갈등도 빚고 있다. 나이 어린 어린이들도 예외는 아니어서 '집콕'하며 갇혀버린 세상과 사회, 학교에서 자연스럽게 사회적 거리를 두는 생활을 하고 있다.

집 TV나 미디어로 소개되는 언어교육도 구성주의에서 다시 청화식이나 플래시카드로 듣기만 하는 모습으로 변화되고 있다. 그야말로 진일보가 아닌 퇴보의 길을 가고 있다.

이런 환경의 변화 속에서 신경심리학자이자 아동발달학자인 울프Wolf는 〈책 읽는 뇌〉2009년를 출간하며 '읽는 능력이 우리 문명에서 가장 중요한 자질인데, 디지털 정보에 중독돼 상시적 주의력 결핍에 빠지며, 책을 읽지 않아 우리 뇌의 읽기 회로가 사라지고 있다'고 하며 책 읽기를 호소하였다. 10년이 지난 후 울프는 디지털 시대에 우리 뇌가 퇴보하는 뇌로 되어 감을 걱정해서 〈다시, 책으로Reader, Come Home〉2019년 책을 출간하고 '디지털 시대에 우리가 생각하는 능력을 잃고 있다'라고 말하면서 다음 세대를 위한 독서의 중요성을 역설하며 광범위하고 심층적으로 책 읽기 방안에 대해 호소하고 있다. 특히 어린이의 경우, 만 5세 이전까지는 디지털 미디어에 천천히 노출될 것을 간곡하게 말하고 있어 유아교육 분야에 희망적인 방향을 제시하고 있다.

이 책의 저자들도 '읽기 뇌가 사라지는 것'과 '생각하는 능력을 잃어가는 것'에 공감하며, 적어도 만 5세 전까지는 좋은 그림책의 경험을 통해 이 시대가 필요로 하는 창의와 공감 능력, 그리고 비대면 사회지만 더불어 사는 지구촌에서 필요한 반편견의 힘과 공감 능력 그리고 우정이 있는 삶을 이루어 나가는 것이 가능하다고 생각한다. 따라서 좋은 그림책, 특히 칼데콧 수상 도서 읽기로 작가와 교류하고 재미있는 문학적 접근의 여러 가지 전략에 도전하며 다음 세대로 성장할 수 있도록 그 방안을 제시한다.

이 책에서는 초판과는 달리 2000~2020년 출판된 칼데콧 수상 도서를 위주로 하여 〈다시, 총체적 언어: 칼데콧 그림책 깊이 읽기 놀이〉라는 제목을 가지고 이 시대의 요구에 맞도록 새로운 접근으로 출간함을 밝힌다. 그러나 모엔Moen의 〈Teaching with Caldecott Books〉1999년에서 제시한 기본적 메시지는 저자들이 그대로 수용하고 있다.

개정판을 엮는 동안 저자들이 느낀 점은 칼데콧 그림책의 출판 경향이 역사적으로 시대적 요구와 소수 문화의 특징을 잘 나타내 주고 있음을 재확인하였다. 그리고 많은 그림책이 출판된 후 10~15년이 지나면 자연스럽게 어린이 고전이 되는데, 칼데콧 수상 도서 중에 바로 그 좋은 어린이 그림책이 고전으로서 가치 있는 그림책으로 많이 발견된다는 점도 재확인하였다. 이 고전이야말로 본서에서 의미하는 다시 '그림책 깊이 읽기 놀이'로 돌아오기 쉽게 하는 자료로서 그 출발점이 될 수 있을 것이다.

다가오는 미래에는 좋은 그림책 읽기를 시작으로 해서 '컴퓨팅 사고 놀이'로 연결되는 다양한 연구도 이루어지며, 가정에서, 그리고 기관에서 실천할 수 있는 질문–토의 방안도 소개되기를 기원한다. 디지털 시대이기 때문에 인쇄문화에 대한 연구는 소외되고 더디 이루어지고 있지만, 유아교육을 전공하는 학자, 전문가, 교사, 부모님에 의해 다양하고 양손잡이 두뇌 발달을 위한 폭넓은 그림책 깊이 읽기 놀이로 전개되기를 소원한다.

이 시대에 필요한 창의와 공감 능력을 위해 〈세상에서 가장 용감한 소녀Wolf in the Snow〉를 현장에서 실시해 보고 그 반응을 전해 준 H대학 부속유치원의 선생님들과 어린이들께, 그리고 가정에서 실천해 본 S선생님 조카네 가정에 고마움을 전한다. 그리고 이 혼돈의 시대에 반편견과 공감 그리고 우정을 위해 〈친구는 좋아!Yo! Yes?〉를 집에서 두 아이와 실천해 본 K가족에게 고마움을 전한다. 칼데콧 수상 그림책 표지와 내지의 그림을 이 책에 넣을 수 있도록 허락해 주신 여러 출판사께 진심으로 감사한다. 그림이 많아 출판에 어려움이 많았던 창지사 여러분께 진심으로 감사드린다.

2021년 4월

집필진 일동

차례

제1부

제2부

제3부

부록

다시, 총체적 언어

칼데콧 그림책 깊이 읽기 놀이

제1부

제1장 다시, 칼데콧 수상 그림책 읽기로

제2장 칼데콧 메달 그림책의 동향

제3장 2000년~2009년도
칼데콧 메달 그림책 살피기

제4장 2010년~2020년도
칼데콧 메달 그림책 살피기

제1장

다시, 칼데콧 수상Caldecott Medal Winners & Honor Books 그림책 읽기로

빅데이터 시대인 만큼 언급하고 싶은 말이 너무 많다. 그래서 본 장에서는 "다시, 칼데콧 수상 그림책 읽기로 가자!"라는 내용을 가지고 우리가 사는 세상, 이 시대에 필요한 것, 도약의 필요성, 반편견 교육, 다시, 그림책으로 가는 총제적 언어의 문학적 접근 전략, 그리고 다시, 그림책으로 가는 질문의 전략으로 나누어 숙고하고자 한다.

우리가 사는 세상

지금 우리가 살고 있는 세상은 4차 산업혁명의 디지털 시대이며, IT기술의 발달로 세계가 인터넷과 소셜네트워크 하나로 연결된connected 시대이다. 한편 2019년도 말, 코로나19 바이러스가 세계적으로 퍼져나가자 2020년 3월 11일 세계보건기구 WHO는 팬데믹Pandemic: 전염병이 지구상 모든 대륙에서 유행하는 현상을 선언했다. 사회학자들은 코로나를 전후로 B.C.Before Corona와 A.C.After Corona로 구분해야 한다고 주장한다. B.C.가 컨텍트contact 시대라면 A.C.는 언택트 시대 즉 비대면 시대를 말한다.

각 나라는 사회적 거리 두기, 국경 폐쇄로 인한 여행금지, 학교와 상가의 폐쇄 조치 등을 취하면서 나라의 경제가 마비되기도 하였다. 따라서 세계 각국의 나라들은 자국을 보호하기 위해 자국의 이익 추구를 우선시하다 보니 인종차별 등과 같은 사회적·경제적 문제들이 야기되고 있다. 이것은 전쟁 이후 지금까지 사람들이 경험해 보지 못한 혼돈의 삶이다. 다행히 우울하고 고립된 환경은 온라인을 통해 서로 간에 연결되고 소통하면서 해결되고 있다.

감염병으로 인한 불안한 심리는 서로 간의 부정적인 시선과 감정과도 싸워야 한다. 장대익 교수는 팬데믹 시대에 부정적 감정에 집단으로 감염되는 현상을 이모데믹emotion+epidemic: 감정 유행병(youtube, tvN Shift)이라는 용어로 정의하였고 '혐오에 감염되는 이모데믹과 싸워야 한다(2020 4월 10일 발췌)'고 하면서 이 이모데믹을 극복하는 것이 중요하다고 말한다. 즉 사람들은 사회적 거리 두기에서 물리적으로는 거리를 두되 감정적으로는 거리를 좁히자고 하며, 인간만이 갖는 '부정적인 감정보다는 이해와 공감 능력'을 가질 것을 권장한다. 예컨대 우리는 팬데믹 상황에도 불구하고 이탈리아에서는 사람들이 발코니를 통한 합창으로 서로를 위로하는 것, 유명 연예인들이 아이들을 위한 책을 읽어 주는 영상을 촬영하여 올리는 것, 죽은 자들에게 마지막 인사를 하는 것과 같은 행동으로 이모데믹을 극복하고자 하는 모습을 보여 왔다.

세계화 속의 팬데믹 쇼크

이 시대에 필요한 것

팬데믹 상황에서 사람들의 행동을 이해할 수 있는 공감의 마음은 독서를 통해 가능하다. 독서로 의한 간접경험은 부정적 감정의 스토리와 등장인물이 왜 그런 노래나 말을 하고 또 행동하는지에 대한 이해와 공감 능력을 높여 준다. 비대면 시대에 아이들이 학교에 가서 친구들과 자유롭게 악수하고 의사소통을 하는 사회성을 기를 시간을 갖지 못하는 환경에서, 다른 사람을 이해하고 공감 능력을 기를 수 있게 도와줄 수 있는 것이 '책 읽기'라는 데 교육행정가, 교육자, 부모들의 공통적인 생각이다. 특히 어린이들에게는 불안, 공포 등을 극복하고 친구들과의 사회성을 기르기 위한 환경으로는 좋은 그림책을 통한 간접경험 접근방식이 그 어느 시기보다도 요구되는 대단히 중요한 일이라는 데 공감의 목소리가 합쳐지기 시작했다.

AI 시대에 더불어 팬데믹 쇼크는 전 세계에 온라인 문화를 더욱 가속화시켰는데 특히 교육적 분야에 큰 영향을 미쳤다. 사회적 거리두기로 인해해 등교를 할 수 없는 학생들을 위해 온라인 수업환경을 미처 준비하지 못했던 학교들마저 강제적 혹은 타의적으로 어쩔 수 없이 빠르게 비대면 환경에 적응하기 위한 온라인 수업이 강행되었다. 어린이들도 유치원에서 연계된 직접적인 온라인 수업 진행은 매우 어렵기 때문에 TV나 유튜브와 같은 온라인 미디어에 의존한 온라인 수업 형태인 랜선 유치원유치원에서 배우는 다양한 활동을 온라인에서 제공이라는 비공식적 교육을 부모의 도움을 통해 받을 수는 있다. 하지만 집중력이 짧은 어린이들에게 랜선 유치원 교육은 그 한계성을 드러내었다. 이에 인지 신경학자이자 아동발달학자이며 읽는 뇌 분야의 세계적 연구자이며 〈다시, 책으로Reader, Come Home〉의 저자인 울프(Wolf, 2019)는 지금이야말로 더 늦기 전에 '책 읽기로 돌아가자!'라는 주장을 한다. 지금과 같이 앞당기는 미래를 위해 '기본으로 돌아가서 어린이들이 좋은 그림책을 읽게 함으로써 읽기 뇌의 회로를 구축하고 사회적 거리 두기의 삶을 잘 살자!'라는 명제를 들고나온다. 그 이유는 '비대면 시대로 인해 감소할 수 있는 사회적 경험과 상호작용을 좋은 책 읽기로 공감하고 간접 경험을 하면서 두뇌를 발달시키는 초석이 될 수 있다'라는 두뇌 이론이 뒷받침하고 있기 때문이다. 이에 대한 자세한 내용은 이 책 전편에 걸쳐서 지속적으로 반복해서 언급될 것이다.

하버드 대학 어린이 발달 센터의 2010년대 핵심 연구들Experiences Build Brain Architecture; Serve & Return Interaction Shapes Brain Circuitry: Toxic Stress Changes Brain Architecture에 나타났듯이 아동의 뇌 회로 형성과 재구성하는 과정 그리고 시냅스 혹은 전두엽의 발달이 활발히 일어나는 두뇌 발달 초기에는 독성 스트레스가 중요한 영향을 미치는데 유아기에 좋은 책 읽기와 책을 통한 상호작용의 경험은 시냅스를 재구성하고 스트레스를 없애 주기 때문에 좋은 책 읽기의 상호작용 경험이 얼마나 중요한 긍정적 영향을 미칠 수 있는지 그 가치를 일깨워 주고 있다.

니혼대학 모리 아키오 교수의 연구SBS, 그것이 알고 싶다–미디어의 반복적 시청은 전두엽을 파괴한다 2013. 6. 13. 재인용–youtube.com 발췌 2020. 3. 4.에서도 책을 읽을 때 전두엽의 움직임이 게임을 할 때보다 더 활발하다는 것을 알 수 있는데 이는 우리에게 책을 읽을 때의 두뇌의 모습을 보여 주어 전두엽 발달을 위해서는 유아기에 천천히 책을 읽게 하는 경험의 중요성을 과학적으로 증명해 보여 주었다.

강연안(2020)에 의하면 우리의 정체성identity을 위해서도 어떤 이야기를 읽고 어떤 이야기를 듣는가, 무슨 책에 감동되고 누구를 닮아가고자 하는가가 나의 정체성을 형성하므로 무엇을 읽는지, 어떻게 읽는지가 매우 중요하다. 그는 우리 모두는 '말하는 사람'이면서 '읽는 사람'인데 하루도 읽지 않고 그냥 보내는 날이 없다는 평범한 일상에서의 진리를 깨닫게 해 준다. 사실 어린이는 엄마, 아빠의 표정을 '보기'가 아닌 '읽기'를 하며 다음 행동을 결정한다. 이렇듯 우리 일상에는 듣고 말하고 쓰는 것 못지않게 읽기가 중요하다. 그러므로 인쇄문화에서의 종이책 깊이 읽기가 필요하다.

도약의 필요성

위와 같은 관점에서 볼 때 〈다시, 책으로Reader, Come Home〉의 저자인 울프Wolf는 아날로그 문화에서 디지털 문화로 바뀌면서 '읽는 뇌'의 회로가 퇴보하는 것의 심각성을 우려하며 그 대안을 제시하였다. 사실 쉴 새 없이 쏟아지는 디지털 세계의 엄청난 정보들은 분명 새로움과 편리함을 가져다주었지만, 그 대가로 인간의 주의 집중과 '깊이 있는 사고'를 할 수 있는 두뇌 회로의 능력은 거두어 갔다. 최근 청소년들 간에 유행어인 '길어서 읽지 않았다[tl; dr]'는 말이 있다. "tl; dr[too long; didn't read 너무 길어서 읽지 않았다]"처럼 청소년들은 스크린에 담긴 수많은 정보를 빠르게 훑기 위해 건너뛰고 요약하며, 읽는 방식은 글쓰기에 대한 선호까지 바꾸어 버렸다. 어린이들도 예외는 아니어서 그래픽의 화려한 모니터에 더 집중하며 책 읽기를 더디게 한다. 디지털 읽기가 더 짧아지고 단순해지고 건너뛰어도 무방한 문장에 길들여지면서 그동안 문자가 가져다준 가장 커다란 공헌인 비판적 사고와 공감과 이해, 개인적 성찰 같은 본성도 잃어버릴 위기에 처하게 된 것이다. 울프는 "우리 뇌의 읽기 회로[circuit]가 사라지고 있다"라고 말하는데 우리가 디지털 시대에 생각하는 능력을 잃지 않으려면 유아기에 책 읽는 뇌를 반드시 길러 줄 수 있도록 노력해야 하는 것이다.

그런데 위에서 언급한 '읽기 능력'이라는 것은 무엇인가? 울프에 의하면 인간이 이 능력을 갖고 태어나는 것이 아니기 때문에 문해력을 갖도록 하기 위해서는 읽기 회로를 발달시켜야 한다. 이를 위해 자연적·환경적 요인을 마련해 주는 것이 중요하다. 즉 문해력은 후천적 능력이며, 자연적인 것이 아니라 문화적인 것이기 때문에 읽는 뇌는 퇴보할 수 있다. 다시 말해서 어떤 어린이도 아무런 가르침 없이 모국어를 습득할 수는 있지만 읽기 회로는 만들 수 없으므로 읽는 뇌는 구축되어야만 한다. 특히 '양손잡이 읽기 뇌[인쇄물 읽기와 디지털 읽기 능력을 모두 갖춘 뇌]'로 만들기 위해서는 유아기에 책 읽기를 거친 후에 청소년기에는 문화적 이분법을 넘어서도록 해야 하는 것인데 그것은 어떤 매체에서든 시작부터 끝까지 깊이 읽기의 단계를 체득시키는 것이다. 어린이 스스로 읽는 속도와 깊이 읽기를 조절하는 능력을 체득할 수 있으면 결국 어린이는 arcia/tl의 경지에 이르게 된다.

arcia/tl = attend remember connect infer analyze / then LEAP

주의집중 기억, 연결, 토론, 분석하면 도약하게 된다.

주의집중을 하고 기억하고 연결하며 추론하고 분석하며 도약하게 된다. 그리하면 결국 공감 능력과 관점 취하기를 어린이 스스로 구성하는 양손잡이 읽기 뇌가 된다.

이런 관점에서 어린이들은 디지털로 양육된 아이들이 아니므로 적어도 첫 5년 사이에는 그림책과 같은 인쇄물에 머물게 하고 너무 빨리 무릎에서 컴퓨터로 옮겨가지 말게 하라는 울프의 조언에 귀 기울여야 한다. 인쇄물은 자기가 좋아하는 것, 다시 보고 싶은 쪽으로 쉽게 되돌아가 깊이 있게 살필 수 있지만, 디지털 스크린은 그리 쉽지만은 않다. 따라서 유아기에 좋은 그림책 읽기 경험이야말로 전두엽 발달을 위해서 필수적이며 컴퓨터로 옮겨가기 전에 주의 집중을 하며 깊이 읽는 습관을 길러 팬데믹 쇼크에도 이모데믹 공감을 할 수 있는 리더로 성장하게 할 수 있을 것이다.

반편견Anti-Bias 교육

한편 다시 팬데믹 상황으로 돌아가서 잠시 짚고 넘어갈 반편견 교육의 필요성도 있다. 팬데믹은 경제적·사회적 문제뿐만 아니라 인종 간의 분열과 갈등도 야기 시켰다. 편견이라는 눈에 보이지 않는 생각은 전 세계에 걸쳐서 처음에는 중국인 차별에서, 비아시아계와 아시아계의 분열로, 다시금 백인과 흑인의 분열로 퍼져나갔다. 특히 미국에서는 2020년 6월 9일에 백인 경찰에 의한 조지 프로이드George Flyod의 사망 사건을 시작으로 아프리카계 미국인 인권 운동African-American Civil Rights Movement에 다시금 불을 지피게 되었다. 인종차별을 반대하는 대규모 시위는 '흑인의 생명도 소중하다Black Lives Matter, BLM'는 슬로건 아래, 미국 인권 운동은 흑인과 소수민족이 함께했다. 코로나의 원인이 동양 국가에서 온 것이라는 언어폭력과 폭행으로 인해 피해를 입은 동양계 민족들과도 합해져서 전 세계 인권 운동으로 그들에 대한 존중을 외치고 있다.

상대방을 이해할 수 있는 공감의 부족은 사회의 분열과 혼란을 가져올 수 있기에 A.C. 이후 비대면 상태에서 아이들에게 인권에 관련된 반편견 교육은 더욱 절실하다. 다른 사람을 이해하고 공감 능력을 기를 수 있게 도와줄 수 있는 것이 '책 읽기'라는 것 외에는 다른 대안이 없을 정도이다. 소수민족 조상들이 겪었던 고통과 편견과 차별대우에 대한 삶이 아동문학, 특히 칼데콧 수상도서에도 잘 나타나 있다. 예컨대 2020년 메달 수상작인 〈우리는 패배하지 않아The Undefeated〉나 2014년 〈증기기관차 대륙을 달리다Locomotive〉 등 (제4장 참조) 인권 문제를 다룬 도서들이 칼데콧상을 받아 왔다.

사실 반편견에 대한 연구로는 이미 1989년 덜먼-스파크Derman-Sparks에 의해 〈반편견 교육과정: 어린이에게 대응 능력을 길러주는 도구Anti-Bias Curriculum: Tools for EMPOWERING Young Children〉가 출간된 바 있다. 어린이의 정체성과 편견은 걸음마 시기 어린이도 부모의 태도로부터 인식함으로 편견에 대응하는 능력을 유아기부터 잠재적 교육과정 속에서 다루어져야 한다고 강조했다. 지역감정이나 집단이기주의의 모양을 가지고는 세계화에 리더가 될 수 없다는 것, 더불어 사는 경험을 강조하는 유엔UN에 의한 세계 인권 선언문(제1조)의 중요 핵심에 나타난 내용처럼 반편견 교육은 교육과정 속에서 활동으로, 놀이로, 반편견 그림책 읽기로 강조되었으며, 지속적으로 강조되어야 할 것이다.

모든 사람은
태어날 때부터 자유로우며
동등한 존엄과 권리를 가진다.
모든 사람은
이성과 양심을 타고나며
인류애의 정신으로 서로를 대해야 한다.

– 세계 인권 선언 제1조 –

지금까지 AI 시대의 특징과 연관해서 읽는 회로를 위해 다시, 그림책으로 돌아가는 필연성에 관해 살펴보았듯이 유아 단계에서 서둘지 말고 다시, 좋은 그림책을 통한 것으로 읽기 회로를 구성해 갈 수 있게 하자는 것에서, 문해력을 길러감은 물론이고 좋은 경험을 줄 수 있을 것으로 그 답을 찾을 수 있을 것이라는 것

을 알게 되었다. 따라서 유아기에는 좋은 책을 읽게 하고 지식과 공감과 창의력과 반편견의 공감과 능력을 길러가는 전두엽 발달의 시기로 성장하게 하는 것이 좋으며, 발달적으로 인터넷에 몰두할 수 있을 때에는 양손 읽기의 두뇌로 성장하게 하여 인류 문명과 평화에 동참하도록 해야 할 것이다.

다시, 그림책으로 가는 총제적 언어의 문학적 접근 전략

본 1부 제1장에서 다시, 칼데콧 수상 그림책 읽기로 이 시대의 변화와 요구에 대해 말한다면, 제2장은 다시 그림책으로 가기 위한 출발점으로 칼데콧 그림책의 동향으로, 제3~4장은 2000~2020년도 칼데콧 메달을 수상한 좋은 그림책을 소개한다.

여기서 의미하는 좋은 그림책이란 크라센[Stephen D. Krashen]이 말한 것처럼, 흥미만 있어야 하는게 아니고 '내'가 그림책 안에 빠질 정도로 '무진장 재미[compelling]' 있어야 한다(www.sdkrashesn.com). 재미있는 그림책은 이야기가 너무 재미있어서 그 언어가 모국어인지 외국어인지도 생각이 들지 않아야 한다. 오로지 그림책에 있는 이야기에 집중하게 되고 몰입하게 되는 그림책이 좋은 그림책이다. 마치 주변에 아무것도 없고 시간 가는 줄도 모르며 오직 그 책 내용 안에 '나를 푹 잠기게 한다[Lost in the book]'는 것이다. 책을 읽을 때 가장 효과적인 시간은 잠자기 전 15~30분이다(https://www.youtube.com/watch?v=Re3gALZOZ_4). 제1부, 제3~4장에서 소개하는 그림책을 가지고 잠자기 전에 베드타임 스토리[Bedtime Story]로라도 읽어 준다면 아이들에게 더할 나위 없이 좋은 책 읽는 습관을 가질 수 있게 해 줄 것이다.

이 책의 제2부에서는 그림책이 교육 자료로서 왜 중요한지 알기 위해 총체적 언어란 무엇인지 그 배경을 살펴본다. 좋은 그림책이란 무엇이고 그림책의 종류와 특성을 살펴본 뒤, 좋은 그림책을 가지고 어떻게 접근해야 하는지, 총체적 언어의 문학적 접근 전략이 무엇이며 이를 바탕으로 그림책을 가지고 어떻게 활용해야 하는지 다시 들여다볼 것이다. 그 전략은 모엔[Moen](1999년)의 칼데콧 책을 활용한 여덟 가지 교수 전략[Teaching with Caldecott Books]으로 작가 전략, 협동적 전략, 게임 전략, 이해를 위한 전략, 그림책 이야기 구조 혹은 인식을 위한 전략, 듣기 전략, 연출 전략, 시간 예술 전략이 있다.

제3부에서는 칼데콧 그림책 중 공감과 창의 능력에 도움이 되는 책으로 〈세상에서 가장 용감한 소녀[Wolf in the Snow]〉와 반편견과 공감 능력 그리고 우정에 도움이 되는 책으로 〈친구는 좋아![Yo! Yes?]〉를 선정하여 기관 혹은 가정에서 실제로 적용한 예를 보여 준다.

다시, 그림책으로 가는 질문의 전략

그런데 여기서 잠시 제1부 제3~4장에서 그림책을 소개하기 위해 기대되는 질문을 할 때와 제3부에서 총체적 언어의 문학적 접근 전략을 현장에서 적용할 때 사용하게 되는 질문하는 방법에 대하여 짚고 넘어가고자 한다. 왜 질문이 중요할까? 크라센이 말한 것처럼 좋은 책을 읽는다는 것은 몰입해서 재미있게 있는 것도 중요하지만 그 책을 '어떻게 읽을 것인가?'도 매우 중요하다. 울프[Wolf]는 책 읽는 뇌를 구축해 주기 위해서는 '책은 깊게 읽어야 한다'는 관점을 강조한다. 책 읽는 뇌의 구축이란 결국 문해력 발달을 의미한다. 좋은 책을 읽는 과정에서 문해력 발달을 위해서는 입력 가능한 질문이 필수적이다. 질문과 토론은 구성주의에 입각해서 총체적 언어에서 문학(K. Goodman, 1986; Moen, 1991; Edelsky, et. al, 1991) 및 인지·사회적 지식의 구성에서 조망 수용능력과 도덕적 추론능력(DeVries & Kamii, 1978, 1980; DeVries & Zan, 1997; 곽향림, 2015; 이은화·이경우·곽향림, 1997)을 증진시키는 데도 초점을 맞춘 데서 찾아진다. 즉 구성주의 교실에서는 문학이나, 교실의 일상생활에서 유출된 가상적인 도덕적 딜레마를 가지고 사회적이고 도덕적인 이슈(Piaget, 1932, 1965; Kohlberg, 1984; Selman, 1980; Goolsby & DeVries, 1994)를 해결해 나아가는 토의에서 교사의 개방적 질문은 무엇보다 중요하게 여기는 것에서 찾아진다. 교사가 이끄는 개방적 질문에서 어린이들은 양쪽 조망으로부터 문제 및 해결 방안(벌 대신 협동적 방법)을 모두 생각해 보게 된다.

배리 저커먼[B. Zucherman]과 제니 래드스키[J. S. Radesky] 팀(2017, 2015) 역시 소아과

의사와 부모를 위한 지침에서 인쇄물인 그림책은 앱이나 전자책이 아닌 종이책으로 '대화식 읽기'에 좋은 기반이라고 강조한다. 책을 읽는 동안 부모와 아이, 아이와 교사 간에 상호작용은 언어 영역 발달에 큰 영향을 미친다. 책을 읽으면서 부모와 교사는 질문을 던지고 아이는 이것을 자신의 배경과 경험에 연결을 지으면서 공감하고 추론하고 분석하고 통찰하기 시작하는 것이다.

그림책을 읽는 동안 발생하는 질문 방향을 공감과 창의력을 필요로 하는 AI 시대에 적절한 형태로 초점을 맞추기 위해 구성적 접근의 관점에 의거해서 하브루타HAVRUTA 방식에 기초한 수업 모형 및 질문을 살펴보려 한다. 유대인의 원동력인 하브루타는 일방적으로 가르치는 지식 위주가 아닌 대화하고 상호작용적 질문에 따라 토론하는 것으로 조상(역사)의 정체성이 자녀의 삶 속으로 들어올 수 있게 하는 실천의 힘이 있다. 하브루타를 살펴보는 이유는 교육에서 행동주의에 반기를 든 구성주의가 상호작용에 따른 질문으로 지식을 구성하도록 하는 측면과 하브루타 방식에서 질문-토론으로 정체성을 찾는 것과 맥을 같이한다고 보기 때문이다. 그리고 다시, 총체적 언어: 칼데콧 그림책 깊이 읽기 놀이로 가기 위함에 가치를 두기 위함이기도 하다.

양동일과 이성준은 〈'말하는' 역사 하브루타〉(2018)에서 '하브루타는 공부 파트너Havruta is a study partner'라고 말하며 질문, 대화, 토론의 식탁 문화가 정체성과 민족의 유전자DNA를 유지하기 위한 세대 간 문화전수의 도구이자 비밀이며 노벨 수상자와 같은 세계 리더가 길러지는 본질이라고 말한다. 권문정과 채명희도 〈하브루타 질문 놀이터〉(2017)에서 하브루타는 짝을 지어 질문하고 대화하며 토론·논쟁하는 교육으로 4차 산업시대에 적합한 교육방법이라고 말한다. 그 이유는 '왜'라는 질문을 통해 정보를 이해하도록 하며, '어떻게'라는 질문을 통해 문제를 해결할 수 있게 하는 과정이 창의성을 길러준다고 보고 있다. 그리고 누리과정으로 '놀이 하브루타 하기'(p. 88)를 수업 모형으로 다음과 같이 소개하고 있다.

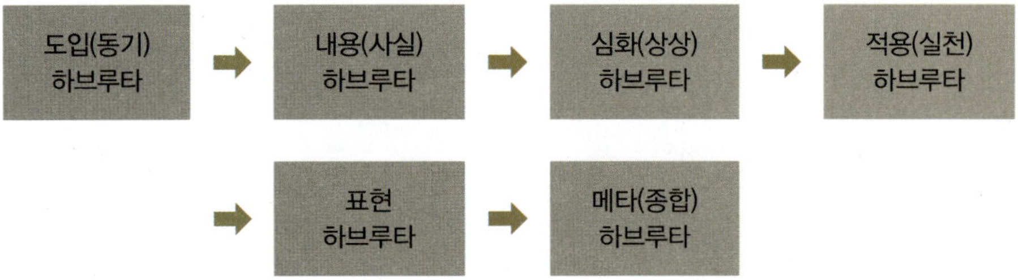

하브루타 수업 모형

도입(동기) 하브루타에서는 자료에 집중하고 동기를 유발하는 질문을, 내용(사실) 하브루타에서는 내용에 입각한 질문을, 심화(상상) 하브루타에서는 가정법의 질문과 관련된 가치 및 비교의 질문을, 적용(실천) 하브루타에서는 현실의 경험과 연관된 질문을, 표현 하브루타에서는 놀이 등 다양한 표현을, 메타(종합) 하브리타에서는 종합하고 사고를 확장하는 질문을 하도록 한다.

김현정은 집에서 쉽게 실천하는 엄마표 놀이법, 〈엄마, 하브루타 할래요〉(2020)에서는 질문의 단계를 크게 3단계로 하여 1단계를 도입 하브루타(표지 관찰), 2단계를 전개 하브루타(사실 질문하기와 상상 질문하기) 그리고 3단계를 마무리 하브루타(만들기 놀이 및 게임)로 소개하고 있다.

하브루타 문화 협회에 의해 집필된 〈하브루타, 네 질문은 뭐니?〉(2018)에서는 30명의 전문가가 글로벌 시대의 인재를 기르기 위한 방안으로 광범위한 영역으로 다루고 있는데 총 8장으로 구성되어 가정에서 하브루타 하기와 각급 학교유·초등, 중등, 고등, 대학편까지 하브루타 방식을 소개한다. 이 책은 소리 내어 읽고 짝과 함께 생각하며 질문하는 말하는 공부법, 5세부터 토라를 읽기 시작해서 대학까지의 하브루타 교육방식 그리고 유대인의 질문의 문화를 이해하는 데 기여하는 내용을 담고 있다.

지금까지 살펴본 하브루타 방식과 구성주의를 근간으로 깊이 읽기를 전개할 수 있는 질문-토의 방식으로 여섯 가지 놀이/질문을 제안한다. 이 질문은 절대적인 방법도 아니고 답도 아니며 반드시 순서대로 해야하는 것도 아니지만 총체적 언어 접근법 안에서 글과 그림이 좋은 그림책을 가지고 문학적 접근으로 지향하는 질문–토의의 방향을 설정할 수 있게 할 것이다.

- 그림책 살피기 놀이/질문
- 그림책 내용 이해 놀이/질문
- 공감하기 놀이/질문
- 상상하기 놀이/질문
- 실천하기 놀이/질문
- 표현하기 놀이/질문

위와 같은 질문은 다시, 그림책으로 쉽게 가도록 하는 방향성의 지표라고 사료된다. AI 시대 테크놀로지에 너무 일찍 의존하여 일방적 'TV 보기'로 전두엽 발달에 해가 되어 공감 능력을 기르지 못하는 나이 어린 어린이들에게 좋은 그림책 읽기와 질문에 의거한 토론을 발달 속도에 맞추어 가정에서부터라도 상호작용으로 시작할 수 있을 것이다. 이러한 책 읽기 뇌를 구축하고 문해력 발달을 위해 어린이들에게 어떤 질문을 하면 좋을지, 좋은 질문이란 어떤 질문일지 고민해 봐야 한다. 질문에 대한 정답은 없지만 유아들에게 좀 더 적합한 하브루타 방식과 같은 질문으로 총체적 언어의 문학적 접근을 한다면 '사람 기르기'는 가정에서부터 그리고 유아기에 실천할 수 있을 것이다. 어린이의 발달적 특징을 고려하며 유아기에 정체성과 자아 존중감, 공감 능력과 창의 능력, 그리고 반편견의 힘을 길러 줄 수 있는 원동력은 좋은 그림책 읽기와 질문–토론하는 문화로 뿌리내리게 될 것이다.

제2장

칼데콧 메달 Caldecott Medal Winner 그림책의 동향

본 장에서는 칼데콧 메달 그림책의 동향을 이해하기 위해 먼저 칼데콧상의 의미를 살핀다. 그리고 최초의 칼데콧 메달 수상작이 부여된 1938년부터 2020년까지 시대별로 메달 수상 그림책 이야기 요약으로 그 동향을 살핀다. 그 후 총 80여 권이 넘는 메달 수상 그림책을 한눈에 볼 수 있도록 그림책의 표지를 소개하고자 한다.

1. 칼테콧상의 의미

1) 랜돌프 칼데콧 Randolph Caldecott 의 공헌

칼데콧상은 미국에서 현대 그림책의 아버지라고 불리는 영국 잉글랜드 출신 랜돌프 칼데콧(1846~1886)을 기리기 위해 제정된 상이다. 미국 내에서 바로 전 해에 출판된 어린이 그림책 중 가장 그림이 좋고 내용도 좋은 그림책 한 권에 금색으로 된 칼데콧 메달 상을 부여한다. 이를 이름하여 칼데콧 메달 위너Medal Winner라고 하며, 은색으로 된 그 다음 수상작은 아너상Honor Book으로 이름하여 2~5/6권의 그림책에 상을 부여한다. 금상과 은상의 차이는 색이지만 메달 안에 그려져 있는 이미지는 칼데콧이 즐겨 그리던 말의 힘찬 움직임과 사냥꾼, 그리고 마더구스(서양 전래동요)에 나오는 동물과 어린이 이미지를 담고 있다. 메달 뒷면에는 문구가 있는데, "어린이를 위한 가장 뛰어난 미국의 그림책For the most distinguished American Picture Book For Children"이란 상의 목표가 적혀 있다.

랜돌프 칼데콧(1846~1886)

front back

칼데콧 메달

자료 출처: www.ala.org

칼데콧의 그림은 감성이 풍부한 풍속화로 알려지고 있으며 어린이들뿐만 아니라 어른들도 그림을 보면 힐링이 되는 느낌을 준다. 그림은 영국 귀족, 신사, 농부, 어린 아이, 노인 동물, 사물, 특히 말 등 다양한 소재를 포함하고 있다. 19세기 사람들의 옷차림과 삶, 사냥하는 풍경이 자세히 묘사된 그림은 유럽인들의 삶의 모습을 그대로 나타내고 있어 당시의 생활상을 이해하게 한다. 삽화는 감각적이고 예술적이며 신비롭다. 그의 그림은 상상력을 자극하면서도 현실적이었고 또 동화에 나오는 것처럼 따뜻하고 아름다운 풍경이 있다.

〈The Babes in the Wood〉
R. Caldecott & James Riordan/
B E S Pub Co.(1989)

〈익살꾸러기 사냥꾼 삼총사〉
랜돌프 칼데콧 그림, 에드윈 워 글/
이종인 역/시공주니어(1999)

〈The House that Jack Built〉
R. Caldecott./ Frederick Wame
& Co. Ltd.(1878)

〈R. Caldecott's Picture Book No. 4.〉
R. Caldecott./ Frederick Wame &
Wame & Co Ltd.(1905)

그의 작품 중 〈The Babes in the Wood〉1989년에 나타난 숲속의 두 아이는 〈헨젤과 그레텔〉과 같은 이야기인데 당시 실화를 원작으로 한 동화이다. 현실적 동화여서 결국 숲속에서 길을 잃는 두 아이는 죽는 이야기로 끝난다. 〈익살꾸러기 사냥꾼 삼총사The Three Jovial Hunters〉1895년는 당대 사냥을 즐기던 문화를 고스란히 보여 준다. 구전 마더구스를 에드윈 워가 새롭게 시를 쓰고 칼데콧이 그림을 그린 걸작이다. 〈The House that Jack Built〉 역시 마더구스 이야기가 실린 그림책이다. 그 외 여러 작품이 있으며 〈Come Lasses and Lads〉의 4 이야기가 실린 〈R. Caldecott's Picture Book No. 4.〉1905년은 재출판되기도 했다.

2. 그림책에 부여하는 상

사실 존 뉴베리John Newbery와 랜돌프 칼데콧 메달Randolph Caldecott Medal은 같이 언급된다. 그 이유는 그림책 메달에 대한 작업은 프레드릭 G. 멜처Frederic G. Melcher와 그의 일가에 의해 운영되고, 구체적으로 미국 어린이 도서관 협회Association for Library Service to Children에 의해 관리되며, 매해 새롭게 구성되는 어린이 사서 위원회가 미국에서 출판된 최고의 어린이 도서를 선정한다. 그 결과, 초등 단계에서는 '미국 문학에 가장 공헌한 작가'로 뉴베리상을, 그리고 유아 단계에서는 어린이를 위한 가장 뛰어난 미국의 그림책으로 칼데콧상과 몇 권의 아너 그림책을 선정하여 발표한다.

미국 도서관 협회American Library Association: ala.org는 비영리 단체로서 도서관들과 사서 교육을 국제적으로 증진하는 협회이다. 이 협회는 세계에서 가장 오랜 역사뿐만 아니라 규모도 가장 크며 57,000 회원을 두고 있다(ala.org, 2018. 11. 11.). 그 역사는 140여 년 전, 1879년 10월 6일 필라델피아에서 작가, 사서, 역사가인 저스틴 윈저Justin Winsor 외 6인에 의해 시작되었다. 그 이후 역사적으로 젊은이들의 참여와 평화, 인종차별, 인권 등의 문제로 1939년도에 최초의 도서관 권리법안LBR: Library Bill of Rights이 채택되었고 이후 지속해서 발전되고 있다.

미국 도서관 협회에 의하면 역사적으로 1938년부터 시작된 칼데콧상은 2020년까지 메달 수상 도서가 총 82권이며, 아너 수상 도서는 262권이다. 최근 15년 동안의 메달 수상 도서 15권과 아너 수상 도서 58권을 제외한다면 어린이를 위한 칼데콧 수상 도서의 고전은15년~20년의 세월 후에는 고전이 됨 60여 권의 메달 수상 그림책과 200여 권의 아너 수상 그림책으로, 총 260여 권의 고전이 존재한다. 시대별로 본 그림책의 동향에서 살펴지겠지만 초기에는 조상들의 삶의 모습이 나타났다가 90년대부터는 다문화와 소수민족이나 정치적 및 반편견 문제도 어린이 그림책에 나타나기 시작한다. 따라서 이런 그림책은 유아기에 훌륭한 고전으로 읽히며 세계인으로서 공감과 반편견의 안목을 가지고 더불어 평화롭게 살 수 있게 하는 읽기의 자원이다.

그림책에 부여하는 상은 세계적으로 상당히 많이 있다. 이탈리아 볼로냐 라가치Bologna Ragazzi상과, 국제 아동청소년도서협의회IBBY가 2년마다 수여하는 한스 크리스티안 안데르센Hans Christian Andersen상과, 슬로바키아 공화국의 브라티슬라바 일러스트레이션 비엔날레Biennial of Illustration Bratislava, BIB상, 그리고 영국의 케이트 그린어웨이Kate Greenaway상 등등이 있다. 특히 최근 한국 그림책 작가들의 국내외 활약이 두드러지고 있는데 그중에 '구름빵', '장수탕 선녀님', '알사탕' 등으로 유명한 백희나 작가는 2020년도에 스웨덴 정부에서 수여하는 아스트리드 린드그렌 문학상Astrid Lindgren Memorial Award을 수상하는 영광을 얻기도 했고 '파도야 놀자'로 유명한 이수지 작가는 볼로냐 국제 어린이 도서전 올해의 일러스트레이터로 선정되기도 했다. 하지만 세계적으로 해마다 출판되는 그림책은 그 수에 있어 너무나 많아 사서나 교사나 부모들은 어떤 책을 선택할지 당황하고 혼돈한다. 따라서 미국 도서관 협회에 의한 칼데콧상을 받은 그림책을 어린이들이 접한다면 그들의 삶에 도움이 되는 방향을 다시 찾는 근원으로 '다시, 그림책으로'로 갈 수 있을 것이다.

칼데콧 메달과 아너상을 받은 도서들은 미국을 중심으로 한 것이지만 세계적인 시대적 특징과 강조하는 어떤 흐름을 잘 표현하고 있다. 우리나라 속담에 '십 년이면 강산이 변한다'고 한다. 미국 도서관 협회에서도 10년 단위로 도서를 소개www.ala.org하고 있어 이 책에서도 그 기준을 따르기로 한다. 가온빛 인터넷 사이트의 통계www.gaonbit.kr에 의하면 1939년부터 2013년까지 칼데콧 수상작 중 한글로 번역되어 국내에 출간된 책은 160여 권이 넘는데 칼데콧 그림책의 이해를 위한 참조 사이트로 바람직하다. 마찬가지로 그림책 박물관picturebook-museum.com도 칼데콧 수상 도서를 연대별로 소개하고 있어 참조 사이트로 도움이 된다.

3. 시대별로 본 칼데콧 메달 그림책의 동향

1938년 이후 지금까지 칼데콧 메달상을 받은 그림책 중 국내에 번역된 것은 약 62권 정도이다. 본 항에서는 번역된 책을 중심으로 소개하려 한다. 하지만 칼데콧 메달상 중 그 의미가 중요하다 판단되는 원서 그림책도 추가 소개할 것이다. 칼데콧 아너상 수상작품 중 번역된 것도 약 140권 정도가 있는데 이 중에 의미 있는 좋은 그림책 몇 권도 추가로 같이 소개한다. 모든 칼데콧 메달상과 번역된 아너상 수상작품 도서 목록은 부록 Ⅱ를 참고하길 바란다.

우리나라에서는 칼데콧 수상 도서가 너머학교, 다산기획, 담푸스, 뜨인돌어린이, 마루벌, 문학동네, 미디어창비, 미래아이, 베틀북, 별천지, 보림, 보물창고, 비룡소, 시공주니어, 아르볼, 애플비북스, 어린이작가정신, 엔이키즈, 위즈덤하우스, 이래엔아이세움, 주니어RNK, 지양어린이, 책읽는곰(가나다 순) 등과 같은 출판사에 의해서 번역·소개되고 있다. 그러나 수상 도서의 표시를 원래 칼데콧 수상 도서에 있는 인장과 다르게 만들어 표시하고 있거나, 아예 생략하여 표시해 주지 않는 경우도 있어 교사나 부모가 칼데콧 수상 도서를 선택할 때 어려운 점이 있다. 이를 위해서는 우선 칼데콧 메달상Caldecott Medal Winners과 함께 아너상 수상 도서들Honor Books의 목록을 전체적으로 살펴보며 이해하는 것이 바람직할 것이다.

본 항에서는 번역본이 있는 그림책은 영어 원제목을 함께 제시하고자 한다. 그 이유는 원제목과 번역서의 제목이 상이하거나 난해한 것도 있기 때문이다.

1) 1940년대

칼데콧상의 시작 시기인 1940년대에 대표적인 것은 조상들의 삶의 모습, 도시화에 따른 자연 파괴나 공해 등의 주제를 다룬 것이다.

1938 Medal Winner **Animals of the Bible**
그림/글 Dorothy P. Lathrop & Helen Dean Fish

성경에 나온 동물들로 아름답게 그려 도덕적 공감을 하게 하는 이야기

1940 Medal Winner **에이브러햄 링컨Abraham Lincoln**
그림/글 Ingri & Parin d'Aulaire

미국 대통령 에이브러햄 링컨의 일대기를 담은 위인전으로 석판화 기법으로 그려진 그림책

1942 Medal Winner **아기 오리들한테 길을 비켜 주세요Make Way for Ducklings**
그림/글 Robert McCloskey

삭막한 대도시이지만 그 안에서 기계문명에 적응하며 새끼를 기르는 오리 이야기를 담고 있어 사람과 동물들이 공생하고 공감하는 모습을 보여 주는 이야기

1943 Medal Winner **작은 집 이야기The Little House**
그림/글 Virginia Lee Burton

현재 우리가 당면한 공해의 문제를 그 당시에 미리 예견하듯 시골 작은 집 주변이 도시로 변화되면서 복잡해지고 공해 속에 있게 되지만 다시 시골로 돌아온다는 이야기

1940년대에 출간된 그림책 중, 어린이 고전으로 읽히고 있는 두 그림책은 〈아기 오리들한테 길을 비켜 주세요Make Way for Ducklings〉와 〈작은 집 이야기The Little House〉이다. 특히 〈작은 집 이야기〉 그림책은 글과 그림의 배열이 뛰어나다.

1938년 〈Animals of the Bible〉이란 그림책은 성경에 나온 동물들의 이야기를 통해 삶의 목표를 알려 주려는 조상들의 신념이 담긴 그림책이다. 이러한 내용이 칼데콧상을 수여받았다는 것에 의의가 있다. 1945년 레이첼 필드Rachel Field에 의한 〈어린이를 위한 기도Prayer for a Child〉Honor Book는 어린이를 위한 믿음, 사랑의 동시뿐만 아니라 하나님께 기도하는 내용을 소개하고 있다.

〈The Little House〉
Virginia Lee Burton/
Houghton

〈작은 집 이야기〉
버지니아 리 버튼/홍연미 역/
시공주니어(1993)

2) 1950년대

1950년대에는 자연, 삶, 동물에 대한 다양한 주제가 나타나며, 특히 자연과 동물을 주제로 하여 더불어 사는 삶의 표현이 아름답게 나타나 있다.

1950 Honor Book **모두 행복한 날**The Happy Day
그림/글 Marc Simont & Ruth Krauss

아직 눈이 쌓여 있지만 봄이 오는 날 들쥐와 곰, 작은 달팽이, 다람쥐, 곰과 같은 동물들이 코를 킁킁거리며 어디론가 뛰어간다. 무엇을 발견했을까? 흑백의 그림을 통해 어린이들이 상상하며 마지막 장면에서 노랗게 피어난 한 송이 꽃을 보고 감탄하게 되는 이야기

1953 Medal Winner **세상에서 가장 커다란 곰**The Biggest Bear
그림/글 Lynd Ward

오래된 듯하고 클래식한 판화식 기법으로 그려진 그림책으로 소년과 곰의 우정을 담고 있다. 인간과 동물이 더불어 살 수 있을지에 대한 고민을 던지는 이야기

1956 Honor Book **나랑 같이 놀자**Play with Me
그림/글 Dorothy Marie Hall Ets.

동물과 자연의 주제로 꼬마가 동물들과 함께 놀이하는 조용한 방법을 찾아가는 이야기

1957 Honor Book **아나톨**Anatole
그림/글 Paul Galdone & Eve Titus

아나톨 시리즈 중 한 권으로 주인공 생쥐는 자신의 존재와 명예에 대해 고민하다가 치즈 공장의 감별사로 성공하여 자존감을 찾고 존경과 함께 당당하게 살아가는 이야기

1959 Medal Winner **제프리 초서의 챈들리어와 여우**Chanticleer and the Fox
그림/글 Barbara Cooney & Geoffrey Chaucer

제프리 초서의 캔터베리 이야기 중 하나를 뽑아낸 그림책으로 목소리가 좋은 수탉과 여우가 나오며 자신의 재주에 교만하지 말라는 교훈을 담고 있는 이야기

1950년대에는 칼데콧 메달상보다는 아너상의 그림책이 어린이들에게 적합하고 좋은 그림책의 고전으로 소개되고 있다. 이때 출간된 그림책 중, 우리나라에서도 어린이 고전으로 읽히고 있는 〈모두 행복한 날The Happy Day〉과 〈나랑 같이 놀자Play with Me〉 그림책은 계절을 맞이하는 동물들의 마음과 자연에서 놀고 싶은 어린이의 마음을 담고 있어 정서와 공감을 갖게 해 주는 그림책이다.

〈The Happy Day〉
Ruth Krauss/Marc Simont/
HarperCollins

〈모두 행복한 날〉
루스 크라우스 글/마르크 시몽 그림
고진하 역/시공주니어(2017)

〈Anatole〉
Eve Titus/Paul Galdone/
Dragonfly Books

〈아나톨〉
이브 티투스 글/폴 갈돈 그림/
정화진 역/미디어창비(2017)

특히 〈아나톨Anatole〉Honor Book은 10편의 아나톨 시리즈 책 중 하나로 프랑스의 대표적 그림책이다. 이 책들은 가장의 무게, 정체성과 자존감 회복 및 근면을 위한 고전으로 읽힌다.

3) 1960년대

1960년대에는 어린이를 중심으로 한 환상적·사실적 그림책, 진래 동화, 동물 등에 기초한 다양한 주제의 그림책이 나타난다.

1963 **눈 오는 날**The Snowy Day
Medal Winner 그림/글 Ezra Jack Keats

흑인 어린이 피터가 주인공으로 등장해서 처음 상을 받은 데 의의가 있다. 이 작품을 계기로 소수 문화 내지는 인권 신장 운동이 그림책으로 반영되기 시작했다. 주인공이 눈 오는 날 여러 가지 놀이를 하는 이야기

1964 **괴물들이 사는 나라**Where the Wild Things Are
Medal Winner 그림/글 Maurice Sendak

주인공 맥스의 상상력으로 엄마의 꾸중을 피해 숲속의 동물을 제압하는 그림의 장면으로 영화, 오페라 등으로 지금까지 인용되고 있는 그림책

1965 **친구를 데려가도 될까요?**May I Bring a Friend?
Medal Winner 그림/글 Beni Montresor & Beatrice Schenk de Regniers

컬러와 흑백이 반복되고 간단한 문장도 반복되면서 왕과 왕비에 초대된 주인공이 동물들을 함께 데리고 가면서 일어나는 재미있는 일들을 상상적인 그림으로 그려낸 이야기

1969 **세상에 둘도 없는 바보와 하늘을 나는 배**The Fool of the World and the Flying Ship
Medal Winner 그림/글 Uri Shulevitz & Arthur Ransome

러시아 전래동화로 세상에서 제일 바보인 주인공이 공주와 결혼하는 데 성공하는 재미있는 이야기를 아름다운 일러스트로 표현한 그림책

다수의 좋은 그림책이 이 시기에 나타나며, 다음의 두 그림책은 아직 유아 단계에서는 필수 고전으로 읽히고 있다.

1963년 〈눈 오는 날〉은 흑인 어린이 피터가 주인공으로 등장해서 처음 상을 받은 데 의의가 있다. 이 작품을 계기로 해서 소수 문화와 인권 신장 운동이 그림책으로 반영되기 시작했다. 1964년 〈괴물들이 사는 나라〉는 상상의 동물들이 가시화된 환상의 그림책으로 대표적인 그림책이다. 특히 그림책 안에 글이 없는 6쪽의 장면은 글 없는 그림책의 시작으로 알려지고 있다.

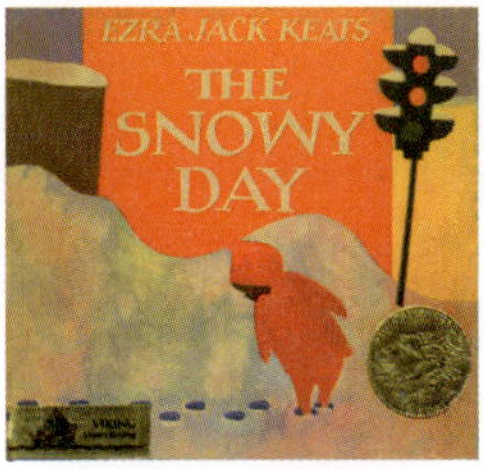

〈The Snowy Day〉
Ezra Jack Keats/Puffin Books

〈눈 오는 날〉
에즈라 잭 키츠/김소희 역/
비룡소(1995)

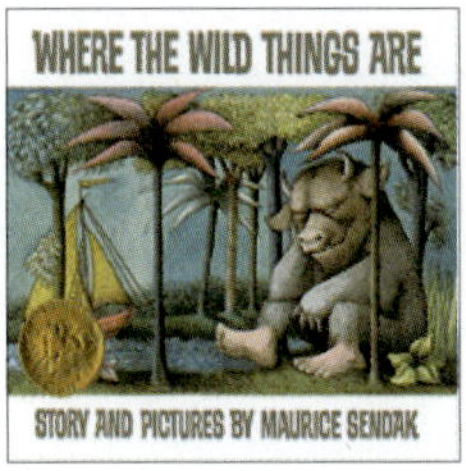

〈Where the Wild Things Are〉
Maurice Sendak/HarperCollins

〈괴물들이 사는 나라〉
모리스 샌닥/강무홍 역/
시공주니어(2002)

4) 1970년대

1970년대에는 우정, 우화, 전래동화, 환상 외에 특히 다문화에 대한 주제 등 다양한 주제가 나타난다.

1971 Honor Book
개구리와 두꺼비는 친구 Frog and Toad are Friends
그림/글 Arnold Lobel

개구리와 두꺼비 시리즈 중 한 권으로 둘 간의 우정을 다룬 이야기

1971 Honor Book
깊은 밤 부엌에서 In the Night Kitchen
그림/글 Maurice Sendak

미키라는 아이가 한밤중에 잠들지 않고 무엇을 보고 왔는지, 오븐 속에서 구워지기 직전에 탈출하는 무시무시한 모험을 하고도 만족한 웃음을 띠고 잠자리에 들게 한 것은 무엇인지 상상하게 하는 이야기

1972 Honor Book
만일 이 세상 바다가 하나가 된다면 If All the Seas were One Sea
그림/글 Janina Domanska

'만약 ~라면'이라는 간단한 문장을 던져주며 선과 도형으로 상상과 창의성 발달에 도움을 주는 이야기

1972 Honor Book
Moja Means One: Swahili Counting Book
그림/글 Tom Feelings & Muriel Feelings

단색으로 그려진 멋진 그림으로 1~10까지 셈하기를 스와힐리어로 알려주며 아프리카의 문화를 간접적으로 느낄 수 있는 이야기

1973 Medal Winner
별나게 웃음 많은 아줌마 The Funny Little Woman
글/그림 Blair Lent & Arlens Mosel

도깨비가 나오는 일본 설화를 배경으로 한 이야기로 화려한 색감이 환상적 느낌을 주는 이야기

1973 Honor Book
거미 아난시 Anasi the Spider: A Tale from Ashanti
글/그림 Gerald McDermott

아프리카 가나의 아난시 부족 신화 이야기로 아프리카 특유의 화려한 색감과 선과 무늬로 그려졌으며 왕인 거미 아난시와 아들들과의 사이에서 일어나는 재미있는 이야기

1975 Medal Winner
태양으로 날아간 화살 Arrow to the Sun
그림/글 Gerald McDermott

푸에블로 인디언 부족의 이야기로 강렬한 색채감과 모양이 인상적인 그림책. 태양의 신의 불꽃에서 태어난 한 아이가 태양으로 아버지를 찾으러 여행을 떠나는 모험 이야기

1975 Honor Book
Jambo Means Hello: A Swahili Alphabet Book
그림/글 Tom Feelings & Muriel Feelings

목탄 소묘와 같은 부드러운 그림으로 스와힐리어 알파벳을 소개하며 아프리카인의 전통과 문화를 느낄 수 있는 이야기

1976 Medal Winner
모기는 왜 귓가에서 앵앵거릴까? Why Mosquitos Buzz in People's Ears
그림/글 Leo and Diane Dillon & Verna Aardema

서아프리카의 구전동화로 모기가 이구아나 귀에 대고 시작된 허풍이 동물들에게 전달되는 과정에서 와전되며 일어나는 해프닝을 재미있는 그림으로 표현한 이야기

1977 Medal Winner
Ashanti to Zulu: African Tradition
그림/글 Leo and Diane Dillon & Margaret Musgrove

A에서 Z까지 알파벳 순서로 아프리카 부족의 전통과 문화를 소개하는 이야기

1970년대에는 인디언의 문화나 아프리카 문화를 다루는 작품들이 많이 나와 당시 소수 문화와 다문화 이해를 하고자 하는 세계적이며 사회적 이슈를 반영하고 있다. 그와 동시에 우정과 공감을 다루고 있는 그림책으로 1971년 아너상Honor Book을 받은 로벨Lobel의 〈개구리와 두꺼비는 친구Frog and Toad are Friends〉는 유아 단계 어린이들에게 공감 능력을 길러 줄 수 있는 그림책으로 시기적절하고 손색이 없다. 1972년 〈만일 이 세상 바다가 하나가 된다면〉에서 제시하는 '만일~'이라는 단어와 그림은 상상의 세계를 자유롭게 구성할 수 있게 하므로 창의성 발달에 도움이 될 수 있는 고전으로 읽힌다.

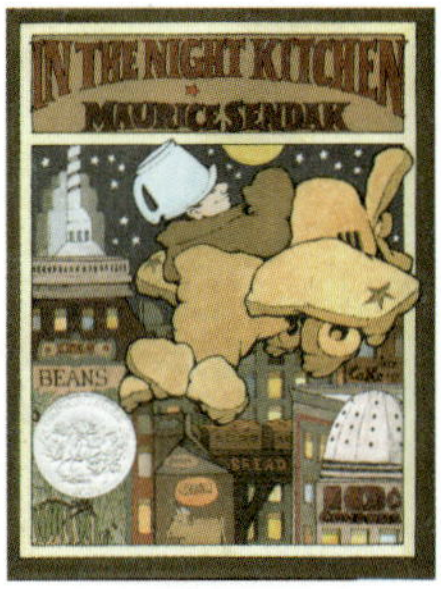

〈In the Night Kitchen〉
Maurice Sendak/HarperCollins

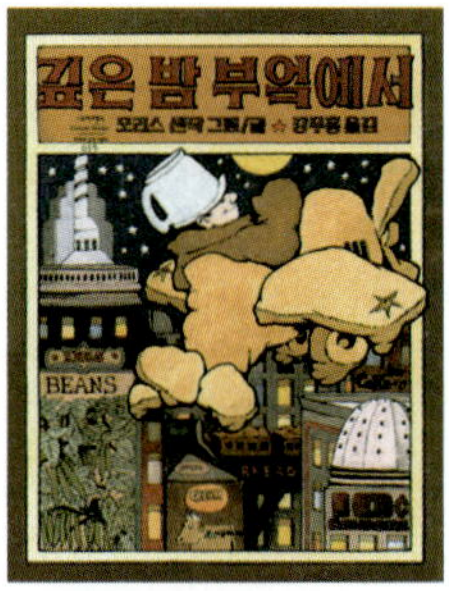

〈깊은 밤 부엌에서〉
모리스 샌닥/강무홍 역/시공주니어2001)

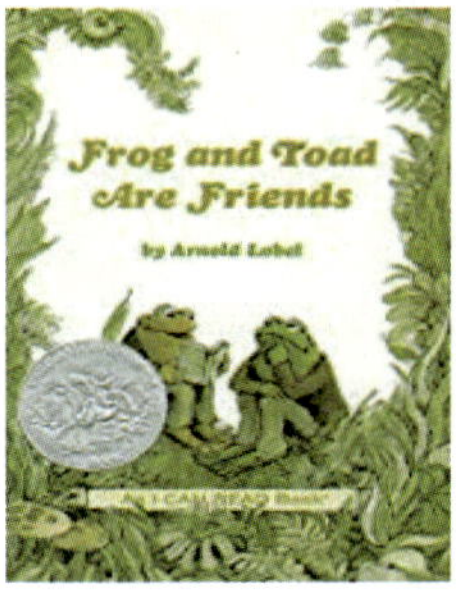

〈Frog and Toad are Friends〉
Arnold Lobel/Harpercollins

〈개구리와 두꺼비는 친구〉
아놀드 로벨/엄혜숙 역/비룡소(1996)

5) 1980년대

1980년대에는 여러 주제를 다룬 전래동화, 조상들의 삶, 창작 그림책, 환상적 그림책이 소개된다. 그리고 글 없는 그림책의 독특한 양상이 나타나기 시작한다.

1980 Medal Winner

달구지를 끌고 Ox-Cart Man
그림/글 Barbara Cooney & Donald Hall

작가가 바라본 농부의 삶을 그려 낸 책으로서 1년 동안 외국 농촌에서 펼쳐지는 농촌 풍경을 아름다운 글과 그림으로 표현한 그림책

1984 Medal Winner

위대한 비행 The Glorious Flight: Across the Channel with Louis Blert
그림/글 Alice & Martin Provensen

영국 해협을 횡단한 루이 블레리오의 위대한 실제 비행 이야기로 도전정신을 일깨워 주는 그림책

1985 Honor Book
헨젤과 그레텔 Hansel and Gretel
그림/글 Paul O. Zelinsky & Rika Lesser

독일의 오래된 민담 〈헨젤과 그레텔〉을 섬세하고 클래식한 그림으로 이야기를 절제된 언어를 사용하여 최고로 멋지게 재구성한 그림책

1985 Honor Book
높이 뛰어라 생쥐 The Story of Jumping Mouse: A Native American Legend
그림/글 John Steptoe

미국 원주민들의 오래된 이야기를 한 생쥐의 꿈과 모험으로 다룬 이야기다. 힘든 일을 이겨내고 남을 도와주며 자신을 희생하는 모습으로 어린이들에게 감동을 주는 이야기

1985 Honor Book
아기 오리는 어디로 갔을까요? Have You Seen My Duckling?
그림/글 Nancy Tafuri

사라진 아기 오리를 찾아 엄마 오리가 "우리 아기 못 봤니?" 하고 물으며 찾아다닌다. 따뜻한 느낌의 그림과 운율이 있는 사실적 표현, 그리고 작가가 숨겨놓은 아기 오리가 더욱 흥미를 자극하는 그림책

1988 Medal Winner
부엉이와 보름달 Owl Moon
그림/글 John Schoenherr & Jane Yolen

수채화 같은 그림으로 겨울밤에 소녀와 아버지가 부엉이를 보러 가는 이야기

1989 Medal Winner
멋진 우리할아버지 Song and Dance Man
그림/글 Stephen Gammell & Karen Ackerman

젊었을 때 댄서였던 할아버지가 다락방에 있는 소품을 꺼내 입고 놀러 온 손자들 앞에서 멋진 춤을 추는 이야기

1989 Honor Book
자유 낙하 Free Fall
그림/글 David Wiesner

글 없는 그림책으로 꿈에서 주인공이 용, 성, 미지의 나라로 여행을 떠나는 초현실적 그림으로 어린이들이 주인공과 함께 여행을 떠나는 느낌을 주는 이야기

1980년대에는 아너상Honor Books을 받은 책들이 유아 단계에서 더 의미가 있는데 특히 1985년에 아너상으로 선정된 3권 모두는 전래동화/동요를 그림책으로 녹여내 어린이들의 상상력을 자극한다. 레절과 젤린스키Lesser & Zelinsky에 의한 〈헨젤과 그레텔Hansel and Gretel〉, 스텝토Steptoe의 〈높이 뛰어라 생쥐The Story of Jumping

Mouse: A Native American Legend〉, 그리고 타푸리Tafuri의 〈아기 오리는 어디로 갔을까요?Have You Seen My Duckling?〉는 어린이 고전으로 널리 읽히고 있다.

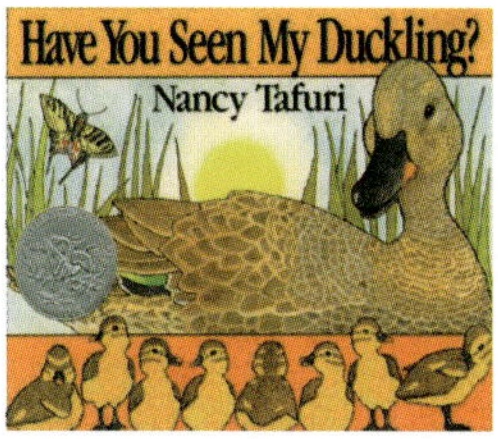

〈Have You Seen My Duckling?〉
Nancy Tafuri/Greenwillow Books

〈아기 오리는 어디로 갔을까요?〉
낸시 타푸리/박상희 역/비룡소(1999)

6) 1990년대

1990년대에는 글 없는 그림책 스타일이 독특한 특징으로 나타나며 다문화 이해 및 지구촌에 대한 이야기와 인권 존중이 돋보이는 그림책들이 등장하고 또 창작 그림책과 다른 나라의 전래동요도 소개된다.

1990 Medal Winner **늑대 할머니**Lon Po Po: A Red-Riding Hood Story from China
그림/글 Ed Young

중국판 빨간 모자 전래 동화로 콜라주 기법을 사용하여 음산하고 몽환적인 느낌을 표현한 그림책

1990 Honor Book **알록달록 동물원**Color Zoo
그림/글 Lois Ehlert

도형과 색을 겹쳐 조합하여 동물들의 모습을 상상하게 하는 그림책

1992 Medal Winner **이상한 화요일**Tuesday
그림/글 David Wiesner

글 없는 그림책으로 개구리들이 밤 시간에 여러 곳을 연꽃잎을 타고 날아다니다가 사라지며 이상한 사건이 발생하는 어린이의 상상력을 자극하는 탄탄한 구성의 이야기

1994 Medal Winner **할아버지의 긴 여행**Grandfather's Journey
그림/글 Allen Say

작가는 일본계 미국인으로 할아버지와 어머니의 미국 이민생활을 그린 이야기

1995 Medal Winner
Smoky Night
그림/글 David Diaz & Eve Bunting

아프리카계 미국인 민권운동을 다루고 있는 이야기로 목판화에 찍어낸 그림 같은 선으로 이루어진 그림책

1995 Honor Book
이상한 자연사 박물관 Time Flies
그림/글 Eric Rohmann

글 없는 그림책으로 새 한 마리가 박물관에 날아 들어오면서 공룡에게 생명력을 주는 환상적 이야기

1997 Honor Book
쉿!Hush! A Thai Lullaby
그림/글 Holly Meade & Minfong Ho

태국 문화의 자장가를 소개하는 그림책

1998 Honor Book
옛날 옛날에 파리 한 마리를 꿀꺽 삼킨 할머니가 살았는데요
There Was an Old Lady Who Swallowed a Fly
그림/글 Simms Taback

동물들을 하나씩 삼키면서 점점 커다래지는 할머니 배의 모습이 특징적인 창작 이야기

1999 Honor Book
안 돼, 데이비드!No, David!
그림/글 David Shannon

데이비드 시리즈 책 중 한 권이다. 호기심 많은 말썽꾸러기 데이비드의 이야기로 매 페이지마다 'No, David!'라고 외치는 엄마의 말에 좌절하는 주인공의 표정이 특징인 창작 그림책

1990년대에 잊지 않고 소개되어야 할 그림책은 인권 존중의 그림책으로 〈Smoky Night〉이다. 아프리카계 미국인 민권운동 왜 일어났는지, 그들의 문화가 어떤지 이해함으로 더불어 사는 세계에 대한 이해를 유아기에 인식시켜 줄 수 있다. 그와 더불어, 어린이들이 공감할 수 있는 그림책으로는 〈안 돼, 데이비드!No, David!〉가 널리 읽힌다.

〈Color Zoo〉
Lois Ehlert/Harper Festival

〈알록달록 동물원〉
로이스 엘러트/문정윤 역/
시공주니어(2017)

〈Tuesday〉
David Wiesner/Clarion Books

〈이상한 화요일〉
데이비드 위즈너/비룡소(2002)

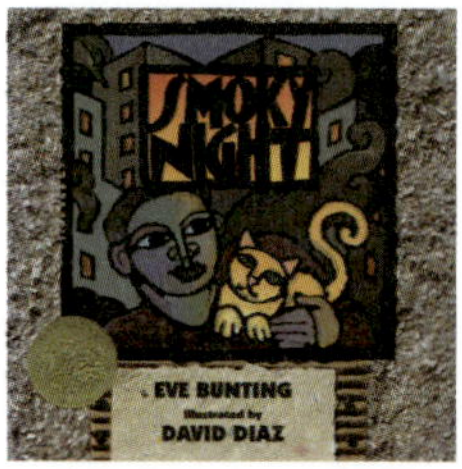

〈Smoky Night〉
Illus. David Diaz/Text. Eve Bunting/
Harcourt Brace

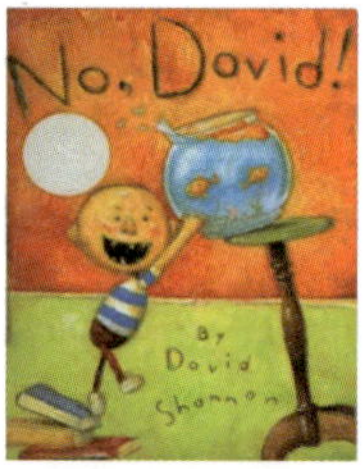

〈No, David!〉
David Shannon/
Blue Sky Press

7) 2000년대

2000년대 와서는 더욱더 폭넓고 광범위한 주제가 다뤄지는데 다문화 이해와 인류의 평화를 기원하는 사실적 그림책, 창작 그림책, 독특한 삶을 산 사람들의 이야기, 패러디 전래동화, 글 없는 그림책 등이 나타난다.

2000 Medal Winner
요셉의 작고 낡은 오버코트가…? Joseph had a Little Overcoat
그림/글 Simms Taback

이스라엘 유대인들의 문화를 담고 있는 창작 이야기로 요셉의 검소한 삶을 낡은 코트를 재활용해가며 창의적으로 표현한 이야기

2000 Honor Book
구름공항 Sector 7
그림/글 David Wiesner

글 없는 그림책으로 미국 엠파이어스테이트 빌딩에서 소년이 구름을 만나 디자인하는 이야기로 현실과 상상을 뛰어넘으며 고정관념을 깨는 따뜻한 내용의 이야기

2001 Medal Winner
대통령이 되고 싶다고? So You Want to Be President?
그림/글 David Small & Judith St. George

미국 대통령들의 이야기로 어린이들도 대통령이 될 수 있다는 희망을 주는 그림책

2002 Medal Winner
아기 돼지 세 마리 The Three Pigs
그림/글 David Wiesner

전래동화 〈아기 돼지 삼 형제〉가 담고 있는 기존의 동화 내용을 탈피해서 다른 그림책을 방문해 봄으로써 고정관념을 깨트리는 설정으로 소개된 패러디 그림책

2002 Honor Book
마틴 루터 킹 Martin's Big Words: the Life of Dr. Martin Luther King Jr.
그림/글 Eric Rohmann

아프리카계 미국인 민권운동에 평생을 바친 마틴 루터 킹이 남긴 뜻깊은 말을 중심으로 그의 생애를 엮은 내용을 통해 인류의 평화를 기원하는 여운을 남겨 주는 그림책

2003 Medal Winner
날마다 말썽 하나! My Friend Rabbit
그림/글 Eric Rohmann

토끼가 친구를 돕기 위해 일어나는 말썽 중에서 '다 잘 될 거야'라는 긍정적 관점을 보여 주는 우정에 대한 창작 그림책

2004 Medal Winner
쌍둥이 빌딩 사이를 걸어간 남자 The Man Who Walked Between the Towers
그림/글 Mordical Gerstein

'9·11 테러'로 사라진 뉴욕 세계무역센터를 추억하는 의미로 1974년 8월 7일 쌍둥이 빌딩 사이에서 한 시간 동안 줄타기 묘기를 했던 '필립 쁘띠'라는 젊은이의 실화를 바탕으로 한 그림책

2006 할아버지 댁 창문 The Hello, Goodbye Window
Medal Winner 그림/글 Chris Raschka

맞벌이하는 엄마와 헤어지고 온종일 할머니 할아버지와 지내는 소녀가 집으로 가며 창문을 통해 안녕을 고하는 이야기로 전개되는 창작 그림책

2006 일어나요, 로자 Rosa
Honor Book 그림/글 Bryan Collier & Nikki Giovanni

미국 흑인 운동가인 로자 파크스가 어떻게 평범한 흑인 여성에서 흑인 운동가가 되었는지 실제로 그녀에게 일어난 사건을 다룬 이야기

2007 시간 상자 Flotsam
Medal Winner 그림/글 David Wiesner

글 없는 그림책으로 주인공이 바닷가에서 발견한 것들을 수중 카메라의 눈과 바닷속을 보는 물고기의 눈을 통해 과거, 현재, 미래를 시간 여행하며 보여 주는 판타지 이야기

2008 The Invention of Hugo Cabret
Medal Winner 그림/글 Brian Selznick

주인공 위고가 실존 인물인 프랑스 영화감독 조르주 멜리에스를 만나 겪는 판타지 소설로 연필 스케치 삽화가 환상적인 이야기

2008 내 토끼 어딨어?Knuffle Bunny Too: A Case of Mistaken Identity
Honor Book 그림/글 Mo Willems

우정에 대한 창작 그림책으로 주인공 트랙시의 인형이 소냐의 인형과 뒤바뀌면서 되찾는 소동 과정에서 소냐와 소중한 친구가 되어가는 과정을 그린 그림책

2000년대에는 1990년대보다도 더 깊숙한 다문화 이해와 삶을 조명하며 글 없는 그림책과 창안적 측면의 그림책이 폭넓게 소개된다. 또 과거에 유아 단계에서는 조금 어렵지만 알아야 할 아프리카계 미국인 민권운동과 관련된 내용을 다룬 〈마틴 루터 킹Martin's Big Words: the Life of Dr. Martin Luther King Jr.〉과 사회 폭력적 사건을 다룬 〈쌍둥이 빌딩 사이를 걸어간 남자The Man Who Walked Between the Towers〉가 소개된다. 그리고 전래동화의 새로운 접근을 한 〈아기 돼지 세 마리The Three Pigs〉는 유아들이 고정관념으로부터 탈피하고 반편견의 힘과 창안적 접근을 할 수 있도록 소개해 주는 고전으로 읽힌다.

〈The Man Who Walked Between the Towers〉
Mordical Gerstein/
Square Fish

〈쌍둥이 빌딩을 걸어간 남자〉
모디칼 거스테인/신형건 역/
보물창고(2004)

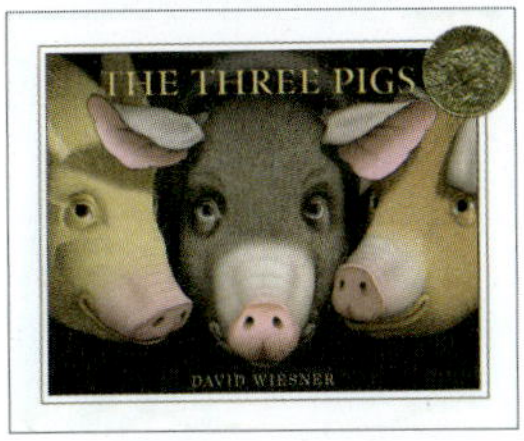

〈The Three Pigs〉
David Wiesner/Clarion Books

〈아기 돼지 세 마리〉
데이비드 위즈너/이옥용 역/
마루벌(2008)

8) 2010년대

2010년대는 공감의 그림책, 인류에 공헌한 삶, 그리고 AI가 삶을 바꾸기 시작하는 경향이 나타난다. 더 많은 수의 글 없는 그림책은 2000년대보다 독특한 양상으로 개발되고 있다. 아마도 AI 시대에 강조되는 창의성과 더불어 사는 능력을 위해 글 없는 그림책이 고정관념을 넘고 서로를 이해하고 소통할 수 있도록 생각할 수 있게 한다.

글 없는 그림책만을 우선 묶어서 살펴보면 다음과 같다.

2010 사자와 생쥐 The Lion & the Mouse
Medal Winner 그림/글 Jerry Pinkney

글 없는 그림책으로 이솝우화 '사자와 생쥐'를 그림과 울음소리만으로 표현한 작품으로 작은 생쥐도 동물의 왕 사자에게 은혜를 갚을 수 있다는 당당한 모습을 그려낸 이야기

2012 빨강 파랑 강아지 공 A Ball for Daisy
Medal Winner 그림/글 Chris Raschka

글 없는 그림책으로 강아지 데이지가 공을 잃었을 때의 슬픔과 새로 얻었을 때의 기쁨이 그 옆에서 위로해 주려고 애쓰는 소녀와 함께 유머러스한 그림으로 잘 표현된 이야기

2014 이봐요, 까망 씨! Mr. Wuffles!
Honor Book 그림/글 David Wiesner

글 없는 그림책으로 지루한 일상의 까망 고양이와 고양이의 놀잇감이 된 우주선 속에 외계인들이 곤충의 도움으로 탈출하는 판타지 이야기로 외계인들 간의 세모 네모 언어와 곤충들의 언어로 아이들의 상상력을 자극하는 이야기

2014 Flora and the Flamingo
Honor Book 그림/글 Molly Idle

글 없는 그림책으로 플라밍고인 동물과 플로라라는 아이의 우정을 춤을 통해 전달한다. 전체적으로 한편의 발레 공연을 보는 듯한 느낌을 주며 따스한 플라밍고의 색감과 플립 형태의 상호작용적 편집 기법으로 잘 표현된 이야기

2017 훌라훌라 추추추 Do Iz Tak?
Honor Book 그림/글 Carson Ellis

글 없는 그림책으로 작가의 정원에서 일 년 사계절 동안 곤충과 식물의 성장기를 그렸다. 곤충들의 언어를 삽입하여 아이들의 시각적, 언어적 감각을 자극하는 이야기

2018 세상에서 가장 용감한 소녀 Wolf in the Snow
Medal Winner 그림/글 Matthew Cordell

글 없는 그림책으로 폭설 속에서 길을 잃은 소녀가 길을 잃은 아기 늑대를 용감하게 보살펴서 늑대 무리로 돌아갈 수 있게 하고 그들이 다시 소녀를 보호해 주어 무사히 집으로 돌아갈 수 있게 해 주는 인간과 동물의 우정과 모험을 한 편의 영화처럼 아름답게 표현한 이야기

한편 글 없는 그림책 외에 2010년대에 발간된 창작 그림책과 다른 그림책을 살펴보면 다음과 같다.

2011 Medal Winner

아모스 할아버지가 아픈 날 A Sick Day for Amos McGee

그림/글 Erin E. Stead & Philip C. Stead

동물지기 할아버지와 동물들 간의 우정을 나타낸 그림책이다. 매일 같은 일상을 각 동물에 맞게 잘 돌봐주던 아모스 할아버지가 어느 날부터 찾아오지 않자 걱정하던 동물들이 아모스 할아버지의 집을 찾아가 병간호해 주는 이야기

2013 Medal Winner

이건 내 모자가 아니야 This is Not My hat

그림/글 Jon Klassen

작은 물고기가 큰 물고기의 모자를 슬쩍 훔치고 변명하는 작은 물고기의 상황을 비틀어 표현한 그림은 숨 막히는 추격전을 느끼게 하며, 끝에 작은 물고기의 운명을 알려 주지 않는 열린 결말을 통해 아이들에게 도덕적 갈등상황을 토의해 볼 수 있게 하는 것이 특징인 이야기

2015 Medal Winner

비클의 모험: 상상을 뛰어넘은 여행

The Adventures of Beekle: The Unimaginary Friend

그림/글 Dan Santat

상상의 나라에서 주인공이 친구를 찾아 모험을 떠나는 이야기로 친구를 사귀기 힘든 어린이의 마음을 잘 드러내 주는 이야기

2016 Medal Winner

위니를 찾아서: 세상에서 제일 유명한 곰에 관한 실제 이야기

Finding Winnie-The True Story Of The World's Most Famous Bear

그림/글 Shophie Blackall & Lindsay Mattick

동화 '위니 더 푸 Winnie-the-Pooh'의 모델이 된 실제 이야기로 군인과 아기 곰의 우정에 대한 그림책

2017 Medal Winner

빛나는 아이: 천재적인 젊은 예술가 장 미셸 바스키아

Radiant Child: The Story of Young Artist Jean-Michel Basquiat

그림/글 Javaka Steptoe

그라피티 예술가인 장 미셸 바스키아의 삶에 대한 이야기로 목재 조각의 독특한 질감과 선명한 색감으로 그의 그림 스타일을 잘 표현한 그림책

2019 안녕, 나의 등대 Hello Lighthouse
Medal Winner 그림/글 Shophie Blackall

매일 밤바다에 불빛을 비추며 등대와 가족을 지킨 등대지기의 헌신적인 삶을 아름답게 보여 준다. 어느 날, 등대는 결국 자동으로 비추는 기계 등으로 교체되면서 등대지기도 그 등대를 떠나게 된다. 하지만 아무리 세상이 변해도 변하지 않는 등대지기의 성실하고 정직한 마음과 그 가치를 존중하는 내용의 이야기

〈A Ball for Daisy〉
Chris Raschka/ Schwaiz & Wade

〈빨강 파랑 강아지 공〉
크리스 라쉬카/지양어린이 (2012)

〈Mr. Wuffles!〉
David Wiesner/Clarion Books

〈이봐요, 까망 씨!〉
데이비드 워즈너/비룡소(2014)

〈Hello Lighthouse〉
Sophie Blackall/Little, Brown Books for Young Readers

〈안녕, 나의 등대〉
소피 블랙올/전희선 역/비룡소(2019)

2010년대의 그림책 중에 특기할 만한 점은 〈안녕, 나의 등대 Hello Lighthouse〉의 내용처럼 현재 자꾸 사라지게 되는 직업을 다루거나 〈빨강 파랑 강아지 공 A Ball for Daisy〉, 〈이봐요, 까망 씨! Mr. Wuffles!〉와 더불어 〈세상에서 가장 용감한 소녀 Wolf in the Snow〉와 같이 아이들의 창의적 사고와 공감을 자극하는 글 없는 그림책이 눈에 띄게 많이 나왔다는 점이다. 이런 그림책으로 어린이는 창의적 작가가 되어 보는 경험은 물론 그림을 읽으며 깊이 있는 그림책 읽기로 공감 능력도 길러질 수 있을 것이다. 2010년대 그림책은 AI 시대 어린이들에게 요구되는 공감 능력과 창의 능력을 길러 줄 수 있는 좋은 그림책이 소개되고 있으며 모두 한국어로 번역·소개되고 있어 어린이들이 세계인으로서 그림책을 어떻게 읽어야 하는지, 작가와 소통하며 자기 정체성을 찾아가는 첫걸음을 잘 내디딜 수 있게 한다.

4. 그림으로 본 칼데콧 메달 그림책 동향

칼데콧상에 대한 연구는 이은화·이상금·이정환·이경우·이기숙(1995)의 〈통합적 접근을 위한 Caldecott Medal 수상 도서〉로 2001년까지의 최우수상을 받은 그림책을 소개하였다. 다음 해에는 이경우·이은화·이정환·이기숙(1996)이 〈통합적 접근을 위한 Caldecott Honor 수상 도서 연구〉라는 제목으로 아너상을 받은 책을 소개하고 적용 방안에 대해 기술하였다. 사실 아너상을 받은 책에 유아에게 적합한 내용의 그림책이 더 많이 발견된다. 서정숙(1996)은 〈Caldecott 메달 도서의 특성 분석〉으로 1938년부터 1995년까지 칼데콧 최우수상을 받은 도서 58권의 문학적, 미술적, 다문화적 특성을 분석하였다. 뒤이어 고혜진(1997)은 〈한국어판 Caldecott 수상 도서 현황 및 번역오류에 대한 연구〉에서 우리나라에서 번역·출판된 Caldecott 수상 도서 Medal Winners와 Honor Books의 비율에 대한 것과 번역 도서에서 발견되는 오류의 유형 및 그 사례를 살펴보았다.

이연승(2003)은 2003년부터 시작해서 2008년까지 6년간 칼데콧 수상작에 대한 연구를 소개하였다. 2003년도에는〈Caldecott Awards 수상 도서 분석 및 시사점〉

을 제목으로 메달 위너인 〈날마다 말썽 하나!My Friend Rabbit〉와 아너상을 받은 3권의 책, 〈거미와 파리The Spider and the Fly〉, 〈누가 더 즐거웠을까?/누렁이와 야옹이(추후 제목 변경, 2015)Hondo & Fabian〉, 그리고 〈노아의 방주Norah's Ark〉 등의 3권을 분석하고 있다. 다문화 이해보다는 21세기의 서로 다른 독특성을 인정하되 우정의 필요성을 강조하고, 약육강식, 갈등과 유혹의 측면이 있는 삶의 양상을 드러내주는 특징 그리고 성경에 근거를 둔 삶을 나타내는 그림책을 분석하며 통합적 교육계획에 의한 방안을 소개하며 어린이들에게 유익한 경험으로 이끌어주는 방안을 제시하고 있다.

2004년에는 이연승과 박향원의 공동연구로 〈2004 Caldecott Awards 수상 도서 'Ella Sarah Gets Dressed'의 분석 적용〉이란 제목으로 2004년도 Honor Book인 〈오늘은 무엇을 입을까?/오늘은 무슨 옷을 입을까?(추후 제목 변경, 2005)Ella Sarah Gets Dressed〉를 분석하고 통합적 계획을 소개하였다. 여기서는 사례연구를 통해서 유치원 교사를 면담하고 만 4세 유아반에 적용하였다. 그 결과는 교육적 방안으로 제시되었다.

2005년도 연구는 이연승이 〈2005년도 칼데콧 메달상 수상 도서의 분석 및 적용 연구〉라는 제목으로는 〈달을 먹은 아기 고양이Kitten's Full Moon〉를 소개하고 분석하였다. 2004년 연구와 같은 맥락으로 칼데콧 수상의 그림책을 활용한 통합적 계획 및 문학적 접근을 통한 활동의 실제를 제시하였다. 유아교육 현장에 익숙한 거미줄 모형으로 계획하고 다학문적 접근으로 전개한 예를 소개하였다.

2007년도에는 이연승과 박향원이 공동연구로 〈칼데콧상 수상 도서의 분석 및 교육적 적용〉이라는 제목으로 2006년도 칼데콧 메달 위너인 〈할아버지 댁 창문The Hello, Goodbye Window〉을 분석하고 그림책을 소개함과 동시에 통합적 계획 및 전개 사례를 소개하였다. 특히 교육적 적용은 유아의 학습경험, 언어 창의성을 증진시키는 데에도 도움이 되는 것을 지적하였다. 2008년에도 이연승·박향원의 공동연구는 〈2007년 칼데콧상 메달상 수상 도서 Flotsam의 분석 및 교육적 적용〉을 제목으로 하여 〈시간 상자Flotsam〉의 내용을 분석하고 이를 활용한 통합적 교육계획에 따른 활동의 전개 사례를 살펴보았다. 여기서 연구자들은 어린이들이 상상력을 통해 문학을 즐길 수 있는 능력을 키우고 문학에 대한 흥미를 높일 방법을 제시하고 있다.

위와 같은 이연승의 단독 연구와 이연승과 박향원의 공동연구는 2000년대 초반 우리나라에 칼데콧 그림책이 소개되고 좋은 그림책으로 활용한 총체적 언어교육의 방향을 모색할 즈음에 이루어진 연구이므로 유아교육 현장에 통합적 접근 방안을 제시한 데 그 의의를 둘 수 있다. 특히 2003년도에 칼데콧상 메달 위너와 아너 북스를 모두 소개하고 분석하고 교육적 방안을 제시해 준 것은, 매해 한 권의 수상작은 어떤 것인지 그리고 아너상을 받은 책으로는 몇 권의 어떤 그림책이 있는지 신속하게 이해하고 교육현장에 적용할 수 있게 함으로 연구의 가치가 크다고 할 수 있다.

그 이후 많은 연구가 지속되는가 하면 위키피디아wikipedia.org 사전이나 미국 도서관 협회ala.org, 대형 서점 아마존amazon.com, 교보문고kyobobook.co.kr, 그리고 유튜브www.youtube.com 등 다양한 곳에서 칼데콧 수상 도서를 소개하고 있다.

이 책에서는 2000년대 이후에 출간된 칼데콧 메달 도서Caldecott Medal Winner 20권을 제3장과 제4장에서 소개하는 것으로 하여 이은화 외(1995)의 연구를 이어가는 접근으로 한다. 강산이 두 번 바뀌는 20년의 세월 속에는 그림책에 대한 접근도 달라져서 앞서 언급했듯이 상호작용에 의거한 두뇌 연구(Experiences Build Brain Architecture, Center on the Developing at Harvard Uinv.브레인 아키텍처 구축 경험 youtube.com 2020. 2. 12. 발췌)와 울프Wolf의 〈다시, 책으로〉 등등, 기본으로 돌아가 상호작용 및 책 읽는 두뇌를 구축하자는 이론과 연결되는 점이 있음을 다시 밝힌다.

1938년 이후 매년 최우수상과 우수상으로는 어떠한 그림책이 선정되었는지 그 양상을 인식할 수 있으며, 칼데콧 메달상과 아너상 수상 도서의 수적인 비율이 어떠한지 우선 파악하면 이 책에서 소개하는 2000년도 이후의 메달 수상 도서에 대해서도 이해할 수 있을 것이다.

그림으로 본 칼데콧 메달Caldecott Medal Winners 수상 도서 목록(1938~2020)

1938 1939 1940 1941 1942

1943 1944 1945 1946 1947

1948 1949 1950 1951 1952

1953 1954 1955 1956 1957

1958 1959 1960 1961 1962

1963 1964 1965 1966 1967

1968 1969 1970 1971 1972

1973 1974 1975 1976 1977

1978 1979 1980 1981 1982

1983 1984 1985 1986 1987

1988 1989 1990 1991 1992

1993 1994 1995 1996 1997

1998
1999
SNOWFLAKE BENTLEY
2000
Joseph Had a Little Overcoat
Simms Taback
2001
So You Want to Be President?
Judith St. George
David Small
2002
THE THREE PIGS
2003
My Friend Rabbit
ERIC ROHMANN
2004
2005
Kitten's First Full Moon
KEVIN HENKES
2006
The Hello, Goodbye Window
Norton Juster
Chris Raschka
2007
DAVID WIESNER
FLOTSAM
2008
THE INVENTION OF HUGO CABRET
2009
The House in the Night
2010
2011
A Sick Day for Amos McGee
2012
A BALL FOR DAISY
CHRIS RASCHKA
2013
THIS IS NOT MY HAT
2014
LOCOMOTIVE
BRIAN FLOCA
2015
BEEKLE
2016
Finding Winnie
2017
JAVAKA STEPTOE
RADIANT CHILD
THE STORY OF YOUNG ARTIST JEAN-MICHEL BASQUIAT
2018
WOLF IN THE SNOW
2019
HELLO LIGHTHOUSE
Sophie Blackall
2020
KWAME ALEXANDER
KADIR NELSON
THE UNDEFEATED

제3장

2000년~2009년도 칼데콧 메달 그림책 살피기

'그림책이 칼데콧상을 받았다'는 것은 전 년도에 출판된 많고 많은 그림책 중 가장 좋은 '그림이 있는' 그림책이라는 것이고 따라서 내용도 좋다는 의미이다. 칼데콧상은 그림책의 노벨상으로 알려지고 있다. 따라서 칼데콧 수상작은 세계적으로 출판되는 그림책 중 어느 책을 선정할지 모를 때 정확한 가이드의 역할을 한다.

최우수상인 메달을 수상한 그림책에 대한 연구는 앞에서 언급했듯이 이은화·이상금·이정환·이경우·이기숙(1995)의 〈통합적 접근을 위한 Caldecott Medal 수상 도서 연구〉에서 1938년부터 2001년까지 칼데콧 메달에 대한 것을 소개하고 있다. 아너상을 받은 그림책들은 이경우·이은화·이정환·이기숙(1996)이 연구한 〈통합적 접근을 위한 Caldecott Honor 수상 도서 연구〉에서 소개하며 그 적용 방안에 관해서도 기술하였다.

2000년부터 2020년까지 칼데콧 메달Caldecott Medal Winner을 수상한 그림책만 해도

21권이 되는데 모두 한국어로 번역·출간 되었다. 한국어로 번역된 어떤 그림책의 제목은 역자나 출판사에 의해 아주 잘 번역되었으나, 어떤 그림책의 제목은 원서와는 달리 번역되어 소개되고 있기 때문에 교사, 부모, 그리고 독자들을 혼돈하게 한다. 그뿐만 아니라 원작가가 의미해던 것과 다른 제목은 그림책의 제목을 읽는 어린이들의 상상력과 창의력 및 공감 능력 발달에 영향을 끼친다. 그림책의 주인공을 다르게 해석해서 제목을 붙인 것, 결론을 암시해 주는 제목도 있다. 그림책의 원제목과 번역 그림책에 따라 어린이들에게 주는 영향은 다르게 나타난다.

이효진(2010)은 〈영어 그림책과 번역 그림책에 대한 독자 반응 비교: 그림책의 제목을 중심으로〉에서 이를 증명해 놓았다. 그는 〈Sector 7〉와 〈구름공항〉, 〈The Gardner〉와 〈리디아의 정원〉, 〈Time Flies〉와 〈이상한 자연사 박물관〉, 〈Tuesday〉와 〈이상한 화요일〉을 연구 도서로 선정하였다. 도서관을 사용하는 초등학교 저학년 어린이들이 영어 그림책과 번역 그림책이 다를 때 어떤 반응을 하는지 연구하였다. 그 결과 영어 그림책의 제목과 번역 그림책의 제목은 각각 주인공이나 중심 소재에 대한 인식, 중심 캐릭터 인식과 장르 인식에 영향을 미칠 수 있다고 하였다. 따라서 주인공과 중심 소재, 장르 인식에 역동적 동기를 이루지 못한 서로 다른 제목은 작품의 주제 이해에 영향을 미치게 된다는 것이다.

이에 앞서 고혜진(1997)은 〈한국어판 Caldecott 수상 도서 현황 및 번역오류에 대한 연구〉로 올바른 번역의 중요성을 강조했음을 앞에서도 언급했다. 강무홍(2004) 역시 그림책 번역에서 유의할 것을 언급하며 그림의 세계와 조화를 이루는 번역을 해야 하며, 글이 그림의 세계를 가로막지 않아야 한다고 강조하였다.

이 장에서는 2000년부터 2009년까지 칼데콧 메달을 수상한 그림책 10권을 소개하며 앞에서 언급한 이경우 외의 연구(1995년, 1996년)를 이어가는 것으로 한다. 이 두 연구는 25년 전에 이루어진 연구이기 때문에 당대에 요구되었던 구성적 접근으로 그림책을 거미줄 모형에 의해서 다학문적 접근 활동으로 소개하였다. 그러나 급변하는 시대적 변화와 그에 따라 사회 및 개인의 요구도 변화되어 AI 시대에는 그 어느 시기보다 창의와 공감 능력이 필요하게 되었다. 인종 간의 갈등과 폭동 문제는 반편견의 능력과 공감 및 정체성 갖기에 대한 자아존중의 측면도 요구하고 있다. 이런 요구는 2000년도 이후에 출판된 칼데콧 수상 도서에 고스란히 나타나 있어 본 장에서는 좋은 그림책으로 이 시대에 맞는 질문-토론에 집중하는 전략을 사용하고자 한다. 따라서 제1장에서 언급했듯이 그림책을 읽을 때, 기대되는 놀이/질문은 하브루타 방식을 총체적 언어 전략과 융합하여 정리한 것이다. 이를 기초로 하여 상호작용이 있는 구성적 접근으로 이행할 수 있을 것이다.

호기심을 풀어가며 생각을 크고 넓게 자라게 할 수 있는 질문으로 토의하는 시간을 가짐으로 인해 어린이는 이 시대가 요구되는 공감과 창의능력, 더 나아가 반편견 능력과 정체성도 길러갈 수 있게 될 것이다.

다음에 나오는 2000년~2009년의 여러 그림책은 다문화 이해, 인류평화, 창작 및 독특한 삶을 산 사람들의 이야기가 있는 시대적 특징이 있다. 2009년까지 출판된 그림책은 그 전에 출판된 그림책과 함께 유아고전으로 읽힐 수 있을 것이다. 좋은 그림책은 출판된 지 10~15년이 지나면 고전으로서의 가치가 저절로 생긴다.

칼데콧 메달 위너Caldecott Medal Winners 도서 목록 2000~2009년

수상 연도	원문 제목 저자 (출판사)	한글 제목 역자 (출판사, 연도)
2000년	**Joseph Had a Little Overcoat** Simms Taback (Viking Books for Young Readers)	**요셉의 작고 낡은 오버코트가…?** 김정희 역 (베틀북, 2000)
2001년	**So You Want to Be President?** Illustrated by David Small Written by Judith St. George (Philomel Books)	**대통령이 되고 싶다고?** 김연수 역 (문학동네어린이, 2012)
2002년	**The Three Pigs** David Wiesner (Clarion Books)	**아기 돼지 세 마리** 이옥용 역 (마루벌, 2008)
2003년	**My Friend Rabbit** Eric Rohmann (Square Fish)	**날마다 말썽 하나!** 이상희 역 (뜨인돌어린이, 2014 발간)
2004년	**The Man Who Walked Between the Towers** Mordicai Gerstein (Square Fish)	**쌍둥이 빌딩 사이를 걸어간 남자** 신형건 역 (보물창고, 2004)
2005년	**Kitten's First Full Moon** Kevin Henkes (Greenwillow Books)	**달을 먹은 아기 고양이** 맹주열 역 (비룡소, 2005)
2006년	**The Hello, Goodbye Window** Illustrated by Chris Raschka, Written by Norton Juster (Hyperion Book CH)	**할아버지 댁 창문** 금동이책 역 (엔이키즈, 2015)
2007년	**Flotsam** David Wiesner (Clarion Books)	**시간 상자** 역자 없음 (시공주니어, 2018)
2008년	**The Invention of Hugo Cabret** Brian Selznick (Scholastic Press)	–
2009년	**The House in the Night** Illustrated by Beth Krommes, Written by Susan M. Swanson (HMH Books for Young Readers)	**한밤에 우리 집은** 정경임 역 (지양어린이, 2009)

2000년

Joseph Had a Little Overcoat

요셉의 작고 낡은 오버코트가…?

Simms Taback (Viking Books for Young Readers) | 김정희 역 (베틀북, 2000)

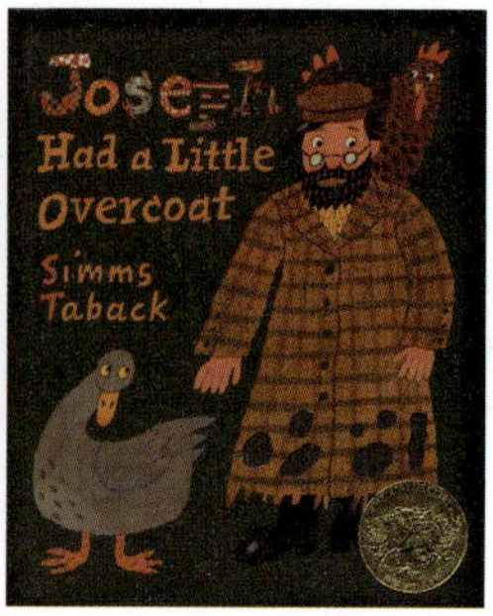

▸ 작가: 심스 태백(Simms Taback)

심스 태백은 미술을 전공으로 쿠퍼 유니언을 졸업한 작가이자, 일러스트레이터이며 그래픽 아티스트이다. 1932년 뉴욕 브롱크스에서 태어나 생계를 위해 그림을 그려야 하는 가난한 일러스트레이터로 시작했으며 40대 후반인 1980년부터 어린이들을 위한 책을 만들면서 지금까지 35권이 넘는 그림책을 그려왔다. 1998년에는 〈옛날 옛날에 파리 한 마리를 꿀꺽 삼킨 할머니가 살았는데요There Was an Old Lady Who Swallowed a Fly〉로 칼데콧 아너상을 받았다. 현재 미국 비주얼 스쿨과 시라큐스 대학에서 일러스트레이션과 디자인 강의를 하고 있다.

▸ 줄거리

요셉은 풀린 밑단을 잘라 재킷으로 만든 뒤 그 옷을 입고 시장에 간다. 재킷도 낡아지자 소매를 잘라 조끼를 만들어 조카의 결혼식에 가서 춤도 춘다. 오래 입은 조끼가 다시 낡아 이번에는 목도리로 만들어 목에 두른 뒤 남성 합창단에서 노래를 부른다. 낡아빠진 목도리는 넥타이가 되고 다시 손수건이 되었다. 낡은 손수건은 결국 멜빵바지의 단추로 재활용되고 어느 날 단추마저 떨어져 사라지게 된다. 요셉은 외투가 흔적도 없이 사라졌지만 절망하지 않고 벽에 걸려 있는 액자에 '사람은 아주 힘들 때도 꿈을 잃어서는 안 된다'는 가훈처럼 더 좋은 생각으로 오버코트가 단추가 되기까지의 이야기를 재미있게 책으로 꾸민다.

그리고 그는 마지막 페이지에 독자들에게 편지를 쓴다. 그리고 이 책 뒤쪽에 오버코트가 변해가는 과정을 말하는 노래로 소개한다. (한글책에는 이 편지가 소개되지 않았으나 대신 작가 티백과 역자 김정희의 이력이 소개되어 있다. -- 저자의 편지 참조)

▸ 특징

밝고 선명한 색상과 다양한 기법을 사용한 유쾌하고 세밀한 그림책이다. 주인공의 낡은 오버코트에서 시작해서 단추가 되기까지의 과정을 연필, 잉크, 수채물감, 콜라주 등과 같은 기법으로 화려하고 세밀하게 그려나갔다.

반복적인 문장으로 이어지는 이야기를 읽으며 낡은 것이라도 다시 창안할 수 있는 아이디어를 재미있게 강조한다. 반복적 문장, 예측 가능한 일, '다음에 무엇이 올까?', 사건의 순서(오버코트에서→단추가 되기까지)대로 접근하는 과정에서 책을 깊이 있게 읽을 수 있으며 책과의 연결, 분석, 추론으로 가는 '책 읽는 뇌'의 구축[시냅스 연결]을 즐겁게 해 볼 수 있다. 이 그림책은 어린이가 '나도 무엇인가 재활용해서 근사한 것으로 창안해 볼 수 있다'라는 창의적 생각이 들게 한다. 그림책에 소개되는 이스라엘 행사는 다문화 이해에도 도움이 된다. 벽에 걸린 액자나

가훈은 우리나라 문화와도 비교하는 데에도 도움이 된다.

원본의 뒷부분에 저자, 심스 태백이 독자들에게 보낸 편지의 본문은 다음과 같다.

저자의 편지

Dear Readers

As a child I had a favorite song–a yiddish folk song called "I Had a Little Overcoat." Many years ago, I adapted the song to make a book and I called it <Joseph Had a Little Overcoat>. Some people noticed that Joseph looked a lot like me.

Now you know that no artist is ever satisfied with his work, but usually we don't get to do it over. So I am particularly happy to be publishing this newly illustrated version of Joseph. I hope that all of you who wrote to me about the early version will take this one to your hearts. That would prove that "you can always make something out of nothing'… over and over again!

Simms Taback

친애하는 독자 여러분,

내가 어렸을 때–'나는 작은 오버코드가 있었어요.'라는 유대인들의 민요를 좋아했었어요. 수년 전에 나는 이 노래를 책으로 만드는데 인용해서 〈요셉의 작고 낡은 오버코트가…?〉라고 이름 붙였지요. 어떤 사람들은 요셉이 나처럼 생겼다고 했지요.

여러분이 알다시피 아무도 자기가 완성한 작품에는 만족하지 않고 대개는 다시 수정하지 않지요. 그래도 나는 다시 새롭게 요셉의 그림으로 출판된 것이 특별히 행복합니다. 바로 그게 '아무것도 없는 것에서부터–다시 하고 또 하면 어떤 것을 만들 수 있다'는 것을 증명해 주는 거지요.

심스 태백

만약 어린이들에게 작가의 편지를 읽을 기회가 주어진다면, '작가에게 편지쓰기'와 같은 놀이를 전개해서 작가와 소통을 할 수 있는 기회를 줄 수 있다. 다른 세상에 사는 작가와의 소통할 기회를 가진 어린이들은 더 큰 눈으로 세상을 바라볼 수 있는 리더십과 인생의 비전을 갖고 성장할 수 있다.

▸ 기대되는 놀이/질문

1. 그림책 살피기 놀이/질문

- 그림책 앞표지에 뭐가 보이니?
- 이 남자는 어떤 옷을 입고 있어?
- 여기 오리는 누구를 쳐다보고 있는 걸까? 뭐라고 말하는 것 같아?
- 그림책 뒤표지를 보니 뭐가 보이니? 어떤 이야기가 나올 것 같아?

2. 그림책 내용 이해 놀이/질문

- 요셉은 다 해어진 옷을 가지고 무엇을 하려는 걸까?
- 요셉은 또 무엇을 만들려고 하는 걸까? 왜 자꾸 다른 것을 만들까?
- 요셉이 만든 것을 순서대로 말해 볼까? 마지막에 만든 것은 무엇일까?
- (그림책, 뒤에 있는 곡으로) 요셉은 왜 이런 노래를 만들었을까?
- 왜 그렇게 생각해?
- 가장 인상 깊었던 장면은 어느 장면이었어?
- 작가가 이 그림책을 통해서 우리에게 해 주고 싶은 말은 무엇일까?

3. 공감하기 놀이/질문

- 요셉은 자신의 낡고 오래된 옷을 보면서 어떤 마음이 들었을까?
- 요셉은 자신의 낡고 오래된 옷으로 다시 새것으로 만들면서 어떤 생각을 했을까?
- 가장 재미있고 좋아하는 그림은 어느 그림이었지?

4. 상상하기 놀이/질문

- 만약 내가 요셉이라면 낡은 코트로 무엇을 만들었을까?
- 만약 내가 요셉이라면, 그림책과 노래 말고 또 무엇을 만들 수 있을까?
- 만약 내가 요셉의 친구라면 요셉에게 어떤 말/노래를 해 주고 싶어?

5. 실천하기 놀이/질문

- 내 헌 옷으로 무엇을 만들 수 있을까?”
- 우리 집에 재활용할 수 있는 물건은 무엇이 있을까? 어떤 것으로 다시 만들 수

있을까?

6. 표현하기 놀이/질문

- 요셉의 재활용 아이디어를 지도처럼 그려 볼 수 있니?

  예 *오버코트→재킷→조끼→목도리→넥타이→손수건→단추→잃어버린 단추→그림책으로 이야기 창안하기*

- 그림책에 나온 가훈처럼 우리 집 가훈도 만들어 볼 수 있을까?
- 우리나라 전래 동요 하나에 노랫말을 바꾸어 볼 수 있을까?

  예 *'하나 하면 할머니가' 노랫말을 바꾸어 '아나바다 노래' 만들기*

- 동극 놀이를 위해 어떻게 대본을 만들 수 있을까? 배역은 어떻게 정할까?
- 궁금한 것을 작가에게 질문하는 편지를 써 볼 수 있어? 편지 내용에 들어갈 내용은 뭐니?
- 나도 이런 종류의 그림책을 만들 수 있을까?
- 저자의 다른 그림책과 비교하는 벤 다이어그램을 만들어 볼 수 있니? 그것으로 동생 반에게 이야기해 줄 수 있을까?

  예 *〈옛날 옛날 파리 한 마리를 꿀꺽 삼킨 할머니가 살았는데요There Was an Old Lady Who Swallowed a Fly〉와 〈요셉의 작고 낡은 오버코트가…?Joseph had a Little Overcoat〉 각각의 특징과 공통점 찾아내기*

〈요셉의 작고 낡은 오버코트가…?〉
심스 태백/김정희 역/
베틀북(2000)

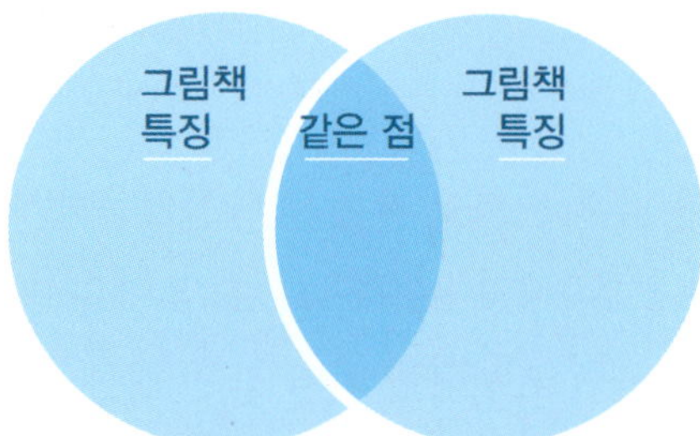

〈옛날 옛날 파리 한 마리를 꿀꺽 삼킨 할머니가 살았는데요〉
심스 태백/김정희 역/
베틀북(2000)

2001년

So You Want to be President?

대통령이 되고 싶다고?

Illustrated by David Small, written by Judith St. George (Philomel Books) | 김연수 역 (문학동네어린이, 2012)

그림 데이비드 스몰(David Small)

데이비드 스몰은 1945년에 태어나 예일대학교 대학원에서 예술학 석사 학위를 받은 어린이 그림책 작가이자 일러스트레이터이다. 그는 40권이 넘는 그림책을 그렸으며, 2001년에 위의 책으로 칼데콧 메달을 받았다. 1998년 부인 사라 스튜어트가 글을 쓴 〈리디아의 정원 The Gardener〉과 2013년에 토니 버지오 Toni Buzzeo와 함께 작업한 〈엘리엇에게 엉뚱한 친구가 생겼어요 One Cool Friend〉로 칼데콧 아너상을 받았다. 그 외의 작품으로 〈머리에 뿔이 났어요 Imogene's Antlers〉, 〈공룡이 공짜 When Dinosaurs Came with Everything〉 등이 있다.

글 주디스 세인트 조지(Judith St. George)

주디스 세인트 조지는 2015년 6월에 돌아가시기 전까지 40편 이상의 책을 썼으며 그중 대부분이 역사소설이다. 그중 어린이를 위한 정보책과 위인에 대한 책을 쓰며 미국 어린이 책 작가 협회에서 주는 황금연상, 뉴욕 과학 아카데미상, 크리스토퍼상 등을 받았다.

줄거리

이 책은 조지 워싱턴에서 빌 클린턴까지 미국의 역사를 장식한 41명의 대통령 이야기를 담은 그림책으로, 대통령이 되면 백악관White House이라는 큰 집에 살게 된다는 이야기로 시작된다. 이 집에 사는 대통령들의 사적인 이야기를 시시콜콜하게 담고 있어 인간적인 면모를 엿볼 수 있게 할뿐더러 대통령으로서 어떤 일을 했는지 볼 수 있어 흥미롭다.

통나무집에서 태어나 대통령이 된 8명이 있는가 하면, 대통령이 된 나이도 다양하다. 시어도어 테디는 42세에, 레이건은 69세에 대통령이 된다. 외모도 다 달랐다. 링컨은 추남이었으나 누구보다도 훌륭한 대통령이었고, 미남이었던 하딩은 최악의 대통령이었다. 성격도 각각이었다. 먼로는 돈을 물 쓰듯 썼지만 윌리엄 해리슨은 장바구니를 들고 사장까지 걸어 다녔다.

워싱턴은 춤을 잘 췄지만, 링컨은 그러지 못했다. 자란 배경도 달랐다. 앤드루 존슨은 14세에 글을 읽기 시작했고 결혼한 후에야 글을 쓸 수 있었다. 트루먼은 남성 용품점 주인이었고, 앤드루 존슨은 재단사, 레이건은 영화배우였다. 트루먼이나 클리블랜드 같은 대통령은 정직하기로 유명했지만 클린턴이나 닉슨처럼 거짓

말 때문에 탄핵 재판을 받은 대통령도 있었다.

모든 대통령은 "나는 미국 대통령의 직무를 충실히 수행하고 최선을 다해 미국의 헌법을 보호, 보존, 수호할 것을 엄숙히 선서한다."며 맹세했다. 에이브러햄 링컨은 이런 의무를 잘 지킨 대통령이었다. 어떤 대통령은 성공적으로 해냈지만, 어떤 대통령은 그러지 못했다. 훌륭한 대통령들은 용감하고 대담했으며, 옳다고 생각한 일은 어떤 일이든 해낼 자신감을 가지고 있었다.

▸ 특징

이 그림책은 평범한 누구라도 대통령이 될 수 있다고 말한다. 심지어 이 그림책을 읽는 어린이 독자들까지도 말이다. 외모나 체형보다, 말솜씨나 카리스마보다, 학식과 재량보다 중요한 것은 남을 위해 봉사하는 마음, 나라와 국민을 이끌어 갈 책임감, 그리고 어느 순간에도 정직한 태도라고 말한다. 이에 걸맞게 그림도 낙서하듯 그린 선이 있는가 하면 41명 대통령 캐릭터를 익살맞고 개성이 드러나게 그린 그림으로 친근감을 준다.

이 그림책은 그림보다 텍스트가 많고 길기 때문에 초등학교 3~5학년에 적합하다. 그러나 이 이야기는 유튜브youtube.com에 개설되어 있는 스콜라스틱 웨스턴 우드 스튜디오(Scholastic-Weston Woods Studio Inc, 2017) 채널에서 27분짜리 비디오로 재편집해서 소개하고 있어 유아 단계에서도 재미있고 쉽게 이야기를 이해할 수 있도록 돕고 있다.

부록에는 대통령의 생애와 업적을 연대별로 수록하여 정보 책자의 역할도 담당한다. 번역서에는 우리나라 대통령 제도와 청와대에 관한 정보도 실어놓았다. 표지에는 '대통령을 꿈꾸는 어린이들에게 지혜와 용기를 주는 이야기'라고 적혀 있어 원본에는 없는 문구로 부제를 연상하게 한다.

기대되는 놀이/질문

1. 그림책 살피기 놀이/질문

- 그림책 표지에 있는 사람들은 누구일까? 누가 이 그림책을 그렸을까?
- 그림책 이야기는 누가 썼을까? 어떤 이야기가 나올 것 같아?
- 어떤 상을 받은 그림책일까?

2. 그림책 내용 이해 놀이/질문

- 이 책에 나오는 사람들은 어떤 사람들일까?
- 이 이야기는 실제로 있었던 이야기일까?
- 이 책에는 몇 명의 대통령이 나왔을까?
- 대통령이 되려면 몇 살이 되어야 할까?
- 어떤 대통령이 가장 마음에 드니? 왜 그런 생각이 들었어?
- 대통령이 되려면 어떤 사람이 되어야 할까? 어떤 점이 필요할까?

3. 공감하기 놀이/질문

- 대통령은 이때 어떤 마음이었을까?
- 반에서 도우미나 반장이 되면 어떤 기분일까?
- 책임감이란 무엇이라고 생각해?

4. 상상하기 놀이/질문

- 만약 대통령이라면 무슨 일을 제일 먼저 하고 싶어?
- 만약 대통령이라면 무슨 말을 하고 싶어?
- 만약 대통령을 만나볼 수 있다면 어떤 대통령을 만나고 싶어? 왜?

5. 실천하기 놀이/질문

- 지금 우리나라 대통령은 누구일까?
- 지금까지 우리나라 대통령은 몇 명이었을까?
- 우리 반 반장을 대통령이라고 가정하고 대통령 선거를 해 볼까?

6. 표현하기 놀이/질문

- 〈대통령이 되고 싶다고?So You Want to be President?〉 동영상을 찾아볼까?
- 우리나라 대통령에게 질문하고 싶은 말을 그림 편지로 써 볼까?
- 청와대는 무엇을 하는 곳일까? 청와대를 방문해 볼까?
- 내가 대통령이 되어서 하고 싶은 연설문을 적어 볼까? 누가 앞에 나와서 대통령처럼 말해 볼까?
- 저자의 다른 그림책과 비교하는 벤 다이어그램을 만들어 볼 수 있니? 그것으로 동생 반에 이야기해 줄 수 있을까?

  예 *〈엘리엇에게 엉뚱한 친구가 생겼어요One Cool Friend〉와 〈대통령이 되고 싶다고?So You Want to be President?〉 각각의 특징과 공통점 찾아내기*

〈엘리엇에게 엉뚱한 친구가 생겼어요〉
토니 부제오 글/데이비드 스몰 그림
/서남희 역/다산기획(2014)

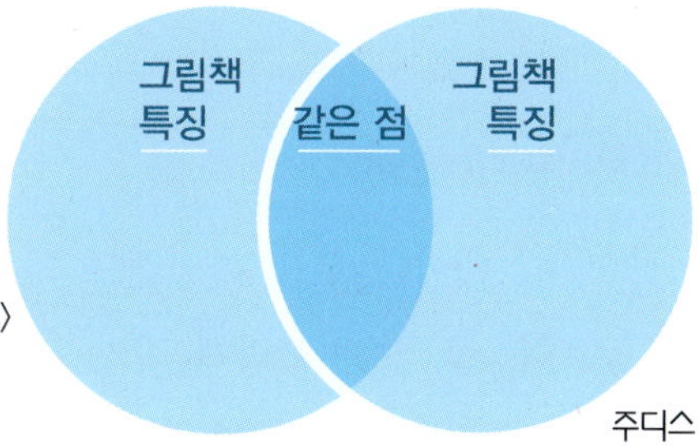

〈대통령이 되고 싶다고?〉
주디스 세인트 조지 글/데이비드 스몰 그림/
김연수 역/문학동네어린이(2012)

2002년

The Three Pigs

아기 돼지 세 마리

David Wiesner (Clarion Books) | 이옥용 역 (마루벌, 2008)

▸ 작가 데이비드 위즈너(David Wiesner)

데이비드 위즈너는 1956년에 태어나 로드 아일랜드 디자인 학교에서 일러스트레이터로 학사학위를 받았으며, 글 없는 그림책 작가 겸 일러스트레이터로도 잘 알려져 있다. 그가 독특하게 기획한 〈아기 돼지 세 마리The Three Pigs〉는 2002년에 칼데콧상을 받았다. 그는 글 없는 그림책으로 1989년 〈자유 낙하Free Fall〉, 1992년 〈이상한 화요일Tuesday〉, 2000년 〈구름공항Sector 7〉, 2007년 〈시간 상자Flotsam〉, 2014년 〈이봐요, 까망 씨!Mr. Wuffles!〉 등 총 5권으로 칼데콧상을 받은 작가이다.

▸ 줄거리

세계적으로 널리 알려진 전래동화 〈아기 돼지 삼 형제〉를 패러디한 내용으로 늑대는 첫째 돼지의 초가집뿐만 아니라 돼지도 그림책 밖으로 날려버린다. 현실을 넘어 환상의 세계로 넘어갈 때마다 돼지가 사라지자 늑대는 자신이 돼지를 잡아먹었나 하는 묘한 표정을 짓는다. 그리고 둘째, 셋째 돼지도 그림책 밖으로 날려버린다.

세 마리 돼지는 이 새로운 장소를 탐색한다. 돼지들은 자신들이 있는 해당 페이지로 멋진 종이비행기를 만들어 타고 공중을 날며 세상을 여행한다. 그러다가 그들은 마더구스를 대표하는 〈Hey Diddle Diddle〉의 평화로운 세상인 환상의 놀이동산으로 들어가게 된다. 그곳에서 다시 돼지 세 마리는 '여기서 나가자'며 그곳에서 살던 바이올린을 켜는 고양이와 함께 책 밖으로 나온다. 그들은 고양이와 함께 커다란 용이 사는 동화 속 〈Prince da Dragon〉과 같은 다른 그림책들 속으로 여행을 다니다가 마침내 셋째 돼지가 지은 튼튼한 벽돌집을 본다. 다들 그 집에 마음이 끌리고 책 속으로 들어가기 위해 책 그림 패널을 차례로 세우고 구겨진 늑대 그림도 세우고 있는데 늑대가 문을 두드리고 전처럼 말한다.

'돼지야, 날 들여보내 줘, 아니면 입으로 훅 불어 집을 주저앉게 할 거다!' 그런데 이때 문을 열고 나온 용이 외친다. '아까 돼지가 그랬잖아. 절-절-절대로 안 된다고!' 놀란 늑대는 뒤로 벌렁 자빠지고 글자들도 엉켜버린다. 그 후 세 마리

돼지와 고양이와 용은 좋아하는 벽돌집에서 모두 행복하게 잘 산다.

▸ 특징

한국어 번역본은 〈아기 돼지 세 마리〉라는 제목으로 '아기'를 더해서 번역되었다. 그러나 원제목에는 '아기'가 없이 〈The Three Pigs〉로 되어 있다. 이 책은 유명한 전래동화 〈아기 돼지 삼 형제〉에 작가의 독특한 상상력을 더한 것으로 뛰어난 그림과 내용이 환상적으로 전개된 걸작이다. 위즈너의 그림은 환상의 세계를 수채물감, 구아슈물감, 색잉크, 연필, 색연필을 사용해서 사실적으로 묘사하며 공간 배열도 환상을 더하게 하는 것이 특징적이다. 그림책의 텍스트에는 늑대와 돼지의 대화가 반복적이어서 흥미를 더한다.

▸ 기대되는 놀이/질문

1. 그림책 살피기 놀이/질문

- 그림책 앞표지에 무엇이 보이니?
- 누가 그림을 그렸을까?
- 어떤 상을 받은 그림책일까?
- 그림책 뒤표지를 보니 어떤 이야기가 나올것 같아?

2. 그림책 내용 이해 놀이/질문

- 이 책에 나오는 주인공은 누굴까?
- 돼지들이 자신의 이야기 속 어디로 날아갔을까?
- 마지막에 세 마리 돼지들은 어떻게 집으로 돌아왔을까?
- 이 책에는 몇 개의 다른 이야기가 나올까?
- 주·원·문·해(Somebody Wanted But So, SWBS)로 그림책을 분석해 볼까?

  예 *누가somebody 뭘 원했고wanted, 하지만but 어떤 문제가 생겼으며, 그래서so 어떻게 했니?*

  주인공(돼지 삼 형제)–원했다–문제가 있다–(그래서) 해결했다.
- '그림책은 꼭 이래야 한다'는 나의 고정관념은 무엇이었지?

3. 공감하기 놀이/질문

- 어떤 장면이 마음에 들었니? 왜 마음에 들었어?
- 집과 함께 날아가 버린 돼지를 본 늑대의 마음은 어땠을까?
- 다른 장소로 집과 함께 날아간 돼지의 마음은 어땠을까?
- 내가 알던 이야기대로 펼쳐지지 않았을 때 기분이 어땠어?

4. 상상하기 놀이/질문

- 만약 내가 이 책의 주인공인 돼지라면 어떤 동화 속으로 날아가고 싶어? 왜?
- 만약 내가 늑대라면 아기 돼지 세 마리를 어떻게 잡을 거야? 무서운 용은 어떻게 할 거야?
- 만약 내가 '이 것은 꼭 이래야 해' 하는 것을 바꿀 수 있다면 어떤 일이 일어날까?

5. 실천하기 놀이/질문

- '나는 꼭 이래야 해' 하는 고정관념이 있어?
- 엄마나 아빠는 꼭 이래야 한다는 고정관념이 있어?

6. 표현하기 놀이/질문

- 이 그림책으로 역할놀이를 해 볼까?

  예 *어떤 배역을 맡고 싶니?*

  어떤 의상을 만들면 좋을까?

  어떤 소품을 만들어 볼까?

  배경을 어떻게 만들어 볼까?

- 나도 작가가 되어 보자. 이 그림의 다음 장면을 상상하고 그림을 그려 볼까?
- 이 그림책을 만든 작가, 위즈너의 다른 책을 읽어 볼까?

  예 *이상한 화요일*Tuesday, *시간 상자*Flotsam, *이봐요, 까망 씨!*Mr. Wuffles! 등

- 작가에게 편지를 써 볼까? 네가 하고 싶은 질문은 뭐니?
- 내가 아는 '아기 돼지 삼 형제' 이야기를 누가 말해 볼까?
- 위즈너가 이 그림책을 만들도록 한 전래동화 〈아기 돼지 삼 형제〉 그림책을 함께 읽어 볼까?
- 전래동화 '아기 돼지 삼 형제'가 위즈너의 책 '아기 돼지 세 마리'와 무엇이 다른지 찾아볼까? 벤 다이어그램을 그려 볼까?

  예 *〈아기 돼지 삼 형제〉와 〈아기 되지 세 마리*Three Little Pigs*〉 각 각의 특징과 공통점 찾아내기*

〈아기 돼지 삼 형제〉
폴 갈돈/이상희 역/
시공주니어(2007)

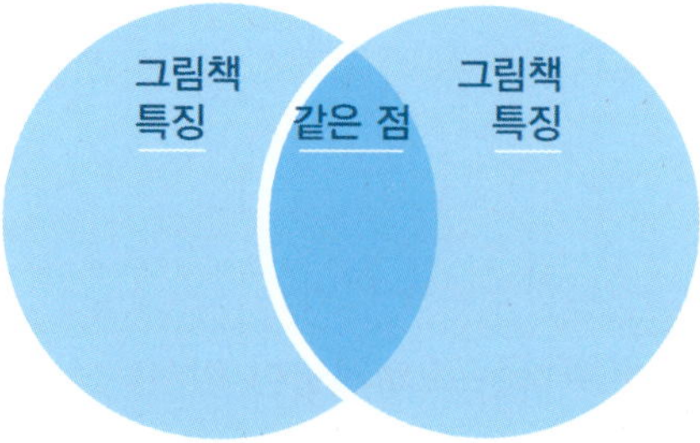

〈아기 돼지 세 마리〉
데이비드 위즈너/이옥용 역/
마루벌(2008)

2003년

My Friend Rabbit

날마다 말썽 하나!

by Eric Rohmann(Square Fish) | 이상희 역 (뜨인돌어린이, 2014)

작가 에릭 로만(Eric Rohmann)

에릭 로만은 1957년에 태어나 애리조나 주립대와 일리노이 주립대에서 미술을 전공했으며, 어렸을 때 책보다는 이미지로 세상을 봤다고 한다. 그는 1995년에 처음으로 〈이상한 자연사 박물관Time Flies〉으로 칼데콧 아너상을 받았으며, 2003년에 〈날마다 말썽 하나!My Friend Rabbit〉로 칼데콧 메달을 받았다. 그 외에도 미국 도서관 협회에 주목할 만한 어린이 책에 선정된 '클라라의 환상 여행' 등 다수의 책이 있다.

줄거리

이야기는 생쥐의 독백으로 시작된다. "내 친구 토끼는 마음이 착하지만, 무엇을 해도 꼭 말썽을 부려요." 어느 날 토끼와 생쥐는 비행기 장난감을 갖고 놀다가 토끼가 실수로 비행기를 날려버리고 그 비행기는 나뭇가지에 걸리게 된다. 토끼는 언제나처럼 긍정적으로 말한다. "걱정 마, 친구. 나한테 좋은 생각이 있어!" 결국 토끼는 동물 친구들을 데려와 차례차례 쌓아 올린다. 코끼리 위에 코뿔소, 그 위에 오리, 사슴, 곰, 하마, 악어, 그 위에 토끼, 다람쥐, 그리고 생쥐가 비행기를 잡으려는 순간 모두 무너져 버린다. 뒤죽박죽 땅으로 떨어진 동물들이 화가 나서 토끼를 노려보고 그 때 비행기를 탄 생쥐가 둘도 없는 친구 토끼를 구해 준다. 토끼는 자신을 구해준 생쥐가 너무 고마워 꼭 안다가 그만 실수로 생쥐의 눈을 가리게 된다. 결국 앞을 보지 못한 생쥐는 다시 나뭇가지에 걸리게 되고 토끼도 생쥐도 그곳에 다시 매달리게 된다. 그래도 토끼는 자신 있게 긍정적으로 또 말을 한다. "걱정 마. 친구. 나한테 좋은 생각이 있어!"

특징

에릭 노만은 〈날마다 말썽 하나!〉 그림을 〈이상한 자연사 박물관〉 기법과 다른 채색 판화 기법으로 표현했다. 까만색 틀 안에서 이야기는 전개되어 마치 영화를 보는 듯한 느낌을 준다. 뒤표지에 신나게 뛰어가는 두 친구의 모습을 원 안에 담고 있어 만화영화의 끝나는 장면처럼 보인다. 이 그림책은 2003년에 바다어린이 출판사에서 원제목과 다른 〈내 친구 깡총〉이란 제목으로 출간했다가, 다시 2014년에 뜨인돌 출판사에서 〈날마다 말썽 하나!〉라는 다른 제목으로 출간되었다. 역자는 같다.

〈이상한 자연사 박물관〉
에릭 로만/이지유 역/미래아이(2001)

<Time Flies>
Eric Rohmann/Dragonfly Books

〈이상한 자연사 박물관Time Flies〉

비바람을 피해 작은 새 한 마리가 자연사 박물관으로 날아든다. 티라노사우루스 이빨 위에서 잠시 휴식을 취하던 새가 날자 공룡들이 하나씩 살아나면서 박물관은 옛 공룡들이 살던 시대로 변한다. 그런데 공룡들 사이를 날아다니던 작은 새를 사나운 티라노사우루스가 삼켜버린다. 큰 티라노사우루스의 입속에 들어간 새가 계속 날갯짓을 하니 공룡은 다시 화석으로 돌아간다. 작은 새는 공룡 갈비뼈를 지나 밖으로 탈출하고, 박물관은 다시 현재 시각으로 돌아간다.

새가 박물관으로 날아들던 현재의 시간은 붉은색 위주의 어두침침한 색상의 바탕이다. 생명이 사라진 공룡 화석으로 가득한 현재의 자연사 박물관 공간은 마치 시간이 정지해 버린 듯한 느낌이 가득한 곳이다. 새의 날갯짓을 따라 자연사 박물관에 전시된 공룡들은 시간을 거슬러 되살아나면서 배경은 생명력을 상징하는 초록으로 가득 찬다. 공룡의 입속에서 나온 새가 다시 현실의 공간으로 나올 때는 처음의 붉은색 배경으로 되돌아오면서 모든 것이 제자리로 돌아온다. 작은 새를 매개체로 시간을 넘나드는 대담한 구성이 시공간을 초월한 무한한 상상의 세계로 이끌어들이는 그림책이다.

기대되는 놀이/질문

1. 그림책 살피기 놀이/질문

- 그림책 앞표지에 무엇이 보이니? 이 동물은 무엇을 하고 있는 것 같아?
- 누가 이 그림책을 그렸을까?
- 그림책 뒤표지에 무엇이 보이니? 어떤 이야기가 나올 거 같아?

2. 그림책 내용 이해 놀이/질문

- 생쥐에게 토끼는 어떤 친구일까?
- 토끼가 반복적으로 하는 말이 뭘까?
- 비행기를 나뭇가지에서 꺼내기 위해 토끼는 동물들을 어떻게 쌓았지? 누가 차례대로 동물을 말해 볼 수 있을까?
- 동물 친구들은 왜 토끼에게 화가 났을까?

3. 공감하기 놀이/질문

- 토끼가 자꾸 말썽을 부릴 때 생쥐는 어떤 마음일까?
- 생쥐가 토끼를 구해줬을 때 토끼는 어떤 마음이었을까?
- 생쥐와 토끼가 다시 나뭇가지에 걸렸을 때 다른 동물 친구들은 어떤 마음이 들었을까?

4. 상상하기 놀이/질문

- 만약 내가 토끼라면 나뭇가지에 걸린 비행기를 어떻게 꺼냈을까?
- 만약 내가 생쥐라면 토끼랑 다른 어떤 놀이를 하고 싶을까?
- 만약 내가 생쥐라면 다시 나뭇가지에 걸렸을 때 토끼에게 뭐라고 말했을까?
- 만약 내가 토끼라면 다시 나뭇가지에 걸렸을 때 생쥐와 함께 어떻게 빠져나왔을까?

5. 실천하기 놀이/질문

- 나의 가장 친한 친구는 누구니? 나의 가장 말썽쟁이 친구는 누구니?
- 내가 친구를 도와주거나 친구가 나를 도와준 적이 있니?

- 친구가 있다는 것은 어떤 점이 좋니?
- 친구가 어려움에 처했다면 어떻게 도와줄 수 있을까?

6. 표현하기 놀이/질문

- 이야기 중에서 마음에 드는 장면을 그림으로 그려 볼까? 왜 이 장면을 그렸니?
- 끝 이야기 짓기: 다시 나뭇가지에 빠져 나오는 방법을 그림으로 그려 볼까?
- 친구가 도와줬을 때 고마운 마음을 친구에게 동작이나 노래로 표현해 볼까?
- 이 그림책의 만든 작가, 에릭 로만의 〈이상한 자연사 박물관Time Flies〉을 읽어 볼까?
- 저자의 다른 그림책과 비교하는 벤 다이어그램을 만들어 볼 수 있니? 같은 작가가 그린 그림이니? 무엇이 다르니? 무엇이 같니?

  예 *〈이상한 자연사 박물관Time Flies〉와 〈날마다 말썽 하나!My Friend Rabbit〉 각각의 특징과 공통점 찾아내기*

〈날마다 말썽 하나!〉
에릭 로만/이상희 역/
뜨인돌어린이(2014)

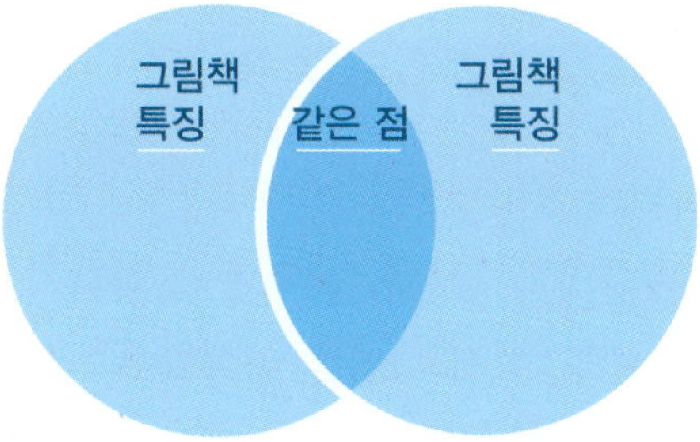

〈이상한 자연사 박물관〉
에릭 로만/이지유 역/
미래아이(2001)

2004년

The Man Who Walked Between the Towers

쌍둥이 빌딩 사이를 걸어간 남자

Mordicai Gerstein (Square Fish) | 신형건 역 (보물창고, 2004)

작가 모디캐이 저스타인(Mordicai Gerstein)

모디캐이 저스타인은 1935년에 태어나 2019년 9월에 생애를 마치기까지 그는 화가, 조각가, 디자이너, 만화영화 감독으로 활동을 하다가 40대 후반인 1980년대부터 어린이 그림책을 그렸다. 그의 그림은 아름답고 사실적이며 주로 실제로 일어났던 사건이나 인물의 일대기를 간결하게 다루는 작가로 알려져 있다. 대표적인 그림책으로 〈지구별에 온 손님〉, 〈와일드 보이〉, 〈이민 간 참새〉, 〈찰리는 무엇을 들었을까〉와 〈밤의 세계〉 등이 있다.

줄거리

그림책의 첫 장면은 쌍둥이 빌딩이 옛날이야기처럼 소개된다.

Once there were two towers side by side …
옛날에 쌍둥이 빌딩이 나란히 있었다…

쌍둥이 건물 사이를 젊은 곡예사인 필립은 어떻게 줄타기를 하면 좋을지 고민한 후, 그의 친구들과 비밀리에 건설 기술자인 양 잠입해 몰래 옥상에까지 올라간다. 그들은 얇고 강한 48인치의 철 줄을 다른 쪽 빌딩으로 쏘아 어렵게 줄을 연결한다. 드디어 아침 해가 뜨자 필립은 검은색 윗도리와 타이즈를 입고 긴 균형 장대를 들고 빌딩 사이로 줄을 타고 건너기 시작한다.

1974년 8월 7일, 필립은 뉴욕에서 가장 높은 쌍둥이 빌딩 사이를 마치 공기 위를 걷는 것처럼 밧줄 위를 걸어간다. 줄 위에서 그는 한껏 자유로웠으나 군중들은 마음을 졸인다. 내려오라는 경찰관의 말에도 그는 군중들에게 인사를 한다. 마침내 필립이 묘기를 마치고 내려왔을 때 경찰관들은 그를 체포한다. 그는 그 후 그 일로 재판을 받는다.

판사는 필립에게 무거운 벌을 내리는 대신 아이들을 위해 공원에서 줄타기를 해야 한다는 현명한 판결을 내린다. 필립은 공원에서 아이들을 위해 멋진 공연을 한다. 그런데 지금은 그 쌍둥이 빌딩이 없다. 단 그림책의 마지막 장면은 뉴욕시의 스카이라인 위로 사람들의 머릿속에 아직 각인된 쌍둥이 빌딩의 실루엣과 두 건물 사이를 걷는 필립의 모습이 있을 뿐이다.

특징

이 그림책은 실제 있었던 사실을 토대로 그린 그림책으로 9·11 테러 사건이 그려져 있다. 9·11 테러 전까지 쌍둥이 빌딩(일명 세계 무역센터)은 세계에서 가장 높은 빌딩이었다. 프랑스 출신의 줄타기 달인인 그는 실제로 뉴욕에서 두 번 줄타기 공연을 했는데 한 번은 쌍둥이 빌딩이었고 다른 한 번은 센트럴 파크에서 했다.

27년의 세월이 지난 후, 바로 그 자리에서 2001년 9·11 테러 사건이 일어났다. 필립의 묘기는 지켜보던 사람들과 아이들에게 하늘을 나는 자유로움과 즐거움을 선물로 남겨준 것과는 달리 2001년 9·11테러 사건은 너무나도 많은 사람에게 슬픔과 고통을 남겨 주었다.

작가는 9·11 테러가 일어난 2년 후에 이 그림책을 출간했다. 이 그림책은 쌍둥이 빌딩의 역사와 추억을 기리고, 폭력으로 인해 고통받고 상처받는 사람들에게 치유받을 수 있는 희망을 준다. 폭력을 근절하는 것, 용서하는 것, 관용을 베푸는 것, 그리고 인류가 지향해야 할 평화를 다시 생각하게 하며 더불어 사는 귀중한 가치를 알게 해 준다. 뉴욕타임스는 그해에 가장 아름답게 묘사된 그림책으로 높이 평가했다. 굵고 가느다란 선 처리가 빌딩과 사람들의 표정에 섬세하게 나타나 실감을 더해 준다.

기대되는 놀이/질문

1. 그림책 살피기 놀이/질문

- 그림책 앞표지에 무엇이 보이니? 무엇을 하는 장면일까?
- 어떤 상을 받은 그림책 일까?

- 그림책 뒤표지를 보니 어떤 이야기가 나올 것 같아?

2. 그림책 내용 이해 놀이/질문

- 이 이야기는 실제로 일어난 일일까?
- 이 동네는 어디에 있는 동네일까?
- 미국에 있는 쌍둥이 건물이라고 아니? 쌍둥이 건물을 어떤 역사적인 배경을 가지고 있을까? 이 책의 이야기 배경에 대하여 이야기 나누어 볼까?
- 2001년 9·11 테러 사건이란 무엇일까? 인터넷에서 그림을 찾아볼까? 그리고 교실에서 이야기를 나누어 볼까?

세계 무역센터(World Trade Center, 1973~2001)

- 필립은 어떻게 빌딩으로 올라갔을까? 왜 올라갔을까?
- 판사는 필립에게 어떤 벌을 주었지?

3. 공감하기 놀이/질문

- 필립이 줄을 타고 건널 때 기분이 어땠을까?
- 줄을 타고 건너는 필립을 본 사람들의 기분이 어땠을까?
- 공원에서 아이들을 위해 공연을 해야 하는 벌을 받은 필립의 기분은 어땠을까?
- 쌍둥이 빌딩은 사람들에게 어떤 느낌일까? 무너지는 것을 봤을 때 기분은 어땠을까?
- 우리나라 숭례문이 불탔을 때와 같이 소중한 것이 무너졌을 때 우리의 기분은

어떨까?

출처: Wikipedia®

4. 상상하기 놀이/질문

- 만약 내가 쌍둥이 빌딩에서 무엇이든 할 수 있다면 어떤 것을 하고 싶어?
- 만약 내가 필립이라면 어디서 줄을 타고 싶을까? 왜?
- 만약 내가 판사라면, 필립에게 어떤 벌을 줄까? 왜?

5. 실천하기 놀이/질문

- 사람들 앞에서 해 보고 싶은 곡예 놀이는 어떤 것이 있을까?
- 우리나라에도 비슷한 놀이가 있을까?
- 우리나라에서 가장 높은 건물은 무엇일까?

6. 표현하기 놀이/질문

- 균형대 건너기 놀이를 해 볼까?
- 현명한 재판관 놀이를 해 볼까?
- 작가에게 편지를 써 볼까? 어떤 질문을 하고 싶어?
- 단어 입양 놀이(재미있는 두 단어 카드로 한 단어 만들기)를 해 볼까?

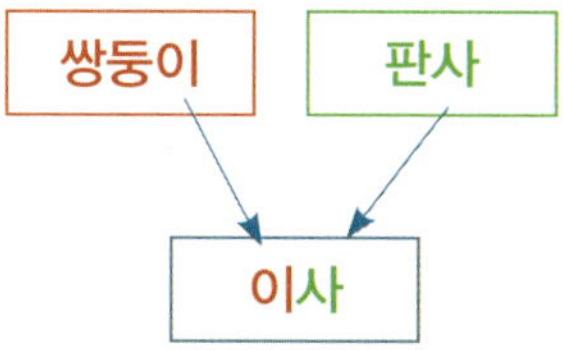

2005년

Kitten's First Full Moon

달을 먹은 아기 고양이

Kevin Henkes (Greenwillow Books) | 맹주열 역 (비룡소, 2005)

▸ 작가 케빈 헹크스(Kevin Henkes)

케빈 헹크스는 1960년에 태어나 위스콘신 대학에서 공부한 작가이자 일러스트레이터이다. 50권 이상의 책을 썼는데 1994년에 〈내 사랑 뿌뿌Owen〉로 칼데콧 아너상을 받았다. 2004년에는 〈올리브의 바다Olive's Ocean〉로 뉴베리 아너상을 수상하여 글 작가로서의 실력 또한 인정받았다. 2005년에 〈달을 먹은 아기 고양이Kitten's First Full Moon〉로 칼데콧 메달을, 2016년에 〈조금만 기다려 봐Waiting〉로 칼데콧 아너상과 함께 닥터 수스 아너상도 함께 받았다.

▸ 줄거리

보름달을 처음 본 아기 고양이가 하늘에 조그만 우유 접시를 보고 그것을 먹기 위해 모험을 떠나는 모습을 재미있게 표현한 이야기이다.

고양이는 하늘에 떠 있는 우유를 먹고 싶어서 혀를 쑥 내밀어 보지만 핥은 것은 공중에 있던 벌레뿐이다. 고양이는 다시 현관 맨 위 계단을 딛고 힘껏 뛰어올라 보지만 계단 아래로 굴러떨어진다. 고양이는 다시 우유 접시를 쫓아 정원과 들판을 지나 연못가에 이르지만 우유 접시는 여전히 잡히지 않는다.

고양이는 다시 가장 높은 나무 위로 올라 살피던 중 연못에 비친 달이 하늘에 있는 것보다 더 커 보여 용기 있게 우유 접시 속으로 뛰어든다. 결국 아기 고양이는 물에 흠뻑 젖어버리고… 지치고 배고픈 아기 고양이가 집으로 돌아오니 커다란 우유 접시가 현관 앞에 놓여 있다. 빈 우유 그릇 옆에서 아기 고양이는 아주 행복하게 잠이 든다.

특징

케빈 헹크스의 〈내 사랑 뿌뿌 Owen〉에서는 쥐가 주요 캐릭터로 등장했다. 그러나 2005년에 그는 생쥐가 아닌 고양이를 주인공으로 상을 받았다. 그는 그림을 특이하게 흑백으로 표현하고 굵은 선으로 사용함으로써 고양이의 모험과 움직임에 집중할 수 있게 묘사하고 있다. 그림은 다양한 분할로 시간의 흐름과 고양이 마음을 나타내고 있다. 예컨대, 5컷으로 분할된 장면에서 달을 향해 뛰고 또 뛰는 아기 고양이의 배경은 계속 바뀌지만, 달과 아기 고양이는 그대로 유지되고 있다. 그의 그림은 주제에 따라 색과 선과 공간을 적절하게 사용하는 것이 특징적이다. 작가는 어떤 그림책에는 흑백을, 어떤 그림책에는 파스텔 계통의 부드러운 색을 사용하여 기다리는 마음을 잘 표현하고 있다.

〈달을 먹은 아기 고양이〉란 제목은 한글 번역본의 제목이다. 원작가는 영어 제목을 고양이의 첫 번째 보름달이란 의미로 〈Full Moon〉이라고 지었다. 앞서 3장 초입에서도 언급했듯이 제목의 다름은 내용 이해나 전달 과정에서 다른 인식을 가져올 수 있다. 그림책의 내용을 살펴보면, 고양이가 실패할 때마다 반복적 문구가 있어 공감을 자아낸다.

"우유 접시는 그 자리에 그대로 아기 고양이를 기다리는 것 같았어요."

〈조금만 기다려 봐〉
케빈 헹크스/문혜진 역/비룡소(2020)

〈Waiting〉
Kevin Henkes /Greenwillow Books

〈조금만 기다려 봐Waiting〉

2016년 칼데콧 아너상을 받은 그림책으로 창턱에 나란히 앉아 있는 돼지가 비가 오기를, 곰은 바람을, 강아지는 눈을, 토끼는 기다림이 좋아 그냥 기다린다는 내용으로 같은 자리에 있어도 각자 기다리는 대상이 다를 수 있음을 전달한다. 동심을 고양이나 동물, 놀잇감으로 나타내는 인상적인 이야기이다.

기대되는 놀이/질문

1. 그림책 살피기 놀이/질문
- 그림책 표지에 무엇이 보이지? 무엇을 하고 있는 걸까?
- 누가 이 그림책을 그리고 이야기를 썼을까?
- 어떤 상을 받은 그림책일까?
- 그림책에 어떤 이야기가 나올 것 같아?

2. 그림책 내용 이해 놀이/질문
- 이 그림책의 주인공은 누구일까?
- 왜 아기 고양이는 우유를 먹지 못했을까?
- 고양이가 달이 우유인 줄 알고 뛰었을 때 어떤 일이 일어났지?
- 달이 왜 우유로 보였을까? 어떤 점이 비슷할까?
- 결국 고양이는 우유를 먹었니? 먹고 어떤 일을 했니?

3. 공감하기 놀이/질문
- 우유 먹기에 실패한 고양이는 어떤 마음이었을까?
- 우유를 먹게 된 고양이의 마음은 어땠을까?

4. 상상하기 놀이/질문
- 만약 내가 고양이라면 어떻게 우유를 먹을 수 있을까?
- 만약 내가 달을 먹고 싶다면, 어떻게 달로 갈 수 있을까?

5. 실천하기 놀이/질문
- 실수로 똑같이 생겨서 착각했던 적이 있니? 그게 무엇이었어?
- 아기 고양이가 좋아하는 음식이 뭘까?
- 엄마가 먹고 싶은 음식이나 갖고 싶은 물건을 숨겨 놓았을 때 너는 어떻게 했어? (예: 과자, 핸드폰, 장난감 등)

6. 표현하기 놀이/질문

- 이 그림책 이야기의 제목을 한번 지어 볼까?
- 달을 관찰하고 달이 변화하는 모양을 그려 볼까?
- 음식과 비슷해 보이는 주변 사물을 찾아 그려 볼까?
- 고양이처럼 움직이는 놀이를 해 볼까? 고양이 요가 자세는 어떻게 해야 할까?
- 그림자놀이를 해 볼까? 사물과 동물을 빛에 비추어 그림자를 만들어 볼까? 그림자가 어떤 모양으로 보이니?
- 우유(달)를 먹기 위한 도구를 만들어 볼까?
- 고양이와 쥐 잡기 놀이를 해 볼까?
- 이 그림책의 만든 작가, 케빈 헹크스의 〈조금만 기다려 봐Waiting〉를 읽어 볼까?
- 작가에게 편지를 써 볼까? 어떤 질문을 하고 싶어?

  예 *왜 어떤 그림책은 흑백이에요?*
- 저자의 다른 그림책과 비교하는 벤 다이어그램을 만들어 볼 수 있니? 각 그림책의 특징은 무엇일까? 두 그림책의 공통점은 무엇일까?

  예 *〈달을 먹은 아기 고양이Kitten's First Full Moon〉와 〈조금만 기다려 봐Waiting〉 각각의 특징과 공통점 찾아내기*

〈달을 먹은 아기 고양이〉
케빈 헹크스/맹주열 역/
비룡소(2005)

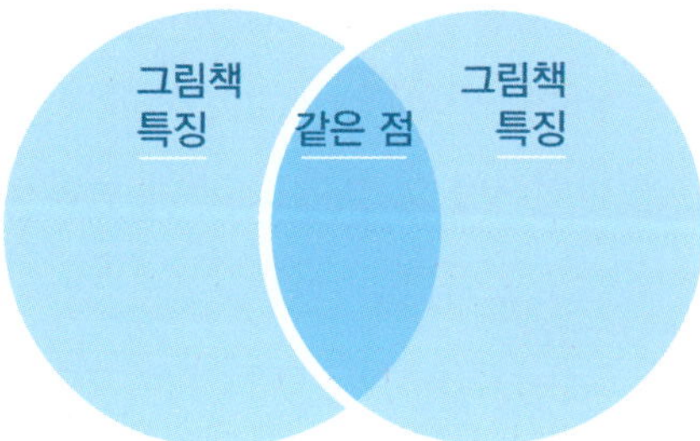

〈조금만 기다려 봐〉
케빈 헹크스/문혜진 역/
비룡소(2020)

2006년

The Hello, Goodbye Window

할아버지 댁 창문

Illustrated by Chris Raschka, written by Norton Juster(Hyperion Book CH) | 금동이책 역 (엔이키즈, 2015)

▸ 그림 크리스 라쉬카(Chris Raschka)

크리스 라쉬카는 1959년에 미국에서 태어났으나 엄마가 호주인으로 어린 시절 대부분을 호주에서 보냈다. 미국 미네소타 예술전문대인 세인트 울라프 대학교를 졸업한 그는 작가이자 일러스트레이터이며 비올리스트이다. 그는 1994년에 〈친구는 좋아!Yo! Yes?〉로 칼데콧 아너상을 받았고 2006년에 〈할아버지 댁 창문The Hello, Goodbye Window〉으로 칼데콧 메달을 받았다. 또 2012년에 〈빨강 파랑 강아지 공A Ball for Daisy〉으로 칼데콧 메달을 받았으며 그 외에도 40여 편의 그림책이 있다.

▸ 글 노튼 저스터(Norton Juster)

노튼 저스터는 1929년에 유대인 부모 밑에서 태어났으며 펜실베니아 대학교에서 건축학을 전공한 건축가이자 건축설계자이다. 그는 지루한 일상에 벗어나기 위해 어린이 그림책을 쓰곤 했으나 실제적 데뷔는 은퇴 후이며 현재 동화작가로 활동 중이다. 2006년에 그는 〈할아버지 댁 창문The Hello, Goodbye Window〉으로 칼데콧 메달을 받았다.

줄거리

어린 아이의 독백으로 이야기가 꾸며진다. 할머니 할아버지는 도시 한가운데 창문이 많은 집에서 사는데 특히 부엌 창문이 할아버지 댁 창문으로 의미가 있다. 부엌은 할머니와 할아버지와 함께 웃고 놀이하는 특별한 곳이며 부엌 싱크대도 아이가 어린 아기였을 때 목욕을 했던 곳이다.

할아버지는 그곳에서 하모니카로 '오 수잔나'를 부르시고 저녁이 되면 부엌 창문을 통해 별에게 '잘 자라'고 인사를 한다. 아침에 제일 먼저 가는 곳도 부엌 창문이고 거기서 정원을 볼 수 있고 옆집 강아지가 인사하는 것도 들을 수 있다. 아이는 거기서 할머니 할아버지와 먹고 놀며 일상을 보낸다. 그냥 할아버지 댁 창문 옆에 앉아 있으면 누군가가 오면 맨 먼저 그 사람을 볼 수 있다. 맞벌이하는 엄마, 아빠 대신 온종일 할머니와 할아버지와 함께 보내는 아이는 창문을 통해 인사를 나눈다.

엄마, 아빠가 일을 마치고 아이를 데리러 오면 기쁘지만 동시에 슬프기도 하다. 왜냐하면 할머니 할아버지와 헤어지는 것은 슬프기 때문이다. 할머니 할아버지는 아이가 떠나갈 때는 창문에서 안녕 키스를 보낸다. 밖에서 보면 할머니 할아버지 집은 창문이 많지만, '할아버지 댁 창문'은 하나뿐이다.

특징

이 그림책은 어린 손녀를 돌보는 할머니 할아버지의 정겨운 일상이 표현된 것으로 작가의 경험이 잘 묻어나고 있다. 특별한 창문을 통해서 아침에는 엄마, 아빠와 헤어져 할아버지와 할머니를 만나고 저녁에는 할머니와 할아버지와 헤어져 다시 엄마, 아빠를 만나는 기쁨과 슬픔의 감정이 교차하는 마음을 잘 표현하였다. 엄마, 아빠가 아이를 데리러 오고, 아이는 대문 앞에서 발걸음을 떼지 못한 채 손을 흔들며 말한다.

"아, 엄마, 아빠가 왔어요. 나를 데려가려고요.
집에 돌아가는 건 기쁘지만
할아버지, 할머니와 헤어지는 건 슬퍼요.
기쁘면서 슬프다니, 참 이상하지요?
…
할아버지 댁에는 창문이 많아요.
하지만 내가 좋아하는 창문은 딱 하나예요."

〈친구는 좋아!〉
크리스 라쉬카/이상희 역/다산기획(2007)

〈Yo! Yes?〉
Chris Raschka/Cartwheel Books

〈친구는 좋아![Yo! Yes?]〉

〈친구는 좋아![Yo! Yes?]〉 그림책은 총 34단어가 사용되었으며 친구와 처음 사귈 때의 대화로 열광적이고 멋진 우정을 그림으로 표현했다. 파스텔 톤의 배경과 강렬한 이미지 안에서 내용이 펼쳐지고 있다. 아프리카계 미국인 아이는 백인 아이를 처음 길에서 만나 "Yo!"를 외치고 아직은 어색한 관계지만 대화를 통해 친해져 가며 우애를 쌓아가는 내용이다. 〈할아버지 댁 창문〉에서처럼 감수성의 또 다른 면을 공감하게 한다. 이 책은 스콜라스틱[Scholastic] 출판사가 2020년 가을 학기 '새 친구 사귀기' 도서로 강력히 추천하고 있다.

▸ 기대되는 놀이/질문

1. 그림책 살피기 놀이/질문
- 그림책 앞표지에는 무엇이 보이니?
- 누가 이 그림책을 그렸을까? 누가 이야기를 썼을까?
- 어떤 상을 받은 그림책일까?
- 그림책 뒤표지를 보니 어떤 이야기가 나올 것 같아?

2. 그림책 내용 이해 놀이/질문
- 이 그림책에 나온 사람들을 모두 말해 볼까?
- 이 책의 주인공인 아이는 창문의 안으로 무엇을 보았니?
- 아이는 창문 밖으로 무엇을 보았니?
- 아이의 가족은 누구누구일까?
- 아이는 할머니, 할아버지와 무엇을 했니?

3. 공감하기 놀이/질문
- 아이가 아침에 엄마, 아빠와 헤어질 때 기분이 어떨까?
- 아이가 할머니, 할아버지와 헤어질 때 기분이 어떨까?
- 엄마, 아빠가 일하러 가고 없을 때 너의 기분은 어떠니?
- 엄마, 아빠를 만났을 때 나는 기분이 어때?
- 기쁘지만 동시에 슬펐던 경험이 있니?

4. 상상하기 놀이/질문
- 만약 나 혼자 있게 되었다면, 누가 우리 집에 놀러 왔으면 좋겠어?
- 만약 우리 집에 창문이 없다면 어떨 것 같아?

5. 실천하기 놀이/질문
- 가족은 모두 몇 명이야? 누구누구가 있어?
- 나를 돌봐주시는 분은 누구야? 같이 있어서 좋은 점은 뭘까?
- 우리 집에 창문이 있니? 창문 밖에는 뭐가 보여?

- 낮에 보이는 것과 밤에 보이는 것이 무엇이 다를까?
- 할머니, 할아버지가 했던 옛날 놀이는 무엇이 있을까? 할머니, 할아버지에게 물어볼까?
- 가족과 같이 먹고 싶은 음식은 뭐가 있을까?

6. 표현하기 놀이/질문

- 우리 가족 그림을 그려 볼까?
- 상자에 창문을 만들어 볼까? 창문 안에 보고 싶은 것을 그려 볼까?
- 누군가를 기다리는 마음으로 유리 창문에 그림을 그려 볼까?
- 나에게 편지를 써서 유리창에 붙여 볼까?
- 이 그림책을 만든 작가, 크리스 라쉬카의 〈친구는 좋아! Yo! Yes?〉를 읽어 볼까?
- "저자의 다른 그림책과 비교하는 벤 다이어그램을 만들어 볼 수 있니? 각 그림책의 다른 점은 무엇일까? 두 그림책의 공통점은 무엇일까?"

예 *〈친구는 좋아! Yo! Yes?〉와 〈할아버지 댁 창문 The Hello, Goodbye Window〉 각각의 특징과 공통점 찾아내기*

〈친구는 좋아!〉
크리스 라쉬카/이상희 역/
다산기획(2007)

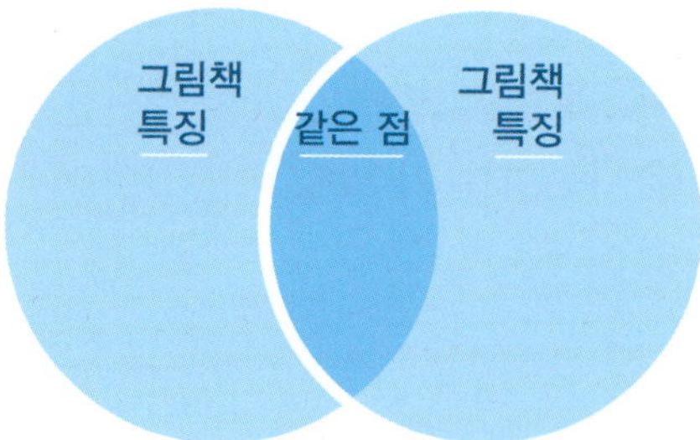

〈할아버지 댁 창문〉
노턴 저스터 글/크리스 라쉬카 그림/
금동이책 역(2015)

2007년

Flotsam

시간 상자

by David Wiesner (Clarion Books) | 역자 없음 (시공주니어, 2018)

작가 데이비드 위즈너(David Wiesner)

데이비드 위즈너는 1956년에 태어나 로드아일랜드 디자인 학교에서 일러스트로 학사학위를 받았으며 글 없는 그림책 작가 겸 일러스트레이터로도 잘 알려져 있다. 앞에서 언급했듯이 그는 글 있는 그림책으로 2002년에 〈아기 돼지 세 마리 The Three Pigs〉로 칼데콧 메달을 받은 것을 제외하고는 1989년 〈자유 낙하 Free Fall〉, 1992년 〈이상한 화요일 Tuesday〉, 2000년 〈구름공항 Sector 7〉, 2007년 〈시간 상자 Flotsam〉, 2014년 〈이봐요, 까망 씨! Mr. Wuffles!〉 등 총 5권의 글 없는 그림책으로 칼데콧상을 받았다.

줄거리

소년은 바닷가에서 물에 잠겨 있던 낡은 카메라를 발견한다. 카메라 속에 있던 필름을 인화해 보니 그 사진들은 놀라움 그 자체이다.

물고기 사이의 로봇 물고기, 편안하게 바닷속 소파에 앉아 책을 읽는 문어, 외계인의 생명체 바닷속 탐험, 커다란 섬을 이고 걸어 다니는 어마어마한 크기의 불가사리 등… 사진 속의 놀라운 세상과 현실 속의 소년은 바닷속 세상과 만나 환상의 세계를 넘나든다. 어느 것이 현실이고 환상인지 모르겠지만 사진 속에는 또 다른 소년이 사진을 들고 있고, 그 사진 속 소년 역시 사진을 들고 있다.

돋보기로 사진을 보던 소년은 시간을 거슬러 올라가면서 현재의 시점에서 과거 속으로 들어가고 있다. 사진을 들여다보면 흑백 사진이 찍혀 있다. 카메라는 다시 바다로 돌려보내지는데 아마도 수많은 이야기를 담고 또 다른 이야기로 채워질 것을 암시한다.

특징

'Floatsam'의 사전적 의미는 '표류 화물' 혹은 '잡동사니'이다. 이 그림책의 한글 번역판을 위한 기획자는 없으나, 〈Flotsam〉는 〈시간 상자〉라는 제목으로 출판되었다. 데이브 위즈너는 독자들을 과거와 현재, 상상과 현실의 경계를 무너뜨리며 소년의 눈에서 사진기의 눈으로, 다시 물고기의 눈으로 시선을 옮겨 가며 펼쳐지는 그림을 통한 환상의 여행으로 이끌어 가고 있다.

AI 시대에 인공지능과 로봇이 인간의 일을 자꾸 대체해 가는 시점에 더욱 요구되는 인간의 창의성과 상상력을 자극할 수 있는 그림책이다. 그의 기발하고 독특한 상상력을 환상의 세계로 이끄는 묘미는 글 없는 그림책을 통해 유아들에게 더할 나위 없는 좋은 교육적 효과를 기대하게 된다.

▸ 기대되는 놀이/질문

1. 그림책 살피기 놀이/질문

- 그림책 앞표지에는 무엇이 보이니? 어디일까?
- 누가 그림을 그렸을까?
- 어떤 상을 받은 그림책일까?
- 그림책 뒤표지를 보니 어떤 이야기가 나올 것 같아?

2. 그림책 내용 이해 놀이/질문

- 그림책 주인공은 누구일까?
- 이 책의 소년은 바닷가에 무엇을 하고 있었나?
- 소년은 바다에서 무엇을 발견했지?
- 카메라에 찍힌 사진을 소년은 왜 크고 작은 크기로 뽑아 보았을까?
- 카메라에 찍힌 사진에서 소년은 무엇을 보았지?
- 소년은 무엇을 하고 있는 걸까? 왜 자신의 사진을 찍었을까?
- 소년은 왜 바다에 카메라를 던졌을까?
- 제목이 왜 시간 상자일까?

3. 공감하기 놀이/질문

- 소년이 사진 속에서 이상한 바닷속 동물들을 봤을 때 기분이 어땠을까?
- 사진에서 친구들이 자기 사진을 찍은 모습을 봤을 때 어떤 생각이 들었어?
- 그림책 중 어떤 장면이 가장 마음에 들어? 왜 마음에 드는데?
- 내가 던진 카메라를 발견한 소녀는 기분이 어땠을까?

4. 상상하기 놀이/질문

- 만약 내가 사진작가라면 어떤 곳을 사진 찍고 싶어? 무엇을 찍고 싶어?
- 만약 카메라가 계속 돌고 돈다면, 100년 뒤에 카메라는 어디에 가 있을까? 어떻게 되었을까?

5. 실천하기 놀이/질문

- 바다에 가 본 적이 있니? 바다에서 무엇을 보았니?
- 사진을 찍어 본 적이 있니? 사진기는 언제 사용하면 좋을까?
- 나의 사진 중에 인상 깊었던 일이나 친구에게 보여 주고 싶은 사진을 소개해 볼까?
- 사진기 외에 추억을 남길 수 있는 다른 방법은 없을까?

6. 표현하기 놀이/질문

- 기억에 남기고 싶은 물건을 사진기로 찍어 볼까?
- 뒷 이야기를 지어 볼까? 다시 바다로 돌아간 사진기는 어떤 사진을 찍었을까?
- 바다에서 볼 수 있는 것들을 그려 볼까?
- 우리 반 아이들이 찍은 사진들을 모아 함께 반 그림책을 만들어 볼까?
- 작가에게 편지를 써 볼까? 작가에게 물어보고 싶은 말이 있니?
- 출판사에 편지를 써 볼까? 제목을 시간 상자로 붙인 이유가 무엇인지 물어볼까?
- 이 이야기에 다른 제목을 붙여 볼까?
- 이 그림책의 만든 작가, 데이비드 위즈너의 다른 책들을 읽어 볼까?
- 데이비드 위즈너의 다른 칼데콧 수상 도서 전시회를 열어 볼까?

  예 *작가, 위즈너의 다른 칼데콧 수상 도서는 어떤 게 있니?*
  전시회 광고를 만들어 보면 어떨까?
  동생 반/형님 반을 초대하여 큐레이터가 되어 그림을 소개해 볼까?
  〈작가, 위즈너의 다른 칼데콧 수상 도서 전시회 목록〉
  1989년 〈자유 낙하Free Fall〉
  1992년 〈이상한 화요일Tuesday〉
  2000년 〈구름공항Sector 7〉
  2007년 〈시간 상자Flotsam〉
  2014년 〈이봐요, 까망 씨!Mr. Wuffles!〉

2008년

The Invention of Hugo Cabret

Brian Selznick (Scholastic Press)

▸ 작가 브라이언 셀즈닉(Brian Selznick)

브라이언 셀즈닉은 1966년에 태어났으며 로드아일랜드 디자인 스쿨을 졸업했다. 그는 어린이 책 작가이자 일러스트레이터이다. 그는 2008년에 〈The Invention of Hugo Cabret〉이라는 작품으로 2008년 칼데콧상을 받았는데 2012년 마틴 스콜세지 감독에 의해 '휴고'라는 이름의 영화로 만들어졌다. 브라이언 셀즈닉의 그림 실력은 20주년을 기념하며 출판된 해리포터 시리즈 표지를 그린 것으로도 잘 알려져 있다. 그 외에도 많은 작품에 그림을 그리고 블루보넷상, 로드아일랜드 어린이 도서상, 크리스토퍼상 등 수많은 상을 받았다.

▸ 줄거리

위고 카브레는 총 2부로 나뉘는데 1부는 '자동인형을 깨워라'이고 2부는 '영화와 마술의 세계'이다.

제1부

이야기는 기차역에 있는 버려진 방에서 혼자 살고 있는 열두 살 소년 위고가 아무도 모르는 건물 방 안에서 장난감 상점에 있는 할아버지를 몰래 들여다보는 것으로 시작된다. 여기까지 글 없는 흑백의 스케치 형태의 그림으로 영화처럼 독자들을 끌어 오고는 두 장에 걸쳐 글만 있다.

위고는 장난감 상점으로 몰래 들어가 태엽 쥐를 훔치다 조르주 할아버지에게 들켜서 그만 그가 가지고 있던 수첩마저 뺏기고 만다. 사실 위고의 아버지는 박물관 시계공으로 시계를 관리하며 위고를 키우고 있었는데 갑작스러운 화재로 죽게 된다. 위고는 술주정뱅이 삼촌 손에 이끌려 기차역 내의 벽시계를 관리하며 어렵게 살아가고 있었다. 위고는 우연히 박물관 화재 현장에서 자동인형을 발견하고 아빠가 준 수첩에 그려져 있는 대로 '자동인형Automaton'을 고치기 시작한다.

위고는 할아버지로부터 그곳에서 일을 잘하면 수첩을 돌려줄지도 모른다고 제의를 받고 부서진 장난감을 고치기도 하고 청소도 하며 가끔 부품을 훔쳤다. 그 동안 그가 장난감 부품을 훔친 것은 '자동인형'을 수리하기 위함이었다. 그러던 중 위고는 장난감 상점에서 알게 된 할아버지 조르주의 양손녀, 이사벨의 하트 모양 열쇠 목걸이를 발견하고 그것이 '자동인형'에 딱 맞는 열쇠라는 것을 알아챘다.

위고는 우여곡절 끝에 이사벨의 목걸이를 빼내 오는 데 성공하고 '자동인형'의 열쇠구멍에 열쇠를 넣고 돌리는 순간, 뒤따라온 이사벨에 의해 그의 비밀장소가 들키고 만다. 위고를 도둑이라고 생각한 이사벨은 위고와 말다툼을 하게 되고 그러는 동안 인형은 작동하기 시작한다. 인형이 글씨를 쓰기를 기대하였던 위고의 바람과는 달리 그 인형은 놀라운 그림을 그리게 되며 제1부의 이야기는 끝이 난다.

제2부

자동인형이 다 그린 그림에 조르주 멜리에스Georges Melies라고 서명하는 것으로 시작된다. 이사벨은 자동인형이 할아버지의 이름을 쓰자 자동인형이 할아버지 것이라고 생각하게 되고 위고와 이사벨은 서로 서명한 그림을 갖겠다고 옥신각신하다가 그림을 찢게 된다. 이사벨의 집까지 쫓아오게 된 위고는 이사벨과 실랑이를 하다가 할머니에게 그림을 들키게 된다. 그러다 그들은 우연히 더 많은 그림을 옷장 속에서 발견하게 되고 이를 알게 된 할아버지는 화를 내며 그림을 찢어버린다. 위고는 할아버지의 행동이 이상하다고 생각하다 우연히 르네 타바르의 도움으로 '꿈의 발명품'이라는 책을 보게 되고 거기서 위고의 아버지가 가장 좋아했고 위고가 아버지와 함께 보았던 추억이 담긴 영화 '달세계 여행A Trip to the Moon'을 만든 사람이 조르주 멜리에스라는 것을 알게 되고 그가 죽었다는 문구를 찾게 된다. 그들은 조르주 할아버지가 영화를 만들었던 장본임을 알게 되고 에티엔의 도움으로 르네를 만나게 된다.

결국 할아버지는 위고의 노력으로 조르주 멜리에스가 살아있음을 세상에 알리고 프랑스 영화학교에 초청을 받아 마술 무대에 서게 된다. 한편 위고는 배고파서 훔쳐 먹은 크루아상과 우유로 인해 도둑으로 몰려 감옥에 가게 되지만 이사벨과 할아버지의 도움으로 풀려나게 된다.

6개월 후, 위고는 드디어 꿈에 그리던 마술사가 된다. 물론 할아버지의 꿈도 다시 이루어진다.

특징

이 책은 533쪽으로 칼데콧상을 받은 책 중에 가장 긴 첫 번째 책으로 기록이 되어 있으나 그 안을 보면 284장이 흑백 그림으로 가득 차 있다. 마치 흑백 스릴러 영화를 보는 듯하다. 대사 하나 없이 삽화가 몇 장씩 이어지다가 글의 서술로 이어진다. 섬세한 일러스트는 연필로 그린 듯한 느낌이 물씬 나는 흑백의 삽화로 가득하다.

- 책이 두껍고 텍스트도 길어 초등학교 3학년 이상에 적합한 그림책이다.
- 실존 인물인 '조르주 멜리에스'를 모태로 이야기를 구성했기 때문에 사실적이며 가난의 극복, 꿈을 이어가기 등 공감의 이야기가 있다.
- 작가는 게이비 우드의 〈에디슨의 이브: 기계 생명에 대한 마술적 탐구의 역사〉에 영감을 받았다고 한다. 이 책에는 멜리에스의 자동인형이 박물관에 기증되

었지만 결국 불타버렸다는 사실이 적혀 있다. 여기에 작가는 위고의 이야기를 더해서 소실된 인형에 작가가 상상력을 통해 뒷이야기가 꾸며진 것이다. 여기에 작가 '브라이언 셀즈닉'의 그림과 1900년대의 초기 SF 영화의 장면들이 첨부되면서 이야기는 역동적으로 진행된다. 그림책과 만화 소설, 그리고 영화적인 요소를 결합한 독특한 스타일로 전개된다.

조르주 멜리에스Georges Melies에 대하여

조르주 멜리에스는 1861년 12월 8일에 태어나 1938년 1월 21일 만 77세에 생을 마감한 세계 최초의 종합 촬영소를 세운 프랑스 영화감독이자 SF 영화감독이다. 마술에 빠져 있던 그는 1896년부터 영화를 제작했고 1897년 이후 SF 효과를 내기 위해 세계 최초의 종합 촬영소를 세웠다. 그는 〈달세계 여행A Trip to the Moon〉으로 최고의 전성기를 누리게 되나, 1913년 파테 영화사가 벌인 법적 소송에서 패한 후 매우 힘들어했다. 결국 조르주 멜리에스는 사라지고 사람들에게서 잊히게 되었으며 사람들은 그가 죽었다고 믿게 되었다. 그러다가 1929년 프랑스의 '시네 주르날' 파리 기차역에서 편집장인 레옹 드뤼오가 장난감 가게를 하는 그를 알아보게 되고 그는 다시 세상 밖으로 나올 수 있게 되었다. 그의 주요 작품으로는 〈걸리버 여행기〉, 〈달세계 여행〉, 〈해저 2만 리〉 등이 있다.

(소담출판브랜드 북카페) | 작성자 소담꾼

기대되는 놀이/질문

1. 그림책 살피기 놀이/질문

- 그림책 앞표지는 어떤 장면일까? 하루 중 어느 때인 것 같아?
- 그림책은 누가 그렸을까? 누가 썼을까?
- 어떤 상을 받은 그림책일까?
- 그림책 뒤표지를 보니 어떤 이야기가 나올 것 같아?

2. 그림책 내용 이해 놀이/질문

- 그림책에 나오는 사람들의 이름을 말해 볼까?
- 위고가 좋아하는 일은 무엇일까? 왜 좋아할까?
- 위고는 장난감 부품과 빵을 훔치고, 열쇠를 빼앗았는데 위고는 착한 아이일까? 나쁜 아이일까? 왜 그렇게 생각해?

3. 공감하기 놀이/질문

- 위고의 소중한 노트를 빼앗겼을 때 위고는 어떤 기분이었을까?
- 위고가 아빠가 만들었던 '자동인형' 시계를 망가진 채 다시 찾았을 때 기분은 어땠을까?
- 위고가 배가 고파 빵을 훔쳤을 때의 기분은 어땠을까?
- 위고가 할아버지에 대한 모든 것을 알게 되었을 때의 기분은 어땠을까?
- 가장 좋아하는 그림(페이지)은 어떤 거야? 왜 이 그림이 좋아?

4. 상상하기 놀이/질문

- 만약 내가 위고처럼 돈이 없고 배가 고팠다면 나는 어떻게 했을까?
- 만약 내가 위고라면 망가진 '자동인형' 시계를 고치기 위해 어떤 방법을 쓸 것 같아?
- 만약 내가 위고처럼 훌륭한 사람을 만날 수 있다면 나는 누구를 만나고 싶을까?

5. 실천하기 놀이/질문

- 추억이 담긴 소중한 물건이나 장난감을 친구에게 소개해 볼까?
- 내가 무언가를 고쳐 보거나 만들어 본 적이 있니?
- 소중한 남의 물건을 훔쳐 본 적 있니? 왜 그랬니?
- 그때 기분이 어땠어? 그 후 그것을 어떻게 했어?
- 조르주 멜리에스처럼 간단한 영화의 한 장면을 우리가 찍어 보면 어떨까? 대본을 그림으로 그려 볼까?

6. 표현하기 놀이/질문

- (그림을 가리키며) 이 그림은 무엇을 나타내는 걸까?
- 그림에서 뭐라고 말을 하는 걸까? 말풍선을 넣어 볼까?
- 검정 연필로 내가 좋아하는 장난감을 그려 볼까?
- 작가에게 편지를 써 볼까? 어떤 걸 물어보고 싶어?
- 책이 너무 두꺼워 동생 반이 읽기 힘들 것 같은데 위고 책을 읽어 보고 싶게 소개하는 포스터를 그려 볼까?

2009년

The House in the Night

한밤에 우리 집은

Illustrated by Beth Krommes, written by Susan M. Swanson (HMH Books for Young Readers)
정경임 역 (지양어린이, 2009)

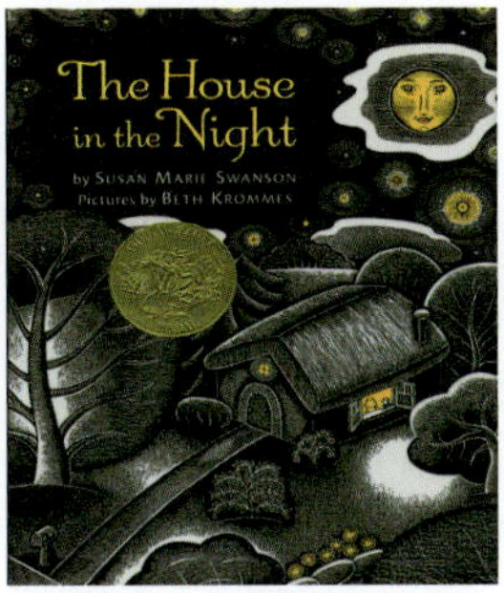

▸ 작가 베스 크롬스(Beth Krommes)

베스 크롬스는 1956년에 뉴욕 명문 사립대인 시러큐스 대학교에서 그림을 전공하고 매사추세츠 대학교 애머스트에서 예술 교육으로 석사(MAT)학위를 받았다. 그녀는 그림책을 그리는 일러스트레이터로 잘 알려져 있다. 그녀는 에스키모로 알고 있는 이누이트 미술에 관심이 많았고 이누이트 원주민의 삶을 판화로 아름답게 재현을 하여 2002년에는 〈등잔, 얼음 그리고 물고기호The Lamp, the Ice, and the Boat Called Fish〉로 골든 카이트어워드를 수상하였다. 비슷한 스크래치 기법으로 2009년에 〈한밤에 우리 집은The House in the Night〉으로 칼데콧상을 받았다.

▸ 글 수잔 마리 스완슨(Susan Marie Swanson)

수잔 마리 스완슨은 1955년에 태어났으며 어린이 책 작가이나 시인이며 교육자이다. 그녀는 2002년에 〈엄마가 제일 처음 나에게 말해 준 것The First Thing My Mama

Told Me〉, 2008년 〈해를 품은 씨앗에게To Be Like the Sun〉를 썼으며 2009년에는 〈한밤에 우리 집은The House in the Night〉으로 칼데콧상을 받았다.

▸ 줄거리

그림책은 흑백의 섬세한 선과 배경에서 주황색이 강조되는 물체들이 나타난다. 그리고 운율을 갖춘 문장이 소개된다. 마치 꼬리에 꼬리를 물고 묘사되는 말놀이 같은 문장들이다.

집 안으로 들어가는 열쇠예요.
집 안에는 불빛이 환하고요.
불빛은 침대를 비추고요.
침대 위엔 책이 있어요.

Here is the Key to the house.
The house burns a light.
In that light rests a bed.
On that bed waits a book.

열쇠로부터 시작된 이야기는 집 – 불빛 – 침대 – 그림책 – 새 – 어둠 – 달님 – 해님으로 이어지다가 어느새 역으로 해님 – 달님 – 어둠 – 새 – 그림책 – 침대 – 불빛 – 집 그리고 다시 열쇠로 되돌아온다.

끝부분에 강조되는 것은 'The house in the night, a home full of light.'의 문장이다. 한글 번역본에서도 동시처럼 옮겨진 문장은 그림 속으로 빠져들게 하지만 영어 본문에는 문장의 끝 단어가 다음 문장으로 이어지기 때문에 예측 가능한 운율의 이야기이다.

▸ 특징

수잔 마리 스완슨이 시인임을 텍스트를 통해 여실히 드러난다. 25년 동안의 교사 경험을 통한 혜안은 동시가 그림에 녹아들도록 함께 읽는 느낌을 준다. 이 그림책 〈한밤에 우리 집은The House in the Night〉은 작가가 'This is the Key of the Kingdom'이란 구전 동요를 인용한 텍스트이다. 흑백 배경에 주황빛이 강조되어 조화를 이루고 있다. 이야기의 시작과 끝에 희망과 사랑을 여는 열쇠로 강조되고 있다.

그림책은 스크래치보드scratchboard로 작업한 독특한 스타일이다. 즉 두꺼운 판지나 나무 합판에 백점토를 바른 후 다시 그 위에 먹물이나 흑색 잉크를 입힌 판의 표면을 에칭용 바늘이나 스크래치보드용 펜촉 등의 날카로운 도구로 긁어내는 식으로 그림을 그리는 판화 기법 중 하나인데 흑백의 대비와 세밀한 선의 느낌을 잘 살릴 수 있어서 아주 섬세한 표현이 필요하면서도 목판화의 느낌을 잘 살렸다.

▸ 기대되는 놀이/질문

1. 그림책 살피기 놀이/질문

- 그림책 앞표지에서 뭐가 보이니? 하루 중 어느 때인 것 같니?
- 누가 그림을 그렸니? 누가 글을 썼니?
- 그림책 뒤표지에서 뭐가 보이니? 어떤 이야기가 나올 것 같아?

2. 그림책 내용 이해 놀이/질문

- 집에 들어가는 데 무엇을 사용했지?
- 집 안에서 아이는 무엇을 봤니?
- 열쇠로 시작된 이야기는 무엇으로 끝나니?

  예 *열쇠-집-불빛-침대-그림책-새-어둠-달님-해님-열쇠*

- 그림책에서 어떤 색들이 나왔지?

3. 공감하기 놀이/질문

- 그림책을 읽고 난 후, 어떤 느낌이 들었어?
- 검은색은 어떤 느낌이 들었어?
- 주황색은 어떤 느낌이 들었어?
- 이 책을 그린 작가는 왜 그 색을 사용했을까?
- 여러 가지 색으로 그렸다면 어떤 느낌이 들까?

4. 상상하기 놀이/질문

- 만약 밤에 혼자 있다면, 무엇을 하고 싶어?
- 만약 내가 책을 그린 작가라면, 어떤 색을 쓰고 싶어? 왜 그 색을 선택했어?

5. 실천하기 놀이/질문

- 저녁에 집에서 무엇을 하니?
- 밤에 볼 수 있는 것을 모두 말해 볼까? 밤하늘에서는 무엇이 보일까?
- 우리도 집에 들어가서 잠들 때까지 무엇이 보이는지 순서대로 말해 볼까?

6. 표현하기 놀이/질문

- 밤에 우리 집 모습을 그려 볼까? 밤 하늘을 그려 볼까?

  예 *검은색과 주황색만을 사용해서 그려 볼까?*

  다른 색을 두 가지만 사용해서 그려 볼까?

- 끝말잇기 놀이를 해 볼까? 문장에 사용되는 단어가 계속 연결되는 특징을 알아볼까?
- 끝말잇기 놀이에서 만들어진 단어로 그림책을 만들어 볼까?

작가 스완슨Swanson이 인용한 전래동요의 원문은 다음과 같다.

This is the Key of the Kingdom

This is the key of the kingdom.
In that kingdom there is a city.
In that city there is a town.
In that town there is a street.
In that street there is a lane.
In that lane there is a yard.
In that yard there is a house.
In that house there is a room.
In that room there is a bed.
On that bed there is a basket.
In that basket there are some flowers.
Flowers in a basket,
Basket on the bed,
Bed in the room,
Room in the house,
House in the yard,
Yard in the lane,
Lane in the street,
Street in the town,
Town in the city,
City in the kingdom.
Of that kingdom this is the key.

제4장

2010년~2020년도 칼데콧 메달 그림책 살피기

본 장에서는 앞 장에 이어 2010~2020년까지 수상한 칼데콧메달 수상 그림책을 살핀다. 이 시대의 그림책은 2000~2009년과는 달리 창의, 공감, 반편견, 우정, 글 없는 그림책, AI 시대에 들어와 없어진 직업에 대한 것이 그림책으로 나타나 있어 시대적 특징을 고스란히 드러내 주고 있다.

이 시기에 특징적인 것은 다른 시기에 비해 글 없는 그림책의 수상 비중이 매우 높았다는 것이다. 2014년의 경우 칼데콧 아너상을 글 없는 그림책이 모두 휩쓸었다. 1940년대~2020년까지 글 없는 그림책으로 칼데콧상을 받은 그림책이 총 17권(부록 I)으로 집계되는데 그중에 2010~2020년에 7권(약 41%)이 이때 수여되었다. 2000~2020년도를 포괄해서 살펴보면 10권(약 59%)이 차지하고 있다. 이는 칼데콧 메달상을 시작한 80년 동안 글 없는 그림책이 최근 20년 사이에 집중 수여되고 있음을 알 수 있다.

그중 다시 한번 2010년~2020년대로 돌아와 글 없는 그림책으로 칼데콧상을 받은 7권을 자세히 살펴보면 다음과 같다. 칼데콧 메달상을 받은 그림책은 총 3권으로 〈사자와 생쥐[The Lion & the Mouse]〉[2010년], 〈빨강 파랑 강아지 공[A Ball for Daisy]〉[2012년], 〈세상에서 가장 용감한 소녀[Wolf in the Snow]〉[2018년]가 있다. 칼데콧 아너상을 받은 그림책은 총 4권으로 〈이봐요, 까망 씨![Mr. Wuffles!]〉[2014년], 〈Flora and the Flamingo〉[2014년], 〈머나먼 여행[Journey]〉[2014년], 〈훌라훌라 추추추[Du Is Tak?]〉[2017년]가 있다(제6장 1. 1항 표 참고).

이와 같이 그림이 뛰어나고 글이 없는 칼데콧 수상 그림책은 어린이들이 작가가 되어보는 경험으로 창의성을 길러가게 한다. 또한 공감을 길러 주는 내용이 있는 그림책, 예컨대 〈세상에서 가장 용감한 소녀[Wolf in the Snow]〉(제9장, 제10장 참조)와 같은 책은 AI 시대에 필요한 창의성과 더불어 공감 능력을 길러 줄 수 있는 자원이 된다.

반편견의 내용이 있는 칼데콧 메달 위너의 그림책으로는 〈증기기관차 대륙을 달리다[Locomotive]〉[2014년]와 〈우리는 패배하지 않아[The Undefeated]〉[2020년]가 있다. 특이하게도 없어진 직업, 등대지기에 대한 칼데콧 위너 그림책으로는 〈안녕, 나의 등대[Hello Lighthouse]〉[2019년]가 있다.

칼데콧 메달 위너Caldecott Medal Winners 도서 목록 2010~2020년

수상 연도	원문 제목 저자 (출판사)	한글 제목 역자 (출판사, 연도)
2010년	**The Lion & the Mouse** Jerry Pinkney (Little, Brown Books for Young Readers)	**사자와 생쥐** 윤한구 역 (열린책들, 2010)
2011년	**A Sick Day for Amos McGee** Illustrated by Erin E. Stead, Written by Phillip C. Stead (Roaring Brook Press)	**아모스 할아버지가 아픈 날** 유병수 역 (별천지, 2011)
2012년	**A Ball for Daisy** Chris Raschka (Schwartz & Wade)	**빨강 파랑 강아지 공** 기획자 없음 (지양사어린이, 2012)
2013년	**This is Not My Hat** Jon Klassen (Candlewick Press)	**이건 내 모자가 아니야** 서남희 역 (시공주니어, 2018)
2014년	**Locomotive** Brian Floca (Atheneum/Richard Jackson Books)	**증기기관차 대륙을 달리다** 유만선 역 (너머학교, 2020)
2015년	**The Adventures of Beekle: The Unimaginary Friend** Dan Snatat (Little, Brown Books for Young Readers)	**비클의 모험: 상상을 뛰어넘은 여행** 고정아 역 (아르볼, 2015)
2016년	**Finding Winnie: The story of the World's Most Famous Bear** Illustrated by Sophie Blackall, Written by Linda Mattick (Little, Brown Books for Young Readers)	**위니를 찾아서: 세상에서 제일 유명한 곰에 관한 실제 이야기** 정회성 역 (미디어창비, 2016)
2017년	**Radiant Child: The Story of Young Artist Jean-Michel Basquiat** Javaka Steptoe (Little, Brown Books for Young Readers)	**빛나는 아이: 천재적인 젊은 예술가 장 미셸 바스키아** 이유리 역 (위즈덤하우스, 2018)
2018년	**Wolf in the Snow** Matthew Cordell (Feiwel & Friends)	**세상에서 가장 용감한 소녀** 기획자 없음 (비룡소, 2018)
2019년	**Hello Lighthouse** Sophie Blackall (Little, Brown Books for Young Readers)	**안녕, 나의 등대** 정회성 역 (비룡소, 2019)
2020년	**The Undefeated** Illustrated by Kadir Nelson, Written by Kwame Alexander (Versify)	**우리는 패배하지 않아** 조고은 역 (보물창고, 2020)

2010년

The Lion & the Mouse

사자와 생쥐

Jerry Pinkney (Little, Brown Books for Young Readers) | 윤한구 역 (열린책들, 2010)

▸ 작가 제리 핑크니(Jerry Pinkney)

제리 핑크니는 1939년에 태어났으며 100권 이상의 그림을 그린 어린이 그림책의 작가이자 일러스트레이터이다. 그는 어렸을 때 난독증을 앓아 학교에서 어려움을 겪었으나 그림에서 매우 뛰어난 능력을 보여 주었다. 그의 그림 스타일은 수채화로 다양한 문화를 섬세함과 생동감으로 잘 표현하는데 특히 미국 흑인 문화에 그 뿌리를 두고 있다. 1964년부터 그림책을 그렸는데 1989년 〈미랜디와 바람 오빠Mirandy and Brother Wind〉, 1990년 〈말하는 달걀The Talking Eggs: A Folktale from the American South〉, 1995년 〈존 헨리John Henry〉, 2000년에 〈미운 오리 새끼The Ugly Duckling〉, 2003년 〈노아의 방주Noah's Ark〉로 총 5회나 칼데콧 아너상을 받았으며, 2010년 〈사자와 생쥐The Lion & the Mouse〉로 칼데콧 메달상을 받았다. 그 외에도 코레타 스콧 킹 상을 다섯 차례나 받았다.

▸ 줄거리

생쥐가 부엉이에게 쫓기다가 사자에게 잡히지만 사자는 쥐를 놓아준다. 다행히 어미 생쥐는 새끼들이 있는 곳으로 돌아온다. 이 글 없는 그림책에는 텍스트 대신 쥐를 뒤쫓는 부엉이 소리(Screeeech), 생쥐에게 으르렁거리는 사자의 소리(GRRR), 무서워서 내는 생쥐의 소리(Squeak) 등으로 그림책은 두려움을 잘 나타내 주고 있다.

어느 날 사냥꾼들이 평화로운 정글에 덜컹거리(Putt-Putt-Putt)는 자동차로 나타나서는 덫을 놓는다. 아뿔싸! 덫에 걸린 사자는 아파서 울부짖는다(RRROAARRRRRRRRR). 이 소리를 들은 생쥐는 그 굵은 밧줄을 쏙닥쏙닥 쏙닥쏙닥(Scratch Scratch) 잘라 사자를 구출해 준다.

마지막 장면에는 어미 생쥐가 잘린 밧줄을 가지고 놀이하는 평안한 장면으로 끝이 난다. 비록 쥐의 소리(Squeak Squeak Squeak Squeak Squeak Squeak Squeak Squeak Squeak Squeak)로 가득 차지만 말이다.

▸ 특징

이 글 없는 그림책은 이솝우화 〈사자와 생쥐〉에 근거한 것이다. 사자에게 은혜를 입은 작고 힘없는 생쥐의 도움으로 목숨을 건지는 사자의 모습을 그린 그림에서 다양한 표정을 읽어나갈 수 있는 그림책의 가치를 엿볼 수 있다. 하찮은 존재라도 선행을 베풀면 언젠가는 자신에게 그 이익이 돌아온다는 교훈도 남겨 준다.

제리 핑크니가 그린 그림책의 생쥐는 사자의 목숨을 구해 주는 열정적이고 힘찬 생명력이 느껴지는 존재로 그려진다. 사자와 생쥐 모두 대화하는 장면은, 작고 약한 생쥐의 모습이 아니라 크고 힘센 사자에게도 같은 감성이 있어 모든 생명은 소중하고 중요하다는 교훈을 준다.

제리 핑크니는 칼데콧상을 총 여섯 차례 수상한 작가로 잘 알려진 이솝우화에 삽화를 그리며 독자들로 하여금 작가가 되어보도록 초대한다. 그가 그린 〈사자와 생쥐〉에는 겉으로는 반대되는 모습을 가진 두 캐릭터를 그려내는 탁월함이 있다.

작은 먹잇감을 살려 주기 위해 야수의 본성을 누르는 사자와 용감하게 은혜를 갚은 생쥐의 마음에 감탄한 작가는 미천한 생쥐의 도움을 얻어 정글의 왕이 목숨을 구한다는 것에 초점을 맞추지 않고 사자와 동등하게 평등하고 소중한 생명체의 하나인 생쥐를 그려내는 데 초점을 두었다. 그림책의 표지와 그림에 대하여 좀 더 자세히 알고 싶은 경우 제7장 좋은 그림책의 특성 중 6항 '전체적 효과'를 참고하기 바란다.

기대되는 놀이/질문

1. 그림책 살피기 놀이/질문

- 그림책 겉커버 앞표지에 어떤 동물이 보이니? 뒤표지에는 어떤 동물이 보이니?
- 표지를 펼치면 사자와 생쥐는 누구를 쳐다보고 있니?
- 속커버 앞표지 그림만 보고 그림책 표지 제목을 맞춰 볼래?
- 속커버의 뒤표지는 겉커버 뒤표지 그림과 같을까?
- 책 제목은 어디에 나와있을까?
- 누가 그림을 그렸으며 어떤 상을 받았을까?

2. 그림책 내용 이해 놀이/질문

- 이 글 없는 그림책은 그림과 동물 소리만 나왔는데 어떤 이야기인지 얘기해 줄 수 있니?
- '사자와 생쥐'라는 이솝 우화를 읽어 본 적이 있니?
- 책에 나오는 동물 소리 중 기억나는 소리가 있니? 그 동물 울음 소리를 내 볼까?
- 사자는 왜 생쥐를 놓아주었을까?
- 생쥐는 사자에게 어떤 약속을 했니?
- 사냥꾼은 사자에게 어떤 일을 했니?
- 생쥐는 어떻게 사자를 구해냈지?

3. 공감하기 놀이/질문

- 그림책 표지의 사자를 보니 어떤 기분이 드니?
- 사자 앞에 서 있는 생쥐의 마음을 어땠을까?

- 사자가 놓아줬을 때 생쥐의 마음은 어땠을까? 사자의 마음은 어땠을까?
- 쥐는 왜 사자 앞에서 그런 표정을 지었을까?
- 내가 가장 좋아하는 장면은 어떤 그림이야? 왜 그런 생각이 들었니?

4. 상상하기 놀이/질문

- 만약에 내가 사자인데 배가 너무 고프다면 생쥐를 어떻게 했을까?
- 만약 내가 생쥐라면 사자를 보고 어떻게 했을까? 사자 앞에 당당히 설 수 있을까?

5. 실천하기 놀이/질문

- 사자와 생쥐를 본 적이 있니? 그때 너는 어떤 느낌이 들었니?
- 어려움에 처했던 친구를 도와준 적이 있니?
- 친구가 어려움에 처했다면 너는 어떻게 하겠니?

6. 표현하기 놀이/질문

- 이 글 없는 그림책의 작가가 되어 이야기를 만들어 볼까?
- 동물들의 울음소리를 듣고 맞추는 게임을 해 볼까?
- 동물들의 영어 울음소리와 다르게 표현되는 우리나라 동물 울음소리를 찾아볼까?
- 사자나 생쥐에게 편지를 써 볼래? 어떤 말을 하고 싶어?
- 책을 소리와 동작으로 표현하면 맞추는 놀이를 해 볼까?
- 이 그림책의 만든 작가, 제리 핑크니의 다른 책들을 읽어 볼까?
- 같은 작가의 다른 그림책을 벤 다이어그램으로 만들어 비교해 볼까?

  예 *〈미운 오리 새끼〉와 〈노아의 방주〉이 같은 점과 다른 점을 비교해 볼까?*

〈미운 오리 새끼〉
제리 핑크니/윤한구 역/
별천지(2010)

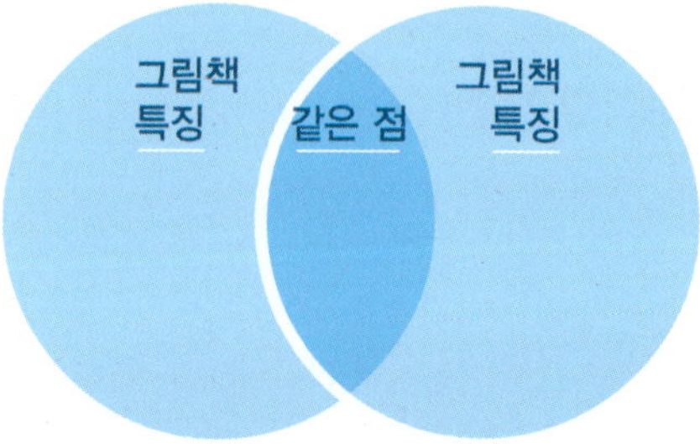

〈노아의 방주〉
제리 핑크니/김영욱 역/
어린이작가정신(2015)

2011년

A Sick Day for Amos McGee

아모스 할아버지가 아픈 날

Illustrated by Erin E. Stead, written by Phillip C. Stead (Roaring Brook Press)
유병수 역 (별천지, 2011)

그림 에린 E. 스테드(Erin E. Stead)

에린 E. 스테드는 1982년생으로 작가 필립 C. 스테드의 부인이다. 고등학교 미술 수업 때 만난 그들은 2005년에 결혼을 한다. 남편이 아팠기 때문에 그의 작품인 〈아모스 할아버지가 아픈 날[A Sick Day for Amos MacGee]〉 작업을 도와주게 되었고 이 책이 그녀의 첫 번째 그림이며 2011년에 칼데콧상을 타게 된다. 그 후에도 그녀는 남편과 함께 혹은 따로 작업을 계속하고 있다.

글 필립 C. 스테드(Phillip C. Stead)

필립 C. 스테드는 1982년생으로 작가 겸 일러스트레이터이다. 2005년에 에린 E. 스테드와 결혼한 그는 뉴욕시로 이사를 와서 브루클린 어린이 박물관에서 일하게 된다. 2009년에 그의 첫 번째 그림책 〈토스트에 얹은 참치 완두콩 크림소스 요리[Creamed Tuna Fish and Peas on Toast]〉를 작업했다. 2011년에는 그의 두 번째 그림책이자 칼데콧상을 받은 〈아모스 할아버지가 아픈 날[A Sick Day for Amos MacGee]〉을 부인과 함께 작업하였다. 그 후에도 그는 많은 그림책을 출간하고 있다.

줄거리

아모스 맥기 할아버지는 동물원을 돌보는 사육사로 매일 아침 같은 생활을 반복한다. 아침 일찍 차를 마시고 아침을 먹고 집을 나와 매일 6시에 5번 버스를 타고 동물원에 간다. 그리고 자신의 일과를 지키며 동물들을 돌본다. 코끼리와는 체스 놀이를, 느릿하게 걷는 거북이와는 달리기를, 수줍어하는 펭귄과 가만히 앉아 있기를, 그리고 항상 콧물을 흘리는 코뿔소는 자신의 손수건으로 코를 닦아주고 저녁에는 어둠을 무서워하는 부엉이에게 책을 읽어 준다.

어느 날 아모스가 몸살이 나서 침대에 드러눕자 동물원에서 그를 기다리던 동물들이 다 함께 5번 버스를 타고 할아버지 집으로 병문안을 온다. 동물들은 아모스가 자신들을 돌봐 준 것처럼 그날 아모스를 돌봐 준다. 코끼리는 체스 게임을, 거북이는 술래잡기 게임을, 펭귄은 아모스 발을 따뜻하게 해 주고, 코를 훌쩍이며 재채기하는 아모스에게 코뿔소는 손수건을, 올빼미는 차를, 모두가 즐겁게 차를 마시니 아모스는 기분이 좋아지기 시작한다.

이제 모두 자야 할 시간이다. 서로 잘 자라고 밤 인사를 건네고 눈을 붙이고 있는 동안 부엉이는 어둠을 무서워하는 할아버지를 위해서 이야기책을 큰소리로 읽어 준다. 아모스와 코끼리, 코뿔소, 부엉이, 생쥐와 작은 새까지 모두 편안하게 자라고 인사한다.

특징

아모스가 동물을 사랑하는 모습은 아이들의 동물에 대한 순수한 마음을 나타내 준다. 이 그림책에서는 할아버지와 동물들의 성격이 잘 나타나 있다. 목판화와 연필을 이용한 독특한 풍의 수작업으로 선과 여백의 조화와 섬세함으로 주인공과 동물들의 특징이 그려져 있다. 2010년 뉴욕 타임스 최우수 그림책으로 선정되었다. 그리고 퍼블리셔스 위클리 최우수 도서, 커커스 리뷰 최우수 도서로도 선정되었다.

기대되는 놀이/질문

1. 그림책 살피기 놀이/질문

- 그림책 앞표지에서 뭐가 보이니? 어떤 동물이 나오니?
- 누가 그림을 그렸을까?
- 누가 이야기를 지었을까?
- 그림책 뒤표지를 보니 어떤 이야기가 나올 것 같아?

2. 그림책 내용 이해 놀이/질문

- 주인공 아모스 할아버지는 아침에 일어나서 무슨 일을 했니?
- 아모스 할아버지의 직업은 무엇이니?
- 주인공은 각각의 동물들과 무엇을 했니?

예 *코끼리와는 체스 놀이*
거북이와는 달리기
수줍음 많은 펭귄과는 말없이 앉아 있기
콧물 많은 코뿔소에게는 손수건 건네 주기
어두움을 무서워하는 부엉이에게 책을 읽어 주기

- 할아버지가 감기에 걸려 못 갔을 때 동물들은 어떻게 했니?
- 할아버지 집에 찾아간 동물들과 주인공은 어떤 놀이를 하고 무엇을 했니?

3. 공감하기 놀이/질문

- 아모스 할아버지가 아파서 동물들에게 찾아오지 못했을 때 동물들 기분이 어땠을까?
- 감기에 걸린 할아버지에게 동물들이 찾아왔을 때 할아버지 기분은 어땠을까?
- 이야기를 읽은 후 어떤 기분이 드니?

4. 상상하기 놀이/질문

- 만약 내가 아모스 할아버지라면 동물들과 어떤 놀이를 하고 싶어?
- 만약 내가 동물이 될 수 있다면 어떤 동물이 되고 싶어?
- 만약 그 동물이 되면 아모스 할아버지랑 무엇을 하고 싶어?

5. 실천하기 놀이/질문

- 아침에 너는 무슨 일을 제일 먼저 하니?
- 아파 본 적이 있니? 아플 때 어떻게 했니? 누가 돌봐주었지?
- 아픈 친구를 위해 어떤 일을 할 수 있을까?
- 아플 때는 어떤 음식을 먹으면 좋을까?
- 혼자 했을 때와 함께했을 때 무엇이 다를까?
- 동물원에 가 본 적이 있니? 동물원에서 어떤 동물을 보았니?
- 너는 커서 어떤 직업을 갖고 싶니?

6. 표현하기 놀이/질문

- 가장 좋아하는 장면을 그림으로 그려 보고 친구에게 말해 볼까?
- 역할 놀이를 해 보자. 아픈 친구와 간호사 놀이를 해 볼까?
- 병문안 카드를 만들어 볼까? 어떤 말을 적으면 좋을까?
- 친구가 아플 때 함께하고 싶은 게임을 하나 소개해 볼까?

2012년

A Ball for Daisy

빨강 파랑 강아지 공

Chris Raschka (Schwartz & Wade) | 역자 없음 (지양어린이, 2012)

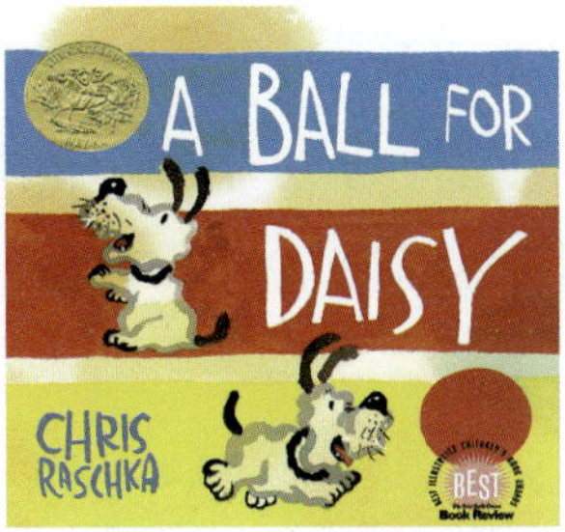

작가 크리스 라쉬카(Chris Raschka)

크리스 라쉬카는 1959년에 미국에서 태어났으나 엄마가 호주인으로 어린 시절 대부분을 호주에서 보냈다. 미국 미네소타 예술 전문대인 세인트 울라프 대학교를 졸업한 그는 작가이자 일러스트레이터이며 비올리스트이다. 앞에서 언급했듯이, 그는 1994년에 〈친구는 좋아!Yo! Yes?〉로 칼데콧 아너상을 받았고 2006년에 〈할아버지 댁 창문The Hello, Goodbye Window〉으로 칼데콧 메달을 받았다. 또 2012년에 〈빨강 파랑 강아지 공A Ball for Daisy〉으로 칼데콧 메달을 받았으며 그 외에도 40여 편의 그림책이 있다.

줄거리

데이지라는 이름을 가진 강아지는 빨강 공을 가지고 온종일 논다. 낮잠을 잘 때도 공을 옆에 두고, 주인아줌마와 함께 산책할 때도, 빨강 공과 함께라면 행복하다.

그런데 어느 날 공원에서 난데없이 갈색 강아지가 데이지의 빨강 공을 뺏어간다. 데이지는 빨강 공을 찾으려고 뒤쫓아 가지만 그만 빨강 공은 빵! 터지고 만다. 데이지는 바람 빠진 빨강 공을 보고 너무 슬퍼한다. 소녀의 위로도 소용이 없다. 그 후부터 데이지는 모든 일이 재미없고 슬프기만 하다.

다음 날, 주인아줌마와 슬퍼하기만 하던 데이지는 산책하러 나가는데 갈색 강아지 주인아줌마가 파랑 공을 데이지에게 선물한다. 반가움에 눈이 번쩍 커진 데이지는 파랑 공과 함께 즐거워하며 집으로 향한다. 갈색 강아지도 의기양양해져서 집으로 돌아간다.

▸ 특징

이 책은 글 없는 그림책으로 원제목은 〈A Ball For Daisy〉이다. 한글 번역판으로는 〈빨강 파랑 강아지 공〉이라고 했다. 원문과 한글 번역판의 주인공이 다르게 소개되고 있다. 원본에 따르면 그림책의 주인공은 강아지, 데이지이다. 이 책은 아이들의 감정을 데이지라는 강아지의 마음을 빗대서 어린이들의 변화무쌍한 감정을 그림으로 잘 표현하고 있다. 멋진 장난감을 가졌을 때의 아이들의 기쁜 감정과 그것이 망가졌을 때의 상실의 슬픈 감정 그리고 친구의 것을 망가트렸을 때의 주변에서 위로해 주려고 하려는 친구들의 마음 그리고 새로운 장난감을 다시 받았을 때의 기쁜 마음을 유머러스하게 표현하고 있다.

크리스 라쉬카의 그림책의 특징은 어린이가 그린 그림을 보는 듯한 스타일로 어린이들의 우정과 감정을 잘 표현하는 작가로 세 번의 칼데콧상을 받은 것으로도 충분히 증명된다. 세 개의 그림책에 공통으로 나타난 것은 어린이의 섬세한 감정이다. 〈할아버지 댁 창문The Hello, Goodbye Window〉에서는 창문을 통한 엄마/아빠와 할머니와 할아버지와의 애착과 이별의 감성을, 〈친구는 좋아!Yo! Yes?〉에서는 얼굴색은 달라도 친구를 처음 만났을 때 던지는 반가운 말이 어떤 것일 수 있는지와 몸짓은 어떤지를, 〈빨강 파랑 강아지 공A Ball for Daisy〉에서는 소유물에 대한 애착과 잃었을 때의 슬픔과 그리고 위로의 공감을 간접으로 알게 해 준다.

기대되는 놀이/질문

1. 그림책 살피기 놀이/질문

- 앞표지에 뭐가 보이니? 강아지는 어떤 표정이야?
- 누가 그림을 그린 걸까?
- 어떤 상을 받은 그림책일까?
- 뒤표지에 뭐가 보이니? 강아지는 어떤 표정이야?
- 어떤 이야기가 나올 것 같아?

2. 그림책 내용 이해 놀이/질문

- 이 그림책의 주인공은 누구니? 강아지의 이름이 뭘까? 누가 지어 볼까?
- 이 책에는 글이 없는데 어떤 이야기인지 누가 간단히 얘기해 볼까?
- 강아지는 빨강 공을 가지고 어떤 놀이를 했니?
- 강아지는 빨강 공을 갖고 어디 어디에 갔니?
- 강아지에게 어떤 일이 일어났지?
- 빨강 공이 어떻게 하다 터져버렸지? 누가 빨강 공을 터트렸어?
- 강아지를 누가 위로를 해 주었니?

- 다음에 어떤 일이 일어났니?

3. 공감하기 놀이/질문

- 강아지가 빨강 공을 가지고 놀 때 어떤 기분일까?
- 빨강 공이 터져버렸을 때 강아지의 마음은 어땠을까?
- 강아지는 왜 다시 기분이 좋아졌을까?
- 파랑 공을 갖게 된 강아지는 어떤 기분이었을까?
- 갈색 강아지의 기분은 어떻게 변했을까?

4. 상상하기 놀이/질문

- 만약 나의 소중한 빨강 공이 터졌다면 나는 어떻게 했을 것 같아?
- 만약 내가 실수로 친구의 장난감을 망가트렸다면, 나는 친구에게 어떤 말을 해야 할까?
- 만약 내가 주인공 강아지의 주인이라면 나는 강아지에게 무엇을 사줄 것 같아?

5. 실천하기 놀이/질문

- 내가 소중히 여기는 장난감이 있니? 무엇이니? 왜 좋아?
- 나의 소중한 장난감을 잃어버렸거나 누군가 망가트렸을 때 어떻게 했니?
- 친구를 위로해 줄 수 있는 여러 가지 방법에 대하여 이야기 나누어 볼까?
- 강아지는 어떤 놀이를 좋아할까? 강아지는 어떤 장난감을 좋아할까?

6. 표현하기 놀이/질문

- 글 없는 그림책의 작가가 되어 이야기를 만들어 볼까?
- 빨강 공이 터져버려서 슬퍼하는 강아지에게 위로의 편지를 써 볼까?
- 나의 소중한 장난감을 그려 볼까? 이름을 붙여 볼 수 있을까?
- 이 그림책의 제목을 새롭게 지어 볼까?
- 어느 제목(영어와 한글 번역판)이 그림책 제목으로 적절한지 이야기 나누어 볼까?
- 한국 출판사에 편지를 써 볼까? 제목을 원본과는 다르게 붙인 이유를 질문해 볼까?

2013년

This Is Not My Hat

이건 내 모자가 아니야

Jon Klassen (Candlewick Press) | 서남희 역 (시공주니어, 2018)

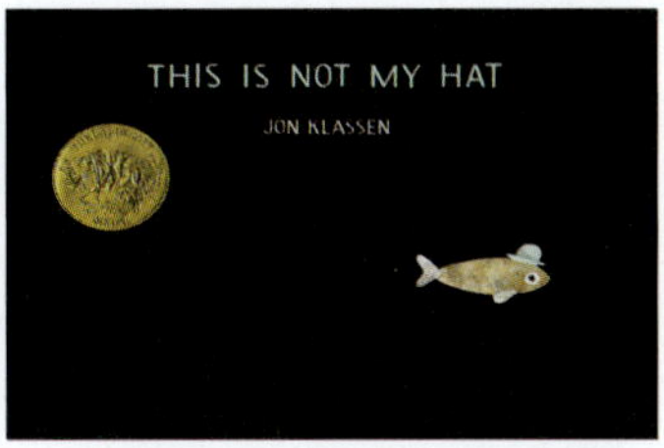

▸ 작가 존 클라센(Jon Klassen)

존 클라센은 작가이자 일러스트레이터이다. 1981년에 캐나다에서 태어나서 2005년에 셰리든 대학에서 애니메이션과를 졸업한다. 미국 LA로 이주한 후 영화 관련 작업을 계속해 오다 2010년 그림책 작업을 시작한다. 2011년에 〈내 모자 어디 갔을까?I Want My Hat Back〉로 모자 시리즈 첫 번째 그림책이 나오고 2012년에 〈이건 내 모자가 아니야This Is Not My Hat〉가 출간되고 2013년에 칼데콧 메달상과 영국 케이트 그린어웨이상을 동시에 탄 첫 번째 사람이 되었다. 그리고 2016년에 시리즈 마지막 〈모자를 보았어We Found a Hat〉이 출간된다. 그 후에도 세모, 네모, 동그라미, 모양 시리즈 3부작에 일러스트레이터 그림 작업에 참여하는 등 활발한 활동을 하고 있다.

▸ 줄거리

까만 바탕의 배경에 물고기 한 마리가 머리에 하늘색 모자를 쓴 채 헤엄쳐 가며 변명하는 것으로 첫 장면은 시작된다.

이건 내 모자가 아니야. *This hat is not mine.*
그냥 몰래 가져온 거야. (번역본 의거) *I just stole it.*

이 작은 물고기는 누군가의 모자를 훔쳐 달아나며 계속 변명의 말을 한다. 두 번째 장에 작은 물고기는 '모자를 가져가는 줄도 모르고 쿨쿨 잠만 자던데?'라고 변명하지만 사실 그림을 보면 작은 물고기의 말과는 반대로 큰 물고기는 눈을 번쩍 뜨고 작은 물고기를 쫓는다. 붉은 게는 작은 물고기가 어디로 가는지 말하지 않겠다고 하지만 말과 다르게 붉은 게의 손이 작은 물고기가 간 방향을 큰 물고기에게 손으로 알려주고 있다.

작은 물고기는 훔친 것이 나쁘지만 그런 행동을 하는 것에 관해 합리화를 하는 말을 계속해서 말한다. 뒤쫓아 온 큰 물고기는 드디어 작은 물고기가 숨은 곳을 찾아내고 만다.

그림책은 마지막에 물풀 속으로 들어간 작은 물고기가 어떻게 되는지 알려주지 않지만 물고기의 꼬리만 보이는 그림과 이를 지켜보는 게의 눈은 사건이 해결되었음을 알리는 것 같다. 마지막 장면은 큰 물고기가 작고 하늘색이 나는 모자를 쓰고 오던 방향으로 조용히 헤엄쳐 가며 이야기는 끝난다.

▸ 특징

이 그림책은 작은 물고기와 커다란 물고기의 대비가 주를 이룬다. 작은 물고기는 자기 행동을 합리화하기 위해 쉴 새 없이 변명을 말하는 것으로 이야기는 전개된다. 작은 물고기는 자신이 똑똑하고 완전 범죄를 한다고 생각하지만 그건 정당하지 않은 것 같다. 오히려 큰 물고기가 예리하고 민첩하게 알아차린다. 독자가 큰 물고기를 따라 추리해 가도록 한다. 붉은 게가 작은 물고기를 배신해서 숨은 방향을 손으로 가르쳐 준 것이 어린이들에게는 모자를 잃은 큰 물고기에게 공감을 갖게 한다.

이야기는 열린 결말로 빽빽한 물풀에 들어갔다가 유유히 나와서 하늘색 모자를 다시 쓰고 나오는 큰 물고기의 장면으로 끝이 난다. 바로 이 장면 속에서 어떤 일이 일어났는지 어린이들이 토의하기에는 좋은 여지를 남긴다. 이 점을 통해 작가이자 화가인 클라센은 직접적인 도덕적 교훈 대신 도덕적 토의를 할 수 있는 쟁점으로 남겨 주었다.

그의 그림은 절제된 검은색 바탕에서 색과 단순한 구성으로 이루어졌지만 물고기들의 눈동자, 뽀글뽀글 내뿜는 공기 방울, 하늘거리는 물풀의 세밀한 설정이 독특하다. 검푸른 바닷속을 검은색으로 처리하고 두 물고기의 추격전을 흥미롭게 표현한 것이 특징적이다.

▸ 기대되는 놀이/질문

1. 그림책 살피기 놀이/질문

- 그림책 앞표지에서 뭐가 보이니? 여긴 어디일까?
- 누가 그림을 그렸을까?
- 어떤 상을 받은 그림책일까?
- 누구의 모자일까?
- 그림책 뒤표지에서 뭐가 보이니? 어떤 이야기가 나올 것 같아?

2. 그림책 내용 이해 놀이/질문

- 모자는 누구의 것이었니?
- 작은 물고기는 모자를 왜 훔쳤을까? 가지고 도망갈까? 다시 돌려줄까?
- 작은 물고기는 어디로 가고 있니?
- 작은 물고기를 본 꽃게는 어떻게 했니?
- 꽃게가 큰 물고기에게 무엇을 어떻게 알려 준 것일까?

- 작은 물고기는 어디로 숨었니?
- 작은 물고기를 누가 쫓아가고 있니?
- 물풀에 숨은 작은 물고기에게 어떤 일이 일어났니?
- 이 그림책에서 큰 물고기가 모자를 찾는 장면은 어디일까?
- 큰 물고기는 무슨 말을 하며 모자를 찾았을까? 작은 물고기의 대답은 무엇일까?

3. 공감하기 놀이/질문

- 모자를 훔쳐 도망가는 작은 물고기의 기분은 어땠을까? 올바른 행동이었을까?
- 모자를 잃어버린 걸 안 큰 물고기의 마음은 어땠을까?

4. 상상하기 놀이/질문

- 만약 내가 큰 물고기라면 작은 물고기를 쫓아가서 어떻게 할까?
- 만약 내가 꽃게라면 큰 물고기에게 작은 물고기가 간 곳을 알려 줬을까?
- 만약 처음부터 그 작은 모자가 큰 물고기의 모자가 아니였다면 누구의 모자였을까?

5. 실천하기 놀이/질문

- 가족이나 친구의 물건을 슬쩍 가져가 본 적이 있니? 그때 기분이 어땠어?
- 다른 사람의 물건을 허락 없이 가져가는 것은 옳은 일일까?
- 친구 것을 빌리고 싶을 때는 어떻게 해야 할까?
- 다른 물고기와 큰 물고기의 입장은 각각 어떤 것일까? 어떻게 해결하면 좋을까?

6. 표현하기 놀이/질문

- 풀 뒤에서 둘이 마주쳤을 때의 상황을 나만의 이야기로 지어 볼까?
- 큰 물고기의 마음을 표현하는 그림을 그려 보고 말풍선도 넣어 볼까?
- 큰 물고기와 작은 물고기의 이름을 지어 볼까? 왜 그렇게 지었어?
- 역할극을 해 볼까?

  예 *작은 물고기, 큰 물고기, 붉은 게가 되어서 움직여 볼까?*

- 이 그림책을 광고하는 포스터를 만들어 볼까?

2014년

Locomotive

증기기관차 대륙을 달리다

Brian Floca (Atheneum/Richard Jackson Books) | 유만선 역 (너머학교, 2020)

▸ 작가 브라이언 플로카(Brian Floca)

브라이언 플로카는 어린이 그림책 작가이자 일러스트레이터로 1991년 브라운대학교를 졸업하고 SVA[School of Visual Arts]에서 석사[MFA] 학위를 받았다. 그는 40권 이상의 그림을 그렸으며 그가 글을 쓰고 그림을 그린 것으로 로버트 F. 시버트 아너상을 받은 〈Moonshot〉, 〈The Flight of Apollo 11〉, 〈Lightship〉이 있다. 뉴욕 타임스 어린이 책 부문 베스트 일러스트레이터로 선정되기도 했다. 2014년에 〈증기기관차 대륙을 달리다[Locomotive]〉로 칼데콧 메달과 동시에 로버트 F. 시버트 아너상을 받았다.

▸ 줄거리

그림책의 첫 장면은 전선이 지상에 있는 광야에 외줄 철도길이 펼쳐지는 것으로 시작된다. 철로를 만들기 위해 멀리서 온 사람들, 중국인, 아프리카계 흑인, 노동자들이 곡괭이로 철로를 놓는 작업을 한다. 드디어 만들어진 철로가 보이는 정거장에서 사람들은 기차가 오기를 플랫폼에서 기다린다.

멀리서 기차가 칙칙폭폭! 스팀을 내뿜으며 멈춘다. 땡-땡! 슉슉!! 서부의 영화 장면처럼 타고 내리는 사람들과 기차 차장은 "모두 기차에 타세요!!"를 외치고, 호루라기 소리와 함께 증기기관차가 움직이기 시작한다.

차장은 객실에 나타나 표를 보여 달라며 "차표!"라고 외친다. 창밖으로는 도시, 학교, 들과 농부가 지나간다. 증기 기관사는 최대 출력으로 서쪽으로 초원을 거쳐, 대평원을 향하여, 서부를 향하여 슉-슉 슉-슉 슉-슉! 속도를 내며 달린다. 흔들거리는 기차 안에서 청년이 통로를 지나가며 물품을 팔고 있다. 기차 안에는 스토브, 화장실도 있는데 이 화장실 변기는 아래가 뻥 뚫려 있어서 기차가 달릴 때만 사용해야 한다.

기차 엔진을 움직이려면 석탄이 필요하고, 석탄이 물을 끓여 증기를 내야 한다. 그래서 물탱크가 있는 큰 도시에서 물을 채워 넣어야 하고 물을 채우기 위해 20분간 정차한다. 사람들은 이때 식당에 가서 음식을 주문해 먹고 승무원들은 교대한다. 기차는 다시 증기를 내뿜으며 밤에도 서쪽으로 달린다. 기차는 아침이 되어 체니 정거장에 도착하고 엔진 하나를 더해 쌍 엔진을 달고 산 정상에 있는 셔만 정거장에 도착한다. 산을 넘은 무거운 기차는 험악한 길과 좁은 가교도 건너야 한다. 커브를 돌 때 기관사는 조심스럽게 기차가 탈선하지 않게 간다. 서쪽으로, 서쪽으로 또다시 밤이 되자 기차는 계곡을 지난다.

출발한 지 100마일이나 지나서도 솔트레이크시를 지나 유타주를 지나 기차는 계속 달린다. 네바다주의 소나무와 광산이 있는 곳도 지나고 나무 터널을 지나 섬 및 정거장도 지나면 엄마와 소년은 드디어 만나고 싶었던 기다리던 사람과 만난다. 바다가 있는 곳, 새로운 집이 있는 곳, 샌프란시스코에!

▸ 특징

이 그림책은 1869년 전 미국 대륙횡단 철도가 개통되는 것과 그 직후 증기기관차를 타고 네브라스카 주의 오마하[동부]에서 캘리포니아주에 있는 새크라멘토[서부]까지 대륙횡단철도를 타고 여행하는 한 가족의 기차여행을 기록한 것이다. 이렇게 긴 철도 길을 깔기 위해 아시아인 특히 중국을 비롯한 다양한 소수 민족이 함께 고생한 부분을 강조하며 서부개척시대의 사회상을 반영했다. 그림책에는 또 증기기관차에 관한 상세한 설명과 볼거리 그리고 곳곳의 절경을 운율이 넘치는 글과 정교한 그림으로 생생하고 아름답게 재현해 주어 서부 영화를 보는 듯하다.

이 그림책은 미국의 철로 역사를 기록하고 있으며 정보책의 역할도 담당하고 그림책의 앞장과 뒷장에 있는 기관차의 정보, 당시의 가격 등은 사실적인 기록으로 철로 역사를 이해하는 데 도움이 된다. 특히 뒷장에 있는 1869년의 기차표 가격이 흥미롭다. 고전풍을 나타내는 색채와 배경과 인물과 증기기관차의 정교한 그림은 잉크 선을 사용하여 더 돋보이게 하였다.

▸ 기대되는 놀이/질문

1. 그림책 살피기 놀이/질문

- 그림책 앞표지에서 뭐가 보이니? 어떤 이야기가 나올 것 같아?
- 어떤 상을 받은 그림책일까?
- 그림책 뒤표지를 보니 누가 보이니? 무엇을 하고 있는 걸까?

2. 그림책 내용 이해 놀이/질문

- 어떤 사람들이 기찻길을 만들었지?
- 그림책에서 기차는 어떤 소리를 냈지?
- 기차를 책임지고 있는 사람들은 누구니?
- 그림책의 기차는 무엇으로 움직였을까?
- 기차는 어떤 곳들을 지나쳐 갔니?
- 기차 안에서 무엇을 할 수 있을까?
- 기차를 탄 승객들은 어디로 가고 있는 걸까?
- 기차를 타고 목적지까지 가는 데 얼마나 시간이 걸렸지?

3. 공감하기 놀이/질문

- (지구본으로 우리나라 크기를 보여 준 뒤, 미국 대서양과 태평양을 쭉 길게 가

리키며) 이렇게 긴 기찻길을 만들기 위해 고생한 분들께 어떤 생각이 드니?

- 기차를 타기 전에 기다리는 사람들의 기분은 어떨까?
- 기차가 도착해서 내리는 사람들의 기분은 어떨까?

4. 상상하기 놀이/질문

- 만약 내가 기찻길을 만들기 위해 6년간 매일 강제로 일을 해야 했다면 사람들에게 뭐라고 말하고 싶어?
- 만약 내가 기관사라면 기차를 몰고 어디까지 가고 싶어?
- 만약 내가 기차를 탄다면 기차 안에서 무엇을 먹고 싶어?

5. 실천하기 놀이/질문

- 기차를 타 본 경험이 있니? 어디에 갔어?
- 기차 안에는 어떤 것들을 보았니? 무엇을 사 먹었니?
- 기차는 어떤 소리를 내니? 창밖에서 무엇을 보았니?
- 지하철을 타 본 적이 있니? 기차와 지하철은 무엇이 다르니? 무엇으로 움직일까?
- 기차/지하철 노선도를 본 적 있니?

6. 표현하기 놀이/질문

- 기차에 관련된 다른 정보책이나 증기기관차와 관련된 인터넷 영상을 찾아볼까?
- 증기의 힘에 대해 알아볼까?
- 옛날 기차와 현재의 기차가 사진, 그림, 영상을 통해 어떻게 다른지 비교해 볼까?
- 기차 놀이를 해 볼까?

  예 *철로를 무엇으로 만들어 볼까?*
  신호등과 건널목도 만들어 볼까?
  친구들과 기차가 되어 움직여 볼까?
  승차권을 만들어 볼까?

- 그림책 앞표지와 뒤표지의 그림으로 나만의 뒷이야기를 지어 볼 수 있을까?
- 그림책의 앞표지 그림과 뒤표지 그림으로 나만의 '뒷이야기'를 지어 볼까?

2015년

The Adventures of Beekle: The Unimaginary Friend

비클의 모험: 상상을 뛰어넘은 여행

Dan Santat (Little, Brown Books for Young Readers) | 고정아 역 (아르볼, 2015)

작가 댄 샌탯(Dan Santat)

댄 샌탯은 어린이 그림책 작가이자 일러스트레이터로 1975년 뉴욕에서 태어나 캘리포니아 대학교에서 미생물학을 전공했다. 그의 부모님은 아들이 자라서 의사가 되기를 바랐다. 그러나 전공을 바꿔 아트센터 디자인 대학교Art Center College of Design에서 그림을 전공했는데 거기서 2013년 〈오싹오싹 당근Creepy Carrots!〉으로 칼데콧 아너상을 받은 피터 브라운Peter Brown과 친구가 된다. 그 후 그는 60권 이상의 책에 그림을 그리면서 디즈니 애니메이션에도 참여해 보고 유명 잡지 일러스트레이션 작업도 한다. 2015년 그는 〈비클의 모험: 상상을 뛰어넘은 여행The Adventures of Beekle: The Unimaginary Friend〉으로 칼데콧상을 받았다.

줄거리

바다 건너 멀고 먼 섬나라 무지개 끝자락에는 상상의 친구들이 사는 상상의 나라가 있다. 그곳에 이제 막 새 친구가 태어났는데 표지에 있는 바로 그 친구이다.

마시멜로 같기도 하고 눈사람 같기도 한 이곳 상상의 나라에 사는 친구들은 세상 아이들이 새로 태어난 아이를 상상해 주고 이름을 불러 주어야만 비로소 자신의 이름을 가지고 세상으로 나갈 수 있다. 아직 이름을 가지지 못한 친구들은 그저 새 친구라 불릴 뿐이다. 그런데 이 새 친구는 아무리 기다려도 자신을 불러주지 않자 무작정 기다리는 일을 그만두고 직접 세상 친구들을 찾아가기로 결심을 한다. 상상을 뛰어넘기로 한 것이다. 무섭고 힘들었지만 새 친구는 세상 친구들을 생각하며 용기를 내었고 마침내 세상에 도착한다.

그런데 새 친구가 도착한 세상은 생각보다 아주 이상한 곳이다. 어른들이 케이크를 많이 먹고, 음악을 듣는 사람도 없고, 게다가 모두 잠이 부족한 듯 보인다. 새 친구는 매우 혼란스러워하다가 사람들이 바쁘게 오가는 길거리에서 우연히 상상의 나라에서 보았던 낯익은 꼬리를 발견하고 그 뒤를 따라간다.

출처: Copyright ⓒ 2014 by Dan Santat

새 친구는 저마다 자신을 상상했던 아이들을 찾아 즐겁게 지내고 있는 곳을 찾는다. 그런데 기대했던 것과는 달리 이 새 친구는 투명인간 취급받는 것에는 변함이 없다. 친구들과 친숙해질 무렵 나무에서 놀던 친구들이 하나 둘 돌아가고, 아래쪽에서 부르는 소리가 나서 내려다보니 한 아이가 바람에 날려가 나뭇가지에 걸린 종이를 애타게 바라보고 있다. 새 친구는 종이를 꺼내 아래로 내려가 아이에게 건네준다. 아이는 그 보답으로 새 친구에게 멋진 그림을 그려 보여 주었다. 그 순간 둘은 뭔가 통하는 게 있다는 걸 느낀다.

출처: Copyright ⓒ 2014 by Dan Santat

막상 친구를 찾고 보니 처음에는 어색하고 쑥스러웠지만, 아이가 자신은 앨리스라고 소개하고 앨리스는 새 친구의 이름을 연속 그림에서처럼 불러 주니 드디어 새 친구에게도 이름이 생긴다. 바로 비클! 이제 비클은 멋진 앨리스란 친구가 생긴 것이다. 친구들은 새 친구를 '비클'이란 멋진 이름으로 불러 줄 것이다.

▸ **특징**

〈비클의 모험The Adventures of Beekle〉은 상상력이 넘쳐나는 독특한 스토리와 환상적인 그림으로 전개한 그림책이다. 연필과 크레용, 수채 물감과 잉크로 그린 그림을 포토샵으로 리터치해 완성한 개성과 상상력이 넘치는 그림은 아이들에게는 멋진 상상의 친구를 떠오르게 하는 그림책이다.

이 그림책의 작가는 학교에서 새 친구를 사귀는 것에 관해 불안을 느끼는 자기 아들을 위해 이 그림책을 만들었다고 한다. 비클은 어릴 적 누구나 한 번쯤은 가졌던 적이 있는 상상 속의 친구이다. 그림책은 마치 한 편의 영화를 보는 듯하며 친구를 사귀는 과정을 상상력과 함께 따뜻하게 그려내었다. 그림책의 주인공 '비클'의 이름은 작가 댄 샌탯의 아들이 한 살이었을 때 자전거bicycle를 보며 '비클Beekle'이라고 불렀던 것을 기억하고 그대로 주인공의 이름으로 하였다고 한다.

▸ 기대되는 놀이/질문

1. 그림책 살피기 놀이/질문

- 그림책 앞표지에서 뭐가 보이니?
- 누가 그림을 그렸을까?
- 이 아이는 누구일까? 주변에 누가 있니?
- 그림책 뒤표지를 보니 어떤 이야기가 나올 것 같아?

2. 그림책 내용 이해 놀이/질문

- 여기 있는 친구들은 누구일까?
- 상상 속 친구는 누구를 기다리고 있는 걸까?
- 상상 속 친구는 어디로 갔니? 왜 여행을 떠났을까?
- 상상 속 친구가 간 실제 세상 속의 사람들은 어땠지?
- 실제 세상으로 간 상상 친구는 친구를 만나기 위해 어떤 일을 했니?
- 상상 친구는 실제 세상에서 친구를 찾았니?
- 실제 친구는 상상 친구에서 어떤 이름을 지어 주었지?
- 친구가 되기 위해 둘은 어떤 일을 했니?
- 주·원·문·해(Somebody Wanted But So, SWBS)로 그림책을 분석해 볼까?

  예 *주인공(새 놀잇감)–원했다–문제가 있다–(그래서) 해결했다*

3. 공감하기 놀이/질문

- 선택받지 못한 상상 친구의 마음은 어땠을까?
- 나무에서 혼자 앉아 있는 상상 친구의 마음은 어땠을까? 왜 그럴까?
- 상상 친구에게 이름이 생겼을 때 상상 친구는 기분이 어땠을까?
- 처음 친구를 사귀려고 할 때 내 마음은 어떨까?

4. 상상하기 놀이/질문

- 만약 내가 비클이라면 친구를 만나러 어디로 가면 좋을까?
- 만약 내가 엘리스라면 비클이랑 무엇을 함께해 보고 싶니?

- 만약 내 상상 속 친구가 있다면 친구의 이름을 무엇이라고 부르고 싶을까?

5. 실천하기 놀이/질문

- 나의 상상 속 친구가 있니? 이름이 뭐야?
- 상상 속 친구가 있다면 친구와 무엇을 했니?
- 상상 속 친구가 있다면 어떤 점이 좋을까?
- 상상 속 친구가 진짜 친구와 다른 점은 무엇일까?
- 어른들도 상상의 친구를 만들 수 있을까?
- 처음 친구를 사귈 때 왜 어려울까? 친구와 사귈 때 어떤 말을 해 봤지?

6. 표현하기 놀이/질문

- 비클이 올라갔던 나무를 한번 그려 볼까?
- 내가 상상하는 친구를 그림으로 그려 볼까?
- 내가 상상하는 친구를 이름과 함께 소개해 볼까?
- 친구 사귀는 방법에 대한 포스터를 만들어 동생 반에 보여 줄까?

  예 *처음에 친구를 사귈 때는 어떤 말을 하면 좋을까?*

  친구와 할 수 있는 놀이를 적어 볼까?

  친구에게 해 주고 싶은 것이 있니?

- 그림책 앞표지와 뒤표지를 가지고 나만의 앞 이야기를 만들어 볼 수 있을까?
- 비클에게 편지를 써 볼래? 네 질문은 뭐니?

2016년

Finding Winnie: The Story of the World's Most Famous Bear

위니를 찾아서: 세상에서 제일 유명한 곰에 관한 실제 이야기

Illustrated by Sophie Blackall, written by Lindsay Mattick
(Little, Brown Books for Young Readers) | 정회성 역 (미디어창비, 2016)

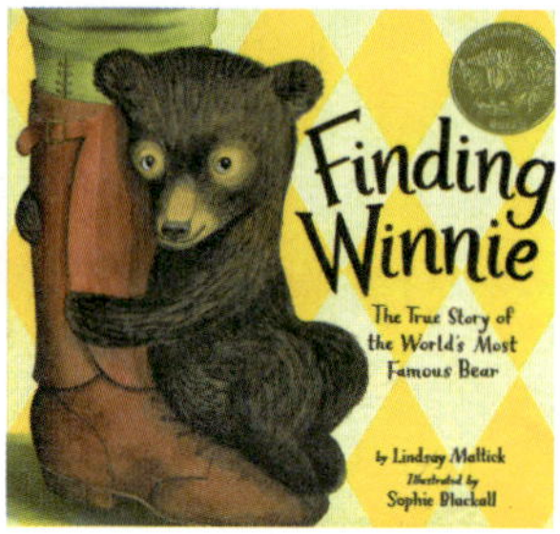

▸ 그림 소피 블랙올(Sophie Blackall)

소피 블랙올은 뉴욕에서 사는 호주 예술가이자 어린이 그림책 일러스트레이터이다. 그녀는 유명 신문과 잡지에 삽화를 그렸으며 〈아이비와 빈〉 시리즈를 그린 것으로도 유명하다. 30권 이상의 그림을 그렸던 그녀는 2016년에 〈위니를 찾아서Finding Winnie: The True Story of the World's Most Famous Bear〉로 칼데콧상을 받았으며, 2019년에는 〈안녕, 나의 등대Hello Lighthouse〉로 칼데콧상을 받았다.

▸ 글 린지 매틱(Lindsay Mattick)

저자 린지 매틱은 그림책의 주인공인 해리 콜번 대위의 증손녀이다. 그녀는 〈위니 더 푸〉로 알려져 있는 위니 이야기를 라디오 다큐멘터리로 만들고 그림 전시회도 열었다. 삼대에 걸친 이야기를 한 그림책에 담을 수 있도록 고안했다.

▸ 줄거리

– 엄마가 콜에게 들려주는 이야기

엄마는 잠자리에서 콜에게 이야기를 들려주며 이야기가 시작된다.

100년 전에 위니펙에 살던 해리 콜번은 수의사인데 전쟁이 나자 군인으로 지원한다.

해리는 기차를 타고 가는 중에 한 기차역에서 사냥꾼에게 잡힌 아기 곰을 보고 왠지 모를 특별함을 느끼고 사냥꾼에게 20달러를 주고 곰을 산다. 그는 곰에게 고향의 이름인 위니펙을 짧게 줄여 '위니'라고 짓고 푸른 벌판 천막에서 군인들과 함께 살게 된다.

위니는 해리와 군인 아저씨들의 사랑을 받으며 살면서 영국까지 가게 된 뒤, 캐나다 육군 보병대의 마스코트가 된다. 군인들은 아기 곰 위니를 통해 많은 위로를 받게 된다. 하지만 해리는 전쟁터로 나가라는 출전 명령을 받고 어쩔 수 없이 위니를 런던 동물원에 맡기고 이별을 하게 된다.

–위니와 소년, 크리스토퍼 로빈과의 우정 이야기

이름이 없는 곰 인형을 매우 좋아하는 소년이 어느 날 아빠와 런던 동물원에 놀러 가게 된다. 거기서 소년은 위니를 만나게 되고 곧 친구가 된다. 친구는 자신이 아끼는 곰 인형에게도 곰의 이름을 붙여서 위니 더 푸라고 하게 된다. 그리고 그 아이가 바로 크리스토퍼 로빈 밀른이다. 그리고 아이의 아빠 앨런 알렉산더 밀른이 이 이야기를 책으로 써서 세상에서 알려지게 된다. 그 이름은 바로 우리에게 가장 사랑받는 곰인 곰돌이 푸, 바로 위니 더 푸이다.

– 해리와 엄마, 린지의 이야기

위니를 구해 준 장본인인 해리는 전쟁이 끝나고 고향으로 돌아가 수의사 생활을 한다. 그리고 이 이야기는 그의 증손녀에 의해 세상에 알려지게 된다(콜의 엄마가 바로 이 그림책의 작가 린지 매틱이다). 그래서 엄마는 자신의 특별한 아이에게 증조할아버지 해리 콜번 대위의 이름을 따서 '콜'이라 이름 붙인다. 콜은 엄마에게 물어본다.

"그럼 이 모든 게 진짜 있었던 일이에요?"

▸ 특징

군인과 아기 곰의 우정에서 시작된 한 가정의 오랜 가족사가 곁들여진 그림책이다. 특히 이 그림책이 화제가 되었던 것은 그림책 속에 나오는 아기 곰 '위니'가 동화 〈위니 더 푸Winnie the Pooh〉의 실제 모델이라는 사실 때문이다. 실화를 바탕으로 한 특별한 사연이 담긴 그림책 〈위니를 찾아서Finding Winnie: The Story of the World's Most Famous Bear〉는 바로 이 2016년 칼데콧 메달을 받은 작품이다.

기적이 기적을 낳듯 특별함을 볼 줄 아는 사람이 만들어 낸 특별한 이 이야기는 실화를 바탕으로 동화 속 주인공과 현실의 이야기가 연결된 이야기이기에 더욱 신기하고 감동적이다. 아마도 사실이 주는 진정성 때문에 작은 인연 하나에서 시작된 실화가 한 편의 아름다운 이야기로 탄생되기까지의 과정이 멋지게 담긴 그림책이다.

그림책의 후반에는 이야기의 이해를 돕기 위해 가족나무Family Tree가 그려져 있다. 그보다 더 특별한 것은 사진첩Album이 그림책의 부록처럼 소개되는데 거기에는 젊은 군인 해리의 사진과 위니의 이야기가 있는 1914년의 수첩, 군인으로 해리와 아기 곰, 그리고 위니펙과 군인 아저씨의 사진을 닮은 동상이 1992년의 사진으로 기록처럼 소개되고 있다.

번역본에는 원본의 그림을 축소해서 원본의 텍스트를 8쪽에 걸쳐 넣어 독자로 하여금 원본에 대한 궁금증을 해소하는 출판사의 배려를 보여 주고 있다.

기대되는 놀이/질문

1. 그림책 살피기 놀이/질문

- 그림책 앞표지에서 뭐가 보이니?
- 그림책 표지에 나오는 동물은 무엇이니? 이름이 뭘까?
- 누가 그림을 그렸을까?
- 어떤 상을 받은 그림책일까?
- 그림책 뒤표지를 보니 어떤 이야기가 나올 것 같아?

2. 그림책 내용 이해 놀이/질문

- 수의사였던 해리가 어떻게 곰을 만나게 되었지? 어디서 만났지?
- 해리는 왜 곰을 데리고 가기로 결정했을까?
- 곰은 어떤 음식을 먹었니?
- 위니가 해리와 함께 간 나라는 어느 나라일까?
- 해리는 왜 위니를 동물원에 데려다주었을까?
- 위니가 동물원으로 간 후 해리 이야기는 끝났을까?
- 소년은 동물원에서 무엇을 보았지?
- 소년은 자신의 인형의 이름을 무엇이라고 지었어? 왜 그렇게 이름을 붙였을까?
- 소년의 이름은 무엇이었지?
- 소년의 아빠는 아들의 이야기로 무엇을 했지? 어떤 책을 썼어?
- 콜은 누구의 이름이었지?

3. 공감하기 놀이/질문

- 위니를 동물원에 데려다줄 때 해리의 마음은 어땠을까?
- 동물원에서 위니를 본 콜은 어떤 생각이 들었을까?

4. 상상하기 놀이/질문

- 만약 내가 해리처럼 팔려가는 동물을 본다면 어떻게 할 것 같아?
- 만약 내가 만약 내가 곰이라면 사람들이 나를 잡아다 동물원에 데려가거나 시장에다 팔면 나는 어떨 것 같아?
- 만약 내가 반려동물을 기를 수 있다면 어떤 동물을 기르고 싶니? 왜?

5. 실천하기 놀이/질문

- 수의사란 어떤 직업일까? 무슨 일을 할까?
- 반려동물을 길러 본 적이 있니? 그 동물의 이름은 무엇이니?
- 동물원에 가 본 적이 있니? 어떤 동물이 마음에 드니?
- 우리 가족이 중에 특별한 이름을 가진 사람이 있니? 갖고 싶은 이름이 있니?
- 〈곰돌이 푸Winnie-the-Pooh〉란 유명한 영화/그림책을 본 적이 있니?
- 그 책 주인공의 이름은 무엇이었지?

6. 표현하기 놀이/질문

- 이 그림책을 분석해 볼까?

  예 *수의사 해리 콜번 이야기/크리스토퍼 로빈 밀른 이야기/엄마의 이야기*

- 가족나무를 그려 볼까?
- 우리 가족의 추억이 담긴 스크랩북을 만들어 볼까? 가족의 추억을 남길 수 있는 디지털을 이용한 다른 방법은 무엇이 있을까?
- 우리 집 이야기를 할머니/할아버지, 엄마/아빠, 나의 이야기로 묶어 이야기를 지어 볼 수 있을까?
- '곰돌이 푸'의 만화영화 또는 그림책을 보고 곰돌이에게 편지를 써 볼까?

2017년

Radiant Child: The Story of Young Artist Jean-Michel Basquiat

빛나는 아이: 천재적인 젊은 예술가 장 미셸 바스키아

Javaka Steptoe (Little, Brown Books for Young Readers)
이유리 역 (위즈덤하우스, 2018)

▸ 작가 자바카 스텝토(Javaka Steptoe)

자바카 스텝토는 작가이자 일러스트레이터로 1971년에 태어났다. 그는 1985년과 1988년 칼데콧 아너상을 2번이나 탔던 아버지 존 스텝토의 아들이다. 1997년 〈아빠 팔에 안겨 있으면 나는 키가 커져요In Daddy's Arms I Am Tall: African Americans Celebrating Fathers〉로 코레타 스콧 킹 일러스트레이터상을, 2010년에는 〈지미 헨드릭스: 무지개 같은 소리Jimi Sounds Like a Rainbow: A Story of the Young Jimi Hendrix〉에 그림을 그려 코레타 스콧 킹 일러스트레이터상을 받았다. 그 외에도 여러 그림책을 작업하던 중 2005년 브루클린 박물관에서 '장 미셸 바스키아 전시회'를 보게 되고 거기서 영감을 얻어 그리게 된 〈빛나는 아이: 천재적인 젊은 예술가 장 미셸 바스키아Radiant Child: The Story of Young Artist Jean-Michel Basquiat〉가 그림책으로 나와 2017년 칼데콧상을 받게 된다.

줄거리

브루클린Brooklyn에서 사방치기Hopscotch 놀이를 하고 빙수를 소리 내며 먹는 작은 소년은 유명한 예술가를 꿈꾸고 있었다. 그는 사방을 연필로 스케치하고 아침부터 저녁까지 잠도 자지도 않고 그림을 그리곤 했다. 장 미셸의 그림은 단정하거나 깔끔하게 그리지 않았으며 기존의 그림 스타일과는 아주 달랐다. 그의 그림은 엉성하고 예쁘지 않고 때때로 괴상해 보였지만 아무튼 멋졌다.

장 미셸에게 가장 큰 영향을 끼친 사람은 엄마 마틸드였다. 엄마는 그와 함께 바닥에 엎드려 그림을 그리기도 했고 미술관에 데리고 가기도 했으며 그에게 무엇이건 예술이 될 수 있다는 것을 가르쳐 준 분이었다. 길에서 하는 놀이, 우리가 하는 말과 태도 등 모든 것이 다 예술이라고. 교통사고를 당해 불안해하는 장 미셸에게 해부학책을 선물해 준 엄마 덕분에 예술에 치유하는 힘이 있다는 것을 알게 되었다.

그런데 장 미셸이 교통사고를 당하던 해에 엄마 역시 정신 건강에 문제가 생겼고 병원으로 떠나는 엄마를 보고도 장 미셸은 아무것도 할 수 없었다. 찢어지고 생채기 난 그의 마음은 못이 박히고 옹이가 드러난 목재에 그림을 더한 작가 스텝토에 의해 여실히 전해진다. 엄마가 떠난 슬픔을 잊기 위해 더욱더 열심히 그림에만 몰두한 장 미셸은 시간이 날 때마다 자신이 그린 그림을 들고 엄마를 찾아가곤 했다.

십 대가 되자 장 미셸은 집을 떠나 뉴욕의 로어 이스트 사이드에서 본격적으로 예술 활동을 시작했다. 페인트가 잔뜩 묻은 작업복을 입고 그림에만 몰두하던 장 미셸은 밤이 찾아오면 거리로 나가 벽에 스프레이로 그림을 그렸다. 모든 것이 예술이 될 수 있다는 엄마의 가르침을 그대로 실천하고 있는 장 미셸의 그림은 쓰레기 더미에도 있었다.

힘 있는 선과 색으로 구성된 그의 그림들은 사람들의 눈길을 사로잡았고 마침내 장 미셸은 작품성을 인정받아 미술관으로 진출하게 된다. 예쁘지 않고 때때로 괴상해 보이기도 하지만, 왠지 아무튼 멋진 마법 같은 매력을 가진 장 미셸 바스키아의 작품들을 보고 사람들은 빛나고, 길들여지지 않은, 천재적 아이(RADIANT,

WILD, A GENIUS CHILD)라고 부르고 또 감탄한다. 이제는 다 성장한 미술가로 성공했지만 그는 여전히 엄마를 방문한다.

특징

〈빛나는 아이Radiant Child〉는 그라피티 아티스트 장 미셸 바스키아1960~1988의 삶을 그린 인물 그림책이다. 키스 해링과 함께 거리 예술가 1세대로 손꼽히는 장 미셸 바스키아가 자신의 예술 세계를 표현하기 위해 뉴욕시 곳곳을 활용했던 것처럼 이 그림책의 작가 자바카 스텝토는 뉴욕시 곳곳에서 주운 목재 조각들을 활용해 그림을 그렸다. 목재 조각들을 이어 붙여 그린 그림들에서 풍기는 독특한 질감과 선명한 색감의 그림들로 장 미셸 바스키아의 세계를 그려낸 그림책이 〈빛나는 아이〉이다.

작품 속에 다양한 모티브와 상징물들을 그려 넣어 메시지를 전달했던 장 미셸 바스키아의 작품 세계를 깊이 있게 보여 주기 위해 버려진 목재 조각을 활용한 멋진 그림책을 만들어낸 작가 자바카 스텝토. 그는 자신이 보여 준 바스키아의 이야기가 어린이들의 삶에서 소통과 치유의 촉매가 되기를 바라며 이 그림책을 만들었다.

세상 어디에나 어떤 형태로나 존재하는 예술, 그것을 어떻게 받아들이고 어떻게 바라보느냐에 따라 달라지는 것을 강조한 그림책이다. 끊임없는 열망으로 자신의 꿈을 향해 뚜벅뚜벅 걸어간 한 예술가의 삶을 멋지게 그려낸 이 그림책에는 자신만의 독창적 스타일로 예술계의 거장이 될 수 있음을 보여 준다.

기대되는 놀이/질문

1. 그림책 살피기 놀이/질문

- 그림책 앞표지에서 뭐가 보이니? 이 소년은 커서 어떤 사람이 되었을까?
- 누가 그림을 그렸을까?
- 누가 이 책을 썼을까?
- 그림책 뒤표지를 보니 어떤 이야기가 나올 것 같아?

2. 그림책 내용 이해 놀이/질문

- 장 미셸은 어떤 직업을 가졌지?
- 그의 그림에 영향을 가장 많이 준 사람은 누구일까?
- 그는 예술Art이란 무엇이라고 생각했니?
- 그는 무엇을 그리는 것을 좋아했니?
- 그가 아팠을 때 무엇이 도움이 되었니?
- 그는 아픈 마음을 무엇으로 표현했니?
- 사무Samoo는 누구일까? 왜 그 이름을 썼을까?
- 사무는 어디에 그림을 그렸어?
- 이 그림책을 만든 작가는 어디 위에 그림을 그린 것 같아?

3. 공감하기 놀이/질문

- 장 미셸이 그림을 그릴 때 기분이 어땠을까?
- 그는 그림에 어떤 힘이 있다고 믿었을까?
- 그가 다쳤을 때 왜 무섭고 혼란스러웠을까? 그리고 왜 더 이상 두렵지 않았을까?
- 엄마가 아파서 집에 없게 되었을 때 그는 기분이 어땠을까?

4. 상상하기 놀이/질문

- 만약 내가 장 미셸 엄마라면, 장 미셸이 아팠을 때 도움이 되도록 무엇을 주었을 것 같아? 왜?
- 만약 내가 화가라면 무엇을 그림으로 표현하고 싶을 것 같아?

5. 실천하기 놀이/질문

- 예술이란 무엇일까?

  예 *음악도 예술일까? 시도 예술일까?*
  그라피티(Graffiti)를 본 적이 있니? 이것도 예술일까?
  주변에 보이는 것도 예술일까?

- 아름답다고 생각하는 것을 말해 볼래?
- 아름다운 것을 주변에서 찾아볼까?
- 미술관에 가 본 적이 있니? 거기서 무엇을 보았니?
- 알고 있는 유명한 예술가/화가가 있니?
- 어떤 그림을 좋아하니?

6. 표현하기 놀이/질문

- 장 미셸 바스키아의 그림을 감상해 볼까?
- 그의 그림은 다른 사람들의 그림과 어떻게 다르게 느껴지니?
- 내가 좋아하는 그림을 친구들에게 보여 줄까?
- 주변에서 찾은 예술을 사진으로 찍어 볼까? 이것을 다시 그려 볼까?
- 스프레이를 활용해서 그라피티를 그려 볼까?
- 좋아하는 음악을 들으며 그림을 그려 볼까?
- 우리 동네 벽화를 그려 볼까?

  예 *그림 그릴 장소는 어디로 하지?*
  무엇을 그려 볼까?
  어떤 재료를 사용해 그림을 그려 볼까?
  그림 제목을 붙여 볼까?

- 이 책을 그린 그림책 작가 스텝토처럼 나무 조각 위에 그림을 그려 보면 어떨까?
- 스텝토 작가에게 편지를 써 볼까? 무엇을 물어보고 싶니?

2018년

Wolf in the Snow

세상에서 가장 용감한 소녀

Matthew Cordell (Feiwel & Friends) | 역자 없음 (비룡소, 2018)

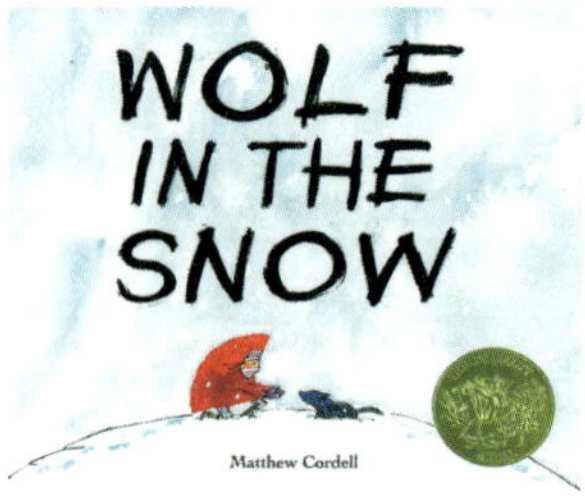

작가 매튜 코델(Matthew Cordell)

매튜 코델은 1975년생으로 사우스캐롤라이나에서 태어나 윈스럽 대학에서 그래픽 디자인을 전공한다. 1997년 일리노이 시카고로 이사 간 후 그의 일에 만족하지 못하고 있을 즘에 그곳에서 만난 미래의 아내 줄리를 만난다. 그녀는 그에게 어린 시절 이후 단 한 번도 본 적 없던 어린이 그림책을 소개해 주는데 그때 그는 그림책 디자인에 빠져들게 되었다고 한다. 그때부터 그는 프리랜서로 그림책 관련 일을 하게 된다. 드디어 2018년에 〈세상에서 가장 용감한 소녀Wolf in the Snow〉로 2018 칼데콧상을 받는다. 2020년에는 영화로도 개봉된 〈미스터 로저스의 일대기Hello, Neighbor!: The Kind and Caring World of Mister Rogers〉 그림책을 그렸다.

줄거리

학교를 끝내고 집으로 돌아가는 빨간 코트를 입은 소녀는 혼자서 부지런히 집으로 향한다. 다 같이 외출한 늑대 가족과 아기 늑대도 부지런히 집으로 돌아간다. 소녀는 오른쪽으로 길을 가고 늑대는 왼쪽으로 길을 간다. 눈보라가 세차게

치자 지친 새끼 늑대는 무리에서 낙오되고 만다. 오른쪽으로 향하던 빨간 코트 소녀와 왼쪽으로 향하던 아기 늑대는 눈보라 속에서 헤매다가 서로 딱 마주치니 너무 놀라 서로 소리 지른다. 헥헥(huff huff) … 끼잉끼잉(whine whine)…. 그러나 소녀는 아기 늑대를 외면하지 못하고 아기 늑대를 품에 안고 부지런히 눈보라 속을 걸어간다.

멀리서 들리는 늑대의 울음소리, 아아아우(hoooooooowwwlll)에 소녀는 무서웠지만 오히려 늑대 울음소리가 들려오는 쪽으로 아기 늑대를 안고 한 발 한 발 나아간다. 점점 커지는 울음소리를 향해 가면 갈수록 소녀는 더 두렵고 무서워졌다. 눈은 여전히 쏟아지고 종아리까지 푹푹 잠겨 걷기조차 힘겨웠다. 그러다 마침내 소녀는 엄마 늑대와 마주친다. 놀라 동그랗게 커진 소녀의 눈, 그런 소녀를 주시하는 늑대, 소녀의 품에 안겨 울고 있는 새끼 늑대, 여전히 쏟아지는 눈, 눈빛과 눈빛이 오고 간다. 소녀가 아기 늑대를 엄마 늑대를 향해 내려놓으니 엄마 늑대는 으르릉…으르르릉(RRRRRRR) 소리치며 아기 늑대를 혀로 할짝할짝(lick lick) 핥아 주고는 자기 새끼를 입에 물고 돌아선다.

날은 저물어가고 소녀는 집으로 헉헉(huff huff) 거리며 걸어가다 넘어진다. 이때 소녀의 뒤를 늑대 무리가 쫓아간다. 소녀는 저 멀리서 자신을 찾고 있는 가족들의 불빛과 강아지 울음소리 왈! 왈! 왈!(Bark! Bark! Bark!)을 듣지만 춥고 힘들어 눈 위에 쓰러진다. 뒤쫓아 오던 늑대 가족이 쓰러진 소녀를 빙 둘러 에워싼다. 특히 아기 늑대는 떨고 있는 소녀 곁에 다가가 할짝 할짝(lick lick) 핥으며 체온을 나눠 준다. 늑대 가족들은 크게 우우우우우우!(HOOOOOOWWLLL!) 하울링 한다. 마치 여기 소녀가 있으니 이곳으로 빨리 찾아오라는 듯 울부짖는다.

마침내 소녀와 가족이 무사히 만나니 늑대 가족은 우렁찬 울음소리로 소녀를 배웅하듯 언덕 위에서 하울링 한다. 아우우우우우우우우! 소녀의 마음을 대신 보답하듯 강아지도 왈왈! 왈왈! 답을 보낸다.

▸ 특징

이 글 없는 그림책은 늑대의 울음소리, 숲속 동물들의 소리와 같은 몇몇 의성어만으로 이야기를 전개한다. 동물들의 소리만으로도 이야기를 상상하며 숨죽이고 주인공들의 감정 변화에 몰입할 수 있게 한다. 늑대를 만났을 때 소녀의 두려움, 언어는 통하지 않지만 새끼를 찾아준 엄마 늑대의 보은의 마음이 읽혀 공감을 자아낸다. 이 순간 소녀의 마음을 나타내는 겁에 질린 눈동자, 잃어버린 새끼를 품에 안고 있는 것을 본 엄마 늑대의 얼굴은, 소녀와 엄마 늑대가 마주치는 순간을 원경으로 두 인물의 표정만 클로즈업해 보여 주어 날카롭게 곤두선 둘 사이에 흐르는 극한의 긴장감을 여과 없이 나타낸다.

글 없는 그림책 속에서 유일하게 글자의 크기만으로 표현한 늑대의 울음소리는 그림책에서 다양한 상황을 보여 주는 중요한 역할을 한다. 늑대 울음소리로 소녀는 무사히 새끼 늑대를 가족의 품에 돌아가게 할 수 있었고 늑대 울음소리로 가족들이 무사히 소녀를 찾게 된다. 작가 메튜 코델은 이 작품을 준비하면서 늑대의 생태와 행동을 심도 있게 연구해서 펜, 잉크, 수채물감을 기본으로 강한 색채감으로 장면을 섬세하게 그려내었다.

〈Wolf in the Snow〉라는 원본 제목과 달리 한글 번역판에는 〈세상에서 가장 용감한 소녀〉로 되어 있을 뿐 아니라 주인공을 늑대에서 '소녀'로 바꾸어 그 용감성을 부각했다. 소녀의 돕기, 용기, 인내, 위기 극복은 사람과 동물 사이의 우정

및 공감을 통해 가족으로 돌아가는 평화를 알게 해 준다. 하얀 눈만큼이나 순수한 소녀의 돕는 마음, 그 아이의 마음에 보답할 줄 아는 늑대 가족, 세상을 이어주는 위대한 사랑은 말이 통하지 않아도 서로 돕는 공감이 있다. 이 시대에 부족한 공감의 정서를 다루는 데 뛰어난 작품이다. 빨려들 듯 긴장된 이야기로 전개되는 이야기는 아름다운 한 편의 수채화 그림으로 나타나 있다.

▸ 기대되는 놀이/질문

1. 그림책 살피기 놀이/질문

- 그림책 앞표지에서 뭐가 보이니?
- 빨간 옷을 입고 있는 사람은 누굴까? 날씨가 어때?
- 누가 그림을 그렸을까?
- 어떤 상을 받은 그림책일까?
- 그림책 뒤표지를 보니 어떤 이야기가 나올 것 같아?

2. 그림책 내용 이해 놀이/질문

- 그림책 소녀는 어디로 가는 길일까?
- 아기 늑대를 만난 소녀는 어떻게 했니?
- 아기 늑대를 엄마 품으로 보낸 후 소녀는 어떻게 되었어?
- 길을 잃고 쓰러진 주인공을 본 늑대들은 어떻게 했니?
- 주·원·문·해(Somebody Wanted But So, SWBS)로 그림책을 분석해 볼까?

예 *S: 누가(주인공)=용감한 소녀가*

W: 원했다=길 읽은 아기 늑대를 엄마 늑대에게 데려다주고 싶었다.

B: 그런데(문제가 있다)=아기 늑대를 엄마에게 데려다주고, 그녀는 춥고 지쳐 쓰러졌다.

S: 그래서(해결했다)=지쳐 쓰러진 소녀를 보고 늑대들이 울음소리를 내어 위치를 알려 주어 가족을 만나게 해 주었다.

3. 공감하기 놀이/질문

- 길을 잃은 불쌍한 아기 늑대를 만난 소녀는 어떤 생각이 들었을까?
- 엄마 늑대를 본 소녀는 어떤 느낌이 들었을까?
- 자신의 아이를 찾아준 소녀에게 엄마 늑대는 어떤 마음이 들었을까?
- 쓰러진 소녀를 보고 엄마 늑대는 어떤 마음으로 울었을까?
- 어떤 그림이 가장 마음에 드니? 왜 그 그림이 좋았어?

4. 상상하기 놀이/질문

- 만약 내가 늑대라면 사람을 부를 때 어떤 울음소리로 부를까? 울음소리를 만들어 볼래?
- 만약 내가 소녀라면 아기 늑대를 빨리 찾을 수 있게 도와줄 수 있을까?
- 만약 내가 소녀라면 어떤 옷을 입고 나갔을까?

5. 실천하기 놀이/질문

- 아픈 동물을 도와준 경험이 있니? 어떻게 도와주었니?
- 어려운 친구를 도와준 적이 있니? 그때 어떤 생각이었어?
- 눈 오는 날 밖에 나가 놀 때 무슨 옷을 입고 나갔어?
- 하얀 세상에서는 어떤 옷을 입으면 눈에 띌까?
- 어두운 밤에는 어떤 옷을 입으면 눈에 띌까?

6. 표현하기 놀이/질문

- 책 제목을 비교 투표해서 그래프로 만들어 볼까?

  예 *책의 제목과 원본 책 제목(눈 속에 있는 늑대: Wolf in the Snow)을 비교해 볼까?*
  어떤 책 제목이 마음에 들어? 왜 그럴까?
  마음에 드는 책 제목에 손을 들어 볼까?

- 나만의 방법으로 그림책 표지를 만들고 제목을 붙여 볼까?
- 출판사에 편지를 써 볼까? 제목을 왜 영어와 다르게 지었는지 물어볼까?
- 작가에게 편지를 써 볼까? 어떤 말을 하고 싶어?

- 글 없는 그림책에 작가가 되어 이야기를 만들어 볼까?

  예 *중간 이야기와 후속 이야기도 지어 볼까?*

- 나라마다 늑대의 울음소리가 다를까? 우리 한번 흉내 내 볼까?

  예 *한국어로 우는 늑대 소리를 내 볼까? 아우~*

  영어로 우는 늑대 소리를 내 볼까? Howl~

  늑대 소리를 한국어 옆에 영어로 적어 볼까?

- 상황에 따라 늑대가 내는 울음소리는 다를까? 상상해서 흉내 내 볼까?

  예 *슬픈 늑대의 소리를 흉내 내 볼까?*

  배고픈 늑대의 소리를 흉내 내 볼까?

  엄마 늑대처럼 "여기 소녀가 있어요"하고 부르는 듯한 소리를 내 볼까?

- 늑대 혹은 소녀가 되어 역할 놀이를 해 볼까?
- 그림책을 소개하는 광고지를 만들어 볼까?
- 〈빨간 모자Little Red Riding Hood〉 그림책을 함께 읽어 볼까?
- 〈빨간 모자〉 그림책에 나온 늑대와 〈용감한 소녀〉의 늑대를 비교해 볼까? 벤 다이어그램으로 전개해 볼까?

〈빨간 모자〉
그림 형제 글/요안나 콘세이요 그림/
김미혜 역/비룡소(2014)

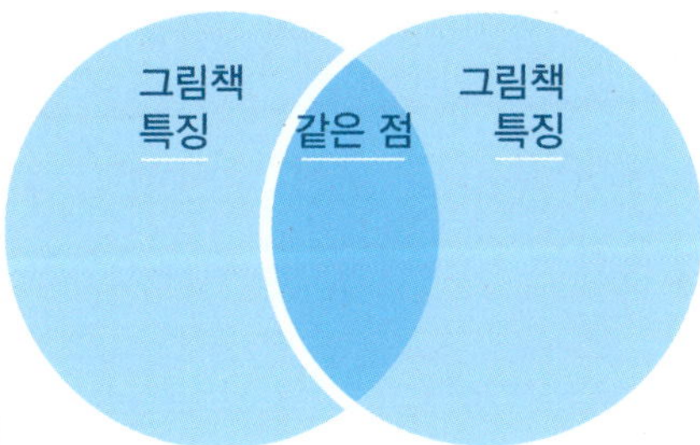

〈세상에서 가장 용감한 소녀〉
매튜 코델/비룡소(2018)

2019년

Hello Lighthouse

안녕, 나의 등대

Sophie Blackall (Little, Brown Books for Young Readers) | 정회성 역 (비룡소, 2019)

작가 소피 블랙올(Sophie Blackall)

소피 블랙올은 뉴욕에서 사는 호주 예술가이자 어린이 그림책 일러스트레이터이다. 그녀는 유명 신문과 잡지에 삽화를 그렸으며 〈아이비와 빈〉 시리즈를 그린 것으로도 유명하다. 30권 이상의 그림을 그렸던 그녀는 2016년에 〈위니를 찾아서[Finding Winnie: The True Story of the World's Most Famous Bear]〉로 칼데콧상을 받았으며, 2019년에는 〈안녕, 나의 등대[Hello Lighthouse]〉로 칼데콧상을 받았다.

줄거리

작은 섬, 높은 바위 위에 튼튼하게 지어진 등대는 해 질 녘부터 새벽까지 바다에 불빛을 비추며 배가 갈 길을 "여기에요! 여기에요![Hello! Hello!]"라고 말하며 안내한다.

… 여기에요!

… 여기에요!

… 여기에요!

여기 등대가 있어요!

바람이 말하는 듯, 운율 있는 문장이 바다를 비추는 장면마다 반복되며 등대가 있는 것을 호소하는 것처럼 이야기를 전개한다. 등대에 젊은 등대지기가 도착하고 그는 매일 등대의 렌즈를 닦고 기름을 치고 이것저것 수리를 하며 관리한다. 낮에는 그날의 일지를 적으며 바느질도 하고, 바람 소리도 듣고, 차도 끓이고, 낚시도 하고 그러다 보면 누군가와 이야기도 나누고 싶어진다. 어느 날 보급선이 기름과 밀가루와 콩과 그리고 그의 부인을 실어다 준다. 등대지기는 부인에게 방도 보여 주고 집도 보여 주고 등대와 일지도 보여 주며, 드디어 두 사람의 식탁을 차리며 평화를 누린다. 안개 자욱한 날이면 등대지기는 경종을 울려Clang! Clang! 배들에게 경고해 준다. 여기 위험하다고!

어느 캄캄한 밤 폭풍우로 바다에 빠진 세 사람을 등대지기가 구해내고, 그것을 일지에 쓴다. 등대지기가 앓아누우면 등대지기 아내는 간호하며, 등대에 불빛을 비추고 일지를 적는다.

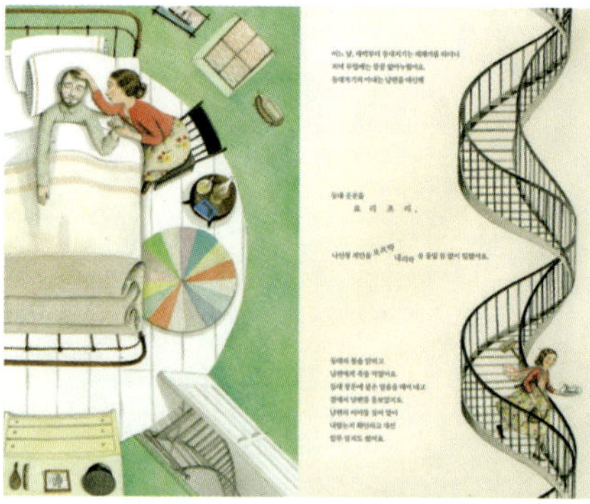

바다의 빙산은 남쪽으로, 고래들은 북쪽으로 가면서 여기예요! …여기예요! … 여기 등대가 있어요!Hello! Hello! Hello! 하며 평화를 되찾는다. 등대 안에서 아내는 산고를 겪는 동안 등대지기는 아내를 지키며 등대의 불을 켜고, 일지를 적는 것과 함께 아기 탄생도 기록한다. 아이는 엄마 등에서 보살펴지고 등대 밖 하늘에는 청록색 오로라가 소용돌이치며 평화가 찾아온다.

항상 그렇듯 어느 날 보급선이 필요한 물품과 음식을 편지와 함께 배달한다. 하지만 매일 등대의 렌즈를 닦고 태엽을 감던 등대지기는 업무일지를 쓰면서 더 이상 이런 일상이 오래가지 못하리라는 것을 안다. 곧 해안 경비원 대원들이 와서 새 기계를 설치한다. 이제 등불은 시간을 맞추거나 석유로 불을 밝히거나 심지를 다듬을 필요가 없다. 이제 등대지기가 할 일은 끝난 것이다. 등대지기는 구불구불한 층계를 올라가 마지막 일지를 덮고 그의 가족과 함께 갈매기와 작별 인사를 하고 짐을 보트에 싣는다. 안녕! … 잘 있어! … 안녕!Good-bye! ... God-bye! ... Good-bye! 파도 저편 땅끝에서는 불빛 하나가 빛나고 있다. 마지막 장면에는 어느새 소녀가 된 여자아이와 함께 등대지기 부부는 바다 가까이 있는 집에서 기계가 비추는 등대 불빛을 멀리서 바라본다.

특징

등대를 중심으로 한 등대지기의 삶과 또 그를 중심으로 한 그 가족의 삶을 하나의 흐름처럼 이야기한다. 오랫동안 등대지기가 평생을 부지런히 그리고 묵묵히 일을 하다 나이가 들어 더는 일할 수 없을 때쯤 등대지기는 그의 역할을 새로운 기계에 내어주고 떠난다는 이야기로 깊은 울림을 남겨 주는 그림책이다. 등대지기가 떠나는 날에도 등대는 말없이 바다를 비춘다. 가족과 함께 헌신적으로 밤바다를 지키던 한 등대지기와 그의 가족 그리고 등대의 이야기는 기술이 발전하고 세상이 변해도 영원히 변치 않는 가치가 분명히 존재함을 알려 준다.

그림책은 시간의 흐름에 따라 변하는 바다의 사계절과 등대지기의 삶이 함께 그려지고 있어 사람들 사이의 믿음, 정직한 마음, 외로움과 두려움 속에서도 등대를 지켰던 사람들의 거룩하고 숭고한 마음을 잔잔하게 전달한다.

이 책의 작가이자 삽화가인 블랙올은 2016년 〈위니를 찾아서Finding Winnie〉에서 곰과 군인의 따뜻한 우정을 다룬 실화로 칼데콧 메달상을 받았다. 3년 후에 이 그림책은 한 편의 시와 같은 텍스트와 아름다운 수채화 종이 위에 먹과 수채 물감으로 푸른 바다 위, 우뚝 솟은 등대에서 펼쳐지는 등대지기의 삶을 감동적으로 표현했다.

▸ 기대되는 놀이/질문

1. 그림책 살피기 놀이/질문

- 그림책 앞표지에서 뭐가 보이니?
- 누가 그린 그림일까?
- 어떤 상을 받은 그림책일까?
- 그림책 뒤표지를 보니 뭐에 대한 이야기가 나올 것 같아?

2. 그림책 내용 이해 놀이/질문

- 주인공의 직업은 무엇이니?
- 등대지기가 처음 등대에 도착해서 어떤 일을 했을까?
- 등대일지Logbook가 뭘까? 왜 중요할까?
- 등대지기의 임무는 무엇이었을까? 하루 일과는 어땠지?
- 외로웠던 등대지기는 무엇을 기다렸지?

- 왜 편지를 써서 병에 넣어 바다에 떠내려 보냈을까?
- 가끔씩 오는 배는 무엇을 가져다줬을까?
- 등대지기가 엄청나게 아팠을 때 등대에는 어떤 일이 일어났어?
- 그림책 안에는 많은 동그라미와 둥그런 계단 등 동그라미가 참 많은데 한번 찾아볼까?
- 등대에 인사하는 빨간 지붕 집에는 누가 살고 있을까?
- 등대지기는 왜 등대를 떠나야만 했을까?

3. 공감하기 놀이/질문

- 등대에서 혼자 일하는 등대지기의 기분은 어땠을까?
- 바다에 천둥이 쳤을 때 등대지기의 기분은 어땠을까?
- 등대지기 부인이 등대에 도착하기 전과 후 등대지기의 기분은 어떻게 달라졌을까?
- 등대를 떠나게 된 등대지기의 기분은 어땠을까?

4. 상상하기 놀이/질문

- 만약 내가 등대지기라면 꼭 해 보고 싶은 것이나 보고 싶은 것이 있을까?
- 만약 내가 등대지기라면 매일 똑 같은 일을 할 때 어떨 것 같아?
- 만약 내가 등대지기처럼 직업을 잃게 된다면 다음에는 어떤 일을 하고 싶어? 왜 그 일이 하고 싶어?

5. 실천하기 놀이/질문

- 너의 하루 일과를 말해 볼까?
- 등대를 본 적이 있니? 등대를 어디서 봤어?
- 등대가 하는 일은 무엇일까?
- 기계가 대신할 수 있는 직업의 종류를 살펴볼까?

  예 *세탁기, 청소기, 자동 스위치 등*

- 기계가 할 수 없는 것은 무엇일까?

  예 *공감하기, 위로하기, 도덕적 토의, 새로운 놀이 창안하기, 즐거운 가족 꾸미기*

- AI가 대신하게 될 직업을 알아볼까?

  예 *커피 만드는 로봇, 병을 진단하는 AI, 자율 주행 자동차 등*

6. 표현하기 놀이/질문

- 등대가 되어 보기 놀이를 해 볼까?

  예 *누가 한번 서 있어 볼래?*

  파도가 치네, 바람이 부네, 비바람이 부네, 춥네, 눈보라가 치네, 너무 덥네…

- 나만의 등대를 디자인해 볼까?
- 내가 미래에 되고 싶은 직업은 무엇이니? 그림으로 그려 볼까?
- 같은 작가가 그린 〈위니를 찾아서Finding Winnie: The True Story of the World's Most Famous Bear〉그림책과 이 그림책을 비교해 볼까?

〈안녕, 나의 등대〉
소피 블랙올/정회성 역/
비룡소(2019)

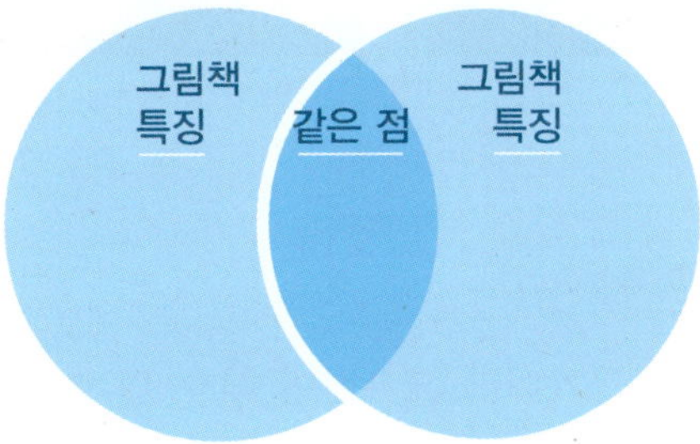

〈위니를 찾아서〉
린지 매틱 글/소피 블랙올 그림/
정회성 역/미디어창비(2016)

2020년

The Undefeated

우리는 패배하지 않아

Illustrated by Kadir Nelson, written by Kwame Alexander (Versify) | 조고은 역 (보물창고, 2020)

▸ 그림 카디르 넬슨(Kadir Nelson)

카디르 넬슨은 1974년에 작가이고 교육자인 부모 밑에서 태어나 예술가이자 미술 교사인 삼촌으로부터 그림을 일찌감치 배웠다. 1966년 넬슨은 뉴욕 브루클린에 있는 프랫 인스티튜트에서 미술BFA로 졸업하고 그 후 스티븐 스필버그의 영화 작업에도 참여하였으며 우표 작업 그리고 뉴욕타임스와 같이 유명한 잡지의 표지 그림도 그린 유명 일러스트레이터이자 작가다. 그는 30권 이상의 책 작업을 했는데 그의 주요 작품은 흑인의 문화와 역사를 다루고 있다. 2020년에 〈우리는 패배하지 않아The Undefeated〉로 칼데콧상을 받았다.

▸ 글 콰미 알렉산더(Kwame Alexander)

콰미 알렉산더는 1968년 출생으로 시인이자, 교육자이자 뉴욕 베스트셀러 작가이다. 2015년에 그의 소설 〈The Crossover〉로 뉴베리상을 타고 2020년에는 〈우리는 패배하지 않아The Undefeated〉에 시를 써서 칼데콧상을 받았다.

▸ 줄거리

이 그림책은 알렉산더의 시poetry에 넬슨의 삽화가 잘 어우러져 있다. 패배하지 않은 아프리카계 미국인들의 인권을 위한 투쟁, 인내로 성공한 삶을 칭송하는 사실적 그림책으로 손색이 없는 검은 진주처럼 아름답다. 이 책은 다음처럼 책 뒤표지 날개에 소개 글이 있다.

잊을 수 없는 사람들,	*This is for the unforgettable.*
두려워하지 않은 사람들,	*The Unafraid.*
패배하지 않은 사람들에게	*The Undefeated.*
이 시를 바친다.	

시는 짧고 명료해 보이지만 그 속에는 미국을 향한 사랑의 시, 특히 아프리카계 미국인들에게 주는 사랑의 시로 되어 있다. 열정과 인내와 거친 삶을 살아간 검은색 미국인의 삶을 살아간 예술가들, 운동선수들, 인권 운동을 한 활동가들에게 주는 사랑의 시이다. 그리고 꿈을 꾸는 사람들에게 주는 사랑의 시이다. 역사의 거미줄에 사로잡힌 일상을 용감하고 강인하게 살아간 사람들에게 주는 사랑의 시이다. 텍스트로 아름답게 표현된 서정적 문장은 그리 멀지 않은 과거 속을 파헤치면서 현재 번영하고 살아가는 정신과 지구력 속으로 들어오게 한다.

그림은 짧지만 깊은 시의 내용을 잘 드러내어서 역사적으로 공헌한 아프리카계 미국인들의 공로를 낱낱이 묘사할 뿐 아니라 가슴을 울리는 감명으로 남는다. 그림처럼 글 역시 **크기**와 *글씨체*를 달리해서 강조하고 싶은 부분을 높이 드러내고 있다. 따라서 그림은 물론 시의 내용을 강조하는 단어와 문장의 호소력도 감상하게 한다.

그림책의 첫 페이지의 시는 다음처럼 시작한다.

잊을 수 없는 사람들에게 이 시를 바친다. **역사의 장애물**을 뛰어넘어 **가능성**이 넘치는 세계를 열어젖힌 날쌔면서도 다정한 사람들.	This is for the **unforgettable.** The swift and sweet ones who **hurdled history** and opened a world of **possible.**

오늘의 미국이 있기까지 아프리카계 미국인들의 인내, 강한 투지와 열정, 역사적으로 공헌한 많은 사람들이 하나둘씩 계속 소개되며 칭송된다.

이 책에 실린 위와 같은 역사적 인물들은 당시를 잘 살아간 사람들이지만 그들은 하대하는 용어, 니그로Negro나 깜둥이Colored로 식별되었다. 그러나 바로 이 그림책 〈우리는 패배하지 않아The Undefeated〉에서는 이들을 좀 더 현대적 표현으로 검은 아프리카계 미국인들Black and African American이란 명칭을 선택해서 부른다.

그림책의 끝부분에는 알렉산더가 10년에 걸쳐 작업한 시인으로서의 이야기와 공헌한 인물 및 사건의 개요를 간단히 수록하고 있어 아프리카계 미국인들의 문화를 좀 더 공감하고 이해하는 데 뿌리가 되게 한다.

특징

알랙산더는 이 책의 시를 2008년에 자기의 둘째 딸, 사마야Samayah가 태어난 것과 한 달 후에 미셸 오바마Michelle Obama가 최초의 미국 흑인 영부인이 된 것을 기리기 위해 적어 갔다. 역사적으로 처음 아프리카계 미국인으로 대통령이 된 오바마Obama 대통령 밑에서 자라나는 딸에게 어떻게 흑인을 빼놓고 미국의 과거와 현재를 말할 수 있는지를 남겨 주고 싶은 이야기를 긴 세월에 걸쳐 한 편의 시를 완성한 것이다. 그래서 패배하지 않고 성공한 사람들이 다음 세대를 살아가는 자녀들에게 좀 더 서로 이해하고 좀 더 좋은 사회와 미래를 위해 과거로부터 배울 수 있도록 하는 의미에서 이 시를 완성했다.

삽화가 넬슨의 그림은 자유를 갈망했던 사람들, 지금은 말을 할 수 없는 고인들의 자유를 상징하기 위해 새를 그려 넣었다. 고난의 세월을 산 사람들을 위해 하얀 공간을 남겨 두고 추모하게 한다. 그런가 하면 밑거름이 된 사람들을 기리면서 미래 희망을 위해 색을 화려하게 사용하기도 했다. 자랑스러운 인물들의 특징을 살려 공헌한 분야를 배경으로 어우러지게 표현한 것이 매우 특징적이다.

이 그림책은 칼데콧상 이외에 2020년 뉴베리 아너 북Newbery Honor Book, 그리고 코레타 스콧 킹 일러스트레이터 어워드Winner of the 2020 Coretta Scott King Illustrator Award를 받았다.

기대되는 놀이/질문

1. 그림책 살피기 놀이/질문

- 그림책 앞표지에 누가 나오니? 아는 사람이 있니?
- 누가 그림을 그렸니?
- 어떤 상을 받은 그림책일까?
- 그림책 뒤표지에는 누가 보이니? 어떤 이야기가 나올 것 같아?

2. 그림책 내용 이해 놀이/질문

- 이 그림책의 주인공들은 누구일까?
- 아프리카계 미국인African American이란 말을 들어 봤니?
- 그들은 누구일까? 그들은 어디서 왔을까?
- 미국의 노예제도를 아니? 그들은 어떻게 살아왔을까?
- 그들은 어떻게 미국을 위해 희생을 했을까? 어디서 그 그림을 찾아볼 수 있을까?
- 아프리카계 미국인 중에 위대한 사람들도 있을까? 누가 있을까?
- 분야별로 사진과 함께 정리해 볼 수 있어?

  예 *권투선수: 잭 존슨*

  예술가: 로메 버든

  작가: 조라 헛슨 등

  흑인병사들: 두려워하지 않고 미국을 지킨 많은 군인들

인권 운동가: 마틴 루터 킹

- 미국의 아프리카계 미국인들은 어떻게 어려움을 극복했을까?

3. 공감하기 놀이/질문

- 그림책의 글은 시처럼 되어 있어. 다시 한번 느끼면서 들어 볼까?
- 그림책을 다 읽은 후 느낌은 어때?
- (각 장면의 그림을 보면서) 그들은 지금 어떤 기분일 것 같아?
- 어떤 사람이 제일 마음에 들어? 왜?

4. 상상하기 놀이/질문

- 나의 피부색이 달라서 친구들이 놀린다면 나는 어떻게 할 것 같아?
- 만약 모두가 같은 피부색을 가졌다면 이 세상은 어떻게 될 것 같아? 모두가 피부가 검다면 어떨 것 같아?
- 만약 내가 다르게 태어나서 차별을 받는다면 어떻게 이겨낼 수 있을까? 나도 위대한 사람이 될 수 있을까?

5. 실천하기 놀이/질문

- 그들은 어디서 왔을까? 그들의 역사를 비디오를 통해 알아볼까?
- 이 사진을 어디서 보았니? '흑인의 생명도 소중하다Black Lives Matter'란 무슨 뜻일까?

출처: Black Lives Matter protests: March held in Liverpool – bbc.co.uk

- 이런 문제가 우리와 무슨 상관이 있을까?

  예 *인종차별이란 뭘까? 평등이란 뭘까?*

  주변에서 얼굴색, 혹은 신체가 나와 달라 차별하는 것을 본 적이 있니?

- 우리는 나와 다른 사람들을 어떻게 대해야 할까?
- 우리나라를 위해 목숨을 바치거나 희생한 사람들의 동상을 어디서 찾아볼 수 있을까?
- 김구 선생님과 유관순 열사에 대하여 들어봤니? 그들은 어떤 사람들일까?

  예 *김구 선생님이 우리에게 남긴 말은 무엇일까?*

  유관순 열사가 우리에게 남긴 말은 무엇일까?

6. 표현하기 놀이/질문

- 아프리카계 미국인들의 음악을 들으면서 춤을 춰 볼까?

  예 *재즈를 들어 봤니? 힙합/랩을 들어봤니?*

- 아프리카계 미국인 중에 존경하거나 인상 깊은 사람을 그려서 벽에 붙여 볼까?
- 책에서 인상 깊은 사람을 그리거나 그 사람의 말을 적어서 벽에 붙여 볼까?
- 우리나라 사람 중에 존경하는 사람을 그려서 벽에 붙여 볼까?

다시, 총체적 언어

칼데콧 그림책 깊이 읽기 놀이

제2부

제5장 다시, 칼데콧 그림책으로: 총체적 언어의 배경으로서 그림책

제6장 그림책의 종류

제7장 좋은 그림책의 특성

제8장 총체적 언어의 문학적 접근 전략

제5장

다시, 칼데콧 그림책으로: 총체적 언어의 배경으로서 그림책

'다시, 칼데콧 그림책으로' 가기 위한 최선의 방안은 독본 읽기에서 벗어나 좋은 그림책을 활용하는 구성주의에 의한 총체적 언어접근에 있다고 본다. 이에 본 장에서는 총체적 언어의 배경으로 그림책이 출현한 배경을 살펴보고자 한다. 그리고 총체적 언어에서 사용하는 자료의 다양성에 대해서도 살펴본다.

1. 총체적 언어의 배경으로 그림책의 출현 배경

역사적으로 교육에 대한 생각은 크게 두 가지로 구분된다. 하나는 스키너Skinner를 중심으로 한 행동주의 이론이며 다른 하나는 피아제Piaget와 비고츠키Vygotsky를 중심으로 한 구성주의 이론이다. 다음 그림은 이 두 이론에서의 유아와 자극 간의 관계를 보여 준다(곽향림, 2015).

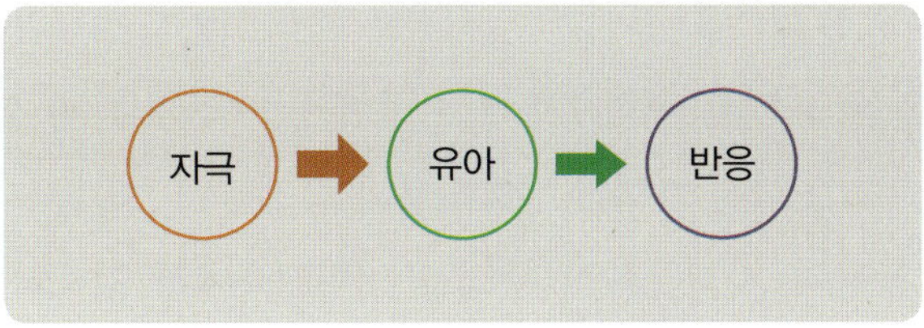

행동주의 관점의 유아와 자극, 반응과의 관계

행동주의는 구성주의 혹은 피아제Piaget가 말하는 상호작용주의와는 자극과 반응에 대한 관점이 다르다. 행동주의에서는 동물실험의 결과를 교육에 접목하여 보상과 결과 중심 교육에 치중하였다. 이와 같은 행동주의에서는 성인이 중심이 되어 독본 읽기Basal reading로 언어교육에 치중한다. 이 방법은 아동 중심이 아니기 때문에 어린이의 흥미를 고려해 주지 않는 교육이다.

이런 행동주의에 반기를 든 이론은 피아제를 중심으로 한 구성주의 혹은 상호작용이론이다. 구성주의에서 볼 때 유아는 관심 있는 사물이나 현상과 상호작용하며 이를 해석하는 과정에서 유아 개인과 환경 자극 간의 심리적 교류를 하게 되며 이때 앎과의 역동적 상호 교류가 일어난다. 유아 스스로 자극을 향해 의미를 해석해 내려 할 때 이미 지니고 있는 사전 지식과 상호 교류하면서 지적 관계를 만들어 내는 것이다. 이를 그림으로 나타내면 다음과 같다.

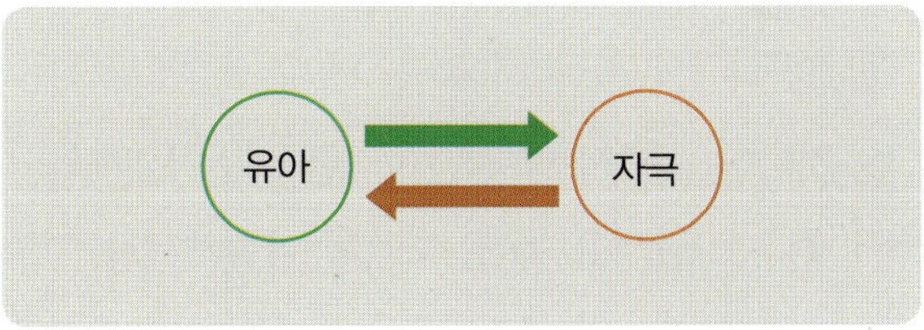

구성주의 관점의 유아와 자극의 상호작용

피아제(1969/1970)는 자기 자녀들과 어린이들의 관찰 연구를 통해 어린이들은 성인과 다르게 생각하고 단계에 따라 인지발달적 특징이 있음을 알아냈다. 이에 동조하는 많은 학자, 교사들은 어린이의 발달적 특징과 지식의 종류에 따라 어린이 스스로 흥미 있는 놀이를 하며 지식을 구성해 가는 교수 방안을 찾아내기 시작했다. 특히 문해력을 높이기 위해서는 파닉스와 단어 위주의 언어교육보다 좋은 그림책을 활용하는 변혁으로 교사들에게 지지를 받게 되었다. 비고츠키(Vygotsky, 1934/1962) 역시 사회적 상호작용과 근접proximal발달 지대 이론으로 어린이들과의 상호작용과 사회문화적 특징을 언어교육에서 강조하였다. 이런 선구적 공헌은 뒤에서 다시 언급된다.

총체적 언어는 행동주의의 독본 읽기에서 구성적 접근을 원했던 교사, 행정가, 교사 교육자, 연구자들 사이에 1970년대에 풀뿌리 운동으로 일어났다. 총체적 언어는 좋은 아이디어일 뿐만 아니라 실천의 이론이며 위협적인 아이디어(Edelsky, 1991)였다. 총체적 언어는 교육에 있어 현상 유지를 하고자 하는 견해와는 다르며 전통적 교육 방식에 대한 대안이기 때문이다. 어린이들은 연습이나 암기에 중점을 둔 전통적 방법에 지루해하고 흥미 없어 하며, 더구나 성인 중심의 방법에서는 학습하지 않는다는 것을 관찰한 교사들은 교수-학습이 흥미 있는 가운데 이루어져야 한다는 생각을 하게 된 것이다. 결국 교사들 사이에서 일어난 이 풀뿌리 운동(Goodman, 1986)은 총체적 언어를 옹호하게 되었다.

사실 풀뿌리 운동은 미주리주의 콜롬비아시에서 Teachers Applying Whole Language(TAWL)의 이름으로 교사 지원 모임을 결성한 것에서 그 역사성을 찾을 수 있다. 그즈음 K. 굿맨과 Y. 굿맨 등(1986)은 총체적 언어 이해 중심 읽기 교육과정을 발표했으며 워크숍도 개최했다. 이로 인해 총체적 언어교육에 대한 풀뿌리 운동은 산불처럼 번져갔다. 그 결과 어린이는 물론 가르치는 교사도 재미있게 언어교육에 임하게 된 것이다. 구성주의 접근에서는 어린이 발달의 중요성을 강조하여 발달단계에 따른 좋은 그림책을 특히, 도덕적 이슈가 있는 이야기 그림책을 소개하고 토론함으로써, 그룹 게임의 규칙으로, 그리고 물리적 지식 활동에서 요리 레시피 등으로 언어를 활용한다. 이는 뒤에서 다시 언급된다.

일찍이 굿맨(Goodman, 1986)이나 홀더웨이(Holdaway, 1979) 등은 총체적 언어는 '언어에 있어 구성주의적 입장을 취한다'고 하며 행동주의에 대한 대안이라고 언급했다. 총체적 언어는 언어 이론, 언어 학습 이론, 그리고 학습에 대한 견해를 종합한 것으로서 교육에 대한 특별한 입장을 취하며 문학적 접근을 옹호한다. 이와 같은 입장은 총체적 언어에 선구적 역할을 한 학자로부터 형성된 것으로 이를 간과하지는 않아야 할 것이다.

총체적 언어의 선구자들

듀이Dewey에서 시작하여 굿맨Goodman, 애쉬튼-워너Ashton-Warner, 피아제Piaget, 비고츠키Vygotsky 등과 같은 학자는 총체적 언어에 있어 학습자 중심의 교육 과정, 능동적 학습자, 상호 작용의 중요성을 인식하게 하는 데에 공헌하였다. 최근에는 레즈닉Resnick, 울프Wolf도 듀이Dewey의 이론에 기초한 이론을 현대적 입장에서 전개하고 있다.

듀이(Dewey, 1913/1975)의 공헌은 어린이들이 배우기 위해서는 일상생활과 연관이 있고, 흥미 있는 교육 환경에서 학습이 가능하다는 입장을 처음 주장했다. 그가 말한 '행하면서 배운다Learning by doing'는 것은 어린이는 스스로 이해하면서 배우는 능동적 존재임을 인식하게 하였다. 그는 특히 언어와 다른 영역과의 통합에 대한 이론을 주장했다. 즉 모든 영역은 쪼개진 것이 아니라 하나의 크고 공통된 관계로 형성되었다는 것이다. 따라서 어린이들은 구체적이고 능동적인 관계에서 자연적으로 여러 영역과 융합할 때 더 학습한다는 것이다. 듀이는 교실을 어린이들이 반성적 사고를 하고 능동적으로 참여할 수 있는 자료와 도구가 있는 곳으로 보았으며, 언어는 이 도구들 중 하나로 보았다.

애쉬튼-워너(Ashton-Warner, 1965)는 어린이에게 그림책을 읽어 준 후에, 어린이 자신이 원하는 단어를 찾아 써 보는 활동을 처음으로 시도하였다. 그림책을 읽고 난 어린이는 글자 생김새가 재미있거나, 어렵거나, 긴 것 등 어떤 것에 흥미있다고 생각하면 교사에게 글자를 써 달라고 요구한다. 어린이는 교사가 단어를 쓰는 것을 자세히 관찰한 후에 자신도 작은 종이에 써 본다. 이렇게 어린이 자신이 원해서 재미있게 써 보는 활동으로 어린이는 단어의 생김을 인식하게 되고 쓰기를 연습하지 않아도 그 단어를 쓸 수 있게 된다. 때로는 왼쪽과 오른쪽이 바뀌어 쓰더라도 이것은 어린이가 '창안한 글자'로 보고 기다려 주는 여유를 가져야 함을 주장하였다.

피아제(Piaget, 1975/1985)는 듀이Dewey의 이론에서 많은 영향을 받아, 어린이는 사물을 이용한 자신의 놀이를 통해 학습하며 세계를 스스로 조직하면서 자신의 사고를 발전시킨다고 보았다. 피아제에 의하면 어린이는 능동적으로 사고하며, 읽고 쓰는 데 있어 자율적 사고를 한다. 또한 어린이는 흥미 있는 사물이나 현상과 상호작용하면서 지식을 구성해 나아간다. 이러한 피아제의 이론은 전통적 생각에서 벗어나 유아의 독특한 사고방식을 이해하고 언어 발달적 특징을 이해하는 새로운 관점을 갖도록 하였다.

그는 특히 언어를 습득하기 전에 감각 운동 활동과 상호작용, 특히 사회적 환경이 중요하다는 관점에 공헌하였다. 피아제가 소개한 개념은 발달에서 평형상태를 향한 끊임없는 진보라는 것이다. 이런 정신적인 발달은 적응, 도식, 동화와 조절, 불평형 후에 이루는 평형상태를 향한 끊임없는 진보라고 보았다. 이 네 가지를 이해하는 것은 언어발달을 이해하는 근원이 된다.

적응Adaptation: 이를 설명하기 위해 피아제는 도식과 적응이라는 개념을 소개했다. 적응이란 유기체가 파란 신호일 때 길을 건너가는 것, 즉 타고난 지적 능력이지만 주어진 환경에 적응하는 인지발달로 설명했다. 적응은 두 가지의 상호보완적인 과정을 통해 이루어지는데, 바로 동화와 조절이라는 수단이다. 적응은 새로운 도식을 만들거나 기존의 도식을 변화시킨다.

도식Schema이란 사고의 틀이라고 생각할 수 있다. 이는 유사한 환경 안에서, 반복에 의해 변화되고 일반화된 행동의 구조 또는 조직화를 의미한다. 5세 유아가 날아다니는 물체는 새라고 배웠다면, "날아다니는 물체는 새와 같다"라는 도식을 갖게 된다. 이 도식은 적응의 과정을 통해 기존의 것을 변형시키면서 발전하게 된다.

동화와 조절 Assimilation and Accomodation: 동화는 기존의 도식에 맞추어서 새로운 경험을 일반화하는 과정을 말한다. 이는 새로운 경험을 기존에 가지고 있는 도식에 맞추어 보는 것을 의미한다. 새로운 경험이 기존 도식에 맞으면 인지적으로 평형 상태를 이룬다. 조절은 동화된 세부적인 요소를 고려하는 과정이고 하위체계를 전체로 통합하는 관계로 일반화하는 것이다. 조절에 의해 동반된 동화는 평형화를 이룬다. 동화와 조절은 동전의 양면과 같아 독단적으로 존재할 수 없다.

불평형Disequilibrium의 상태가 되었던 아이는 이제 '새가 아니라'고 결론짓고, 그것에 대해 새로운 이름을 만들어내게 된다. 이런 조절의 과정에서는 도식의 형태에 질적인 변화가 나타나 인지적으로 발달을 이루게 된다.

피아제는 발생학적 인식론, 지식의 세 종류, 언어발달과 자기중심적 언어의 특징, 발달이 일어나는 지점, 발달에서의 대인 간 상호작용의 의의, 사회문화적인 맥락에서 개입, 등 구성주의의 입장에서 총체적 언어에 공헌하였다.

비고츠키(Vygotsky, 1986; 김형숙 외, 2015)는 어린이의 학습과 사회적 맥락의 영향력 간의 관계, 그리고 교사가 어린이의 학습 면에서 담당하는 중요한 역할을 강조함으로써 총체적 언어의 틀을 구성하는 데 영향을 주었다. 그는 학습자의 능력과 함께 교사, 또래 집단의 역할 즉 사회적 측면의 중요성을 강조하였다. 에델스키(Edelsky, 1991)에 의하면, 총체적 언어에서는 피아제보다 사고와 학습의 사회적, 역사적 성격을 강조한 비고츠키에 더 의존한다. 총체적 언어에서는 어린이를 사회적 존재로서의 학습자로 강조점을 두기 때문에 어린이들이 소그룹을 이루어 문학적 탐색에 참여하는 것, 또래끼리 하는 워크숍, 내용 연구를 위한 협동적 작업 등과 같은 활동을 강조한다. 예컨대 교사와 어린이는 쓰기 협의writing conference 과정에서 서로 영향을 주고받는다. 즉, 근접 발달 영역Zone of Proximal Development, ZPD에서 어린이는 개별적으로 하는 것보다 협력해서 하도록 지원을 받는다. 그 결과 나중에 협력의 노력은 개인들 자신의 언어 능력을 증가시킨다. 언어 학습은 개개의 어린이들이 자신의 목적과 필요에 따라 언어를 사용할 때 근접한 의미의 결과로 나타난다. 어린이에게 있어 언어 학습은 근접한 의미를 파악하는 것이기 때문에 어린이들이 실수할까 봐 두려워하지 않고 모험가가 되어 학습하도록 돕는 것이 중요하다. 이 외에도 비고츠키는 문자 언어를 사용해서 문화가 전수되는 것,

쓰기는 사회적 관계와 함께 일어나는 것 등에 대해 언급하며 공헌했다.

비고츠키는 자신의 이론을 '문화 역사이론'으로 지칭하였다. 그는 구성주의보다는 '문화 역사주의', '문화 역사이론'으로 현대 심리학과 뇌과학, 교수-학습 이론에까지 영향을 주었다. 최근에는 '협력'을 도덕적 측면에서보다는 교육에서 가장 효과적인 과정으로 자리 잡도록 하는 데에 공헌하였다(진보교육연구소 비고츠키교육실천연구모임, 2015).

굿맨(K. Goodman, 1986; 2014)이 공헌한 것은 언어 학습에 있어 조각조각 단편적으로 접근하는 것과, 행동주의적 접근에 누구보다도 앞장서서 반기를 든 것이다. 그는 학교에서의 언어 학습은 가정에서 배우는 것처럼 쉬워야 함을 강조하면서 읽기 발달의 연구에 기반을 둔 읽기 심리 언어적 모델, 즉 '전체에서 부분으로의 접근Top-down model'을 제안했다. 다음의 역삼각형이 이를 보여 준다. 이는 행동주의에서 취하는 '부분에서 전체로의 접근Bottom-up model'과는 반대이다. 즉 굿맨은 글자 이름, 낱자, 단어로부터 시작하는 언어교육 방법을 바꾸는 데 공헌하였다.

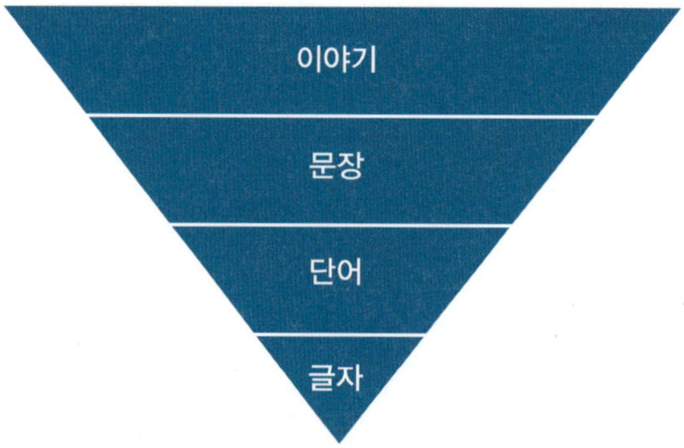

읽기 교수의 심리 언어적 모델: 전체에서 부분으로의 접근Top-down model

그는 읽기란 기존의 읽기, 정확한 것, 자세한 것, 연속적 개념과 글자, 단어, 언어의 인식을 포함하는 정밀한 과정이라는 관념을 반박하여, 언어란 '그것이 총체적일 때만 언어일 수 있다'고 보아 언어는 항상 총체적 구조로 유지되어야 한다고 주장했다. 따라서 읽기와 쓰기를 위한 총체적 언어 접근은 '이야기→글자'로 향하는 모델을 제시하여 좋은 그림책의 이야기를 먼저 전체적으로 들려주며 흥미를 갖도록 하는 방안에 공헌하였다.

굿맨[Goodman]에 의하면 총체적 언어 학습은 '확실한 문해 사건'이다. 이 이론에 의하면 언어 소유권은 어린이에게 있는 것이다. 예를 들어 어린이에게 어떤 단어를 전체 맥락이나 의미 없는 상황에서 연습하게 한 후 철자법을 아는지 평가한다면, 당장은 잘 쓸 수 있을 것이다. 그러나 어린이가 연습한 단어를 다른 맥락에서 이해하고 쓸 수 있는지 살펴본다면 그렇지 못할 것이다. 이러한 현상이 일어나는 이유는 무엇인가? 그것은 어린이에게 소개된 단어는 확실한 문해 사건과 연결되지 않았으므로, 어린이는 그 단어를 자기 자신의 것으로 만들지 못했기 때문이다. 즉, 의미 없는 맥락에서 분절되어 소개되었기 때문이다. 그리고 전체적 맥락이 없으며 어린이의 생활이나 흥미와는 동떨어진 것이었기 때문이다. 총체적 언어 학습에서는 언어의 학습 과정을 단원이나 주제별로 나누지 않고 통합하여 어린이가 접하는 문맥의 풍부함을 전체적으로 유지하도록 하는 데 중점을 둔다. 좋은 그림책을 사용하여 이야기를 전체적으로 이해하는 것과 융합적으로 접근하는 것은 언어 과정을 자연스럽게 유지하는 가운데 치중하면서 개념 학습을 가능하게 하도록 한다. 사실상 언어의 학습 과정을 유지하기보다 조각조각 분리하는 것이 더 어렵다. 굿맨이 총체적 언어에서 공헌한 가장 큰 부분은 많은 연구로 선구적 역할을 한 것은 물론 어린이들이 진짜 자료[real material]를 읽고 무엇을 읽었는지 말하고 이해하는 데 있다(K. Goodman, 1986/2005/2014)고 해도 과언은 아니다.

로젠블렛(Rosenblatt, 1978)은 독자 반응 이론의 창시자로서, 어린이의 문학적 경험을 독자와 본문 사이의 교류[transact]로 설명하였다. 이 이론의 핵심은, 그림책에 있는 본문은 한 가지 이상의 해석이 가능한데 어린이는 그림책을 읽는 동안 본문의 내용을 해석하며, 본문의 내용은 그림책을 읽는 학습자에게 반응을 일으킨다는 것이다. 그는 '읽기란 교류적인 것'이라고 말했다. 따라서 각 어린이는 그림책에 있는 의미, 적어도 저자의 의도를 나름대로 해석하여 받아들인다는 생각을 지지하였다. 어린이는 이미 언어 개념을 가지고 있지만 좋은 그림책을 볼 때 새롭게 터득될 수 있는 지식의 세계와 만나게 되며, 이것이 바로 책과의 교류이자 저자와의 교류이다.

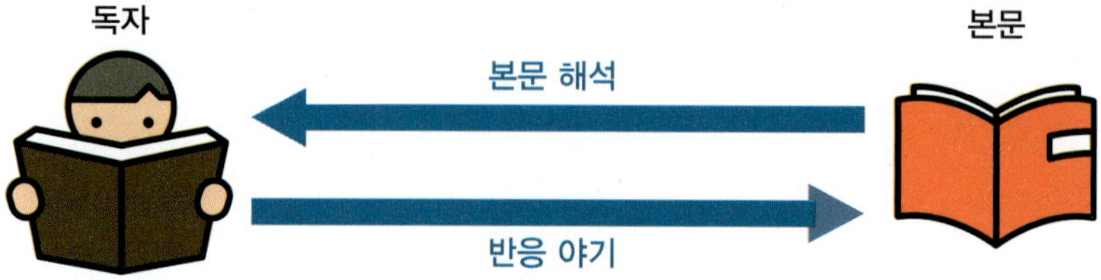

문해 교류 양상

어린이는 교류 과정에서 옛날에 가지고 있던 지식을 새 지식과 바꾸면서 새로운 것을 배우게 되는 것이다. 어린이는 본문을 해석할 때 전에 가지고 있던 지식에 근거한다. 독자가 책을 읽는 순간에 독자와 본문 사이에 일어나는 교류 경험에 근거하여 독자는 본문으로 안내된다. 따라서 읽기는 교류적인 것이므로 어린이에게는 좋은 그림책을 주는 것이 중요하다. 어린이는 그림이 독특하고 내용이 풍부한 그림책을 보는 동안, 그림책에 있는 내용에 대해 총체적으로 대응하고, 상상하고, 그리고 문자를 인식하게 된다.

고폴스와 스필맨(Goforth & Spillman, 1994)은 로젠블렛[Rosenblatt]의 교류 이론에 근거하여 문해 교류 과정을 소개했다. 이들은 교류 이론을 교육의 방법으로, 특히 전래 동화를 문해 활동으로 활용하였다. 즉 어린이는 가지고 있는 경험, 느낌, 지식을 그림책을 읽으면서 연결하고[Connect], 본문에 대해 의미를 구성하며[Construct], 본문에 대한 다양한 반응을 창안해 나간다[Create]는 소위 문해 교류 과정(3C's) 이론을 전개하였다. 고폴스와 스필맨(Goforth & Spillman, 1994)은 교류 과정을 원으로 표현하여 직선적 과정이 아닌 순환적 과정의 역동적 본질로 다음 그림처럼 나타낸다.

순환적 과정에 의하면, 교사의 질문은 다음과 같이 연결을 위한 질문→구성을 위한 질문→창안을 위한 질문을 하는 것이 바람직하다.

*** 문해 교류 과정(3C's): Literacy Transaction Model

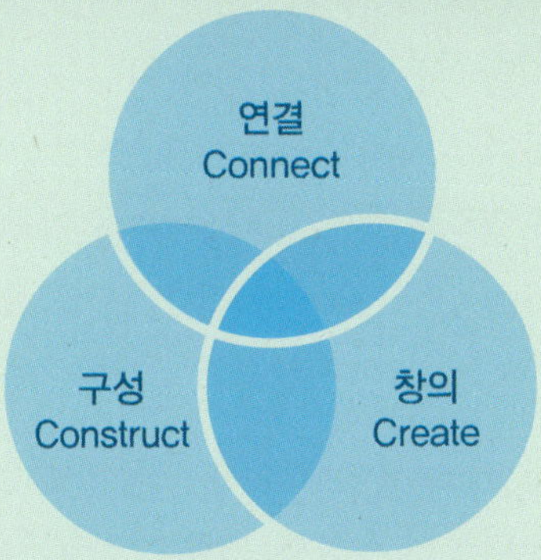

문해 교류 과정

• 연결 Connect

문해 교류 과정은 문학 작품을 읽을 때 시작된다. 경험, 가치, 지식이 각기 다른 어린이가 그림이나 본문을 읽을 때 각기 다른 반응을 하며 개념을 얻기 시작한다. 어린이가 가지고 있는 개념도식은 그림책을 그린 저자의 느낌, 생각, 지식과 상호 연관을 맺으며 확장된다. 이러한 도식은 어린이가 가지고 있는 생각들의 네트워크에 연관을 짓게 되며 일어날 사건을 예측할 수 있게 된다.

따라서 본문과의 연결을 잘할 수 있도록 하기 위해서는, 어린이의 경험과 지식은 물론, 시각적 자료, 정보 책자 등과 같은 자료를 사용하여 이야기, 토론, 재화, 브레인스토밍과 같은 구술 언어를 사용하여 문학 작품이 제시하는 아이디어나 개념들을 학습자가 연결할 수 있도록 한다.

• 구성 Construct

느낌, 경험, 지식이 각기 다른 어린이는 그림책을 보고, 듣고, 읽음으로써 본문을 해석하거나 의미를 구성한다. 이때 어린이들의 반응은 각기 다르며 또 작가의 작품을 이해하고 통찰하고 구성하는 시간도 각기 다르지만, 어린이 각자가 구성할 수 있는 충분한 시간이 필요하다. 본문에 대한 의미를 구성할 때는 본문 전체에 나타난 문맥상을 이해하도록 유도되어야 함은 물론 사회, 문화적인 측면을 고려하여 의미를 획득할 수 있도록 한다.

어린이들은 문학 작품에 대한 반응에 대해 이야기를 나눌 기회를 얻는다. 이야기를 나누는 동안 어린이는 자신의 관점과 함께 타인의 관점도 수용하는 과정도 갖게 된다. 다른 표현으로 말해서, 본문에 의해 자극받는 유아가 개념에 대해 나름대로 이해했을 때 타인과 상호작용하도록 하여 자기의 생각을 보충하거나 수정할 수 있는 과정을 가질 수 있도록 한다. 교사는 어린이들이 문학이 유도하는 의미를 구성할 수 있도록 도와줄 뿐만 아니라 비판적 사고를 자극하고 지지해 준다.

• **창의**Create

창의는 연결과 구성이 될 때를 전후해서 혹은 동시에 일어날 수도 있다. 창의 단계에서는 다른 사람들과 더불어 작품에 대해 반응하거나 교류할 수 있는 기회를 제공한다. 어린이들은 시각적 혹은 언어적 문해 반응 유형에 따라 자연스럽게 창의한다.

창의는 전통적인 방법, 즉 책을 읽고 감상문을 쓰는 것과 같은 것은 아니다. 그것은 과정의 구성과 창의의 현상에서 일어난다. 어린이가 가지고 있는 해독의 능력, 배경, 경험, 기호, 개념의 차이에 따라 다양하게 나타난다. 어린이들은 문학에 가까워질수록 책에 대해 이해하고 넓은 시야를 갖게 된다.

따라서 어린이들이 책과 교류함으로써 여러 가지 방법으로 해석하고 새로운 생각을 펴 나가고 창의적 동극을 해 보고 이야기를 다시 꾸미고 창안해 볼 수 있도록 돕는다.

홀더웨이(Holdaway, 1979)는 어린이들이 성공적으로 언어를 배우는 모델을 어린이가 부모와의 상호 관계에서 말을 배우는 방법에서 찾아내었다. 그는 이를 일컬어 습득적 학습acquisition learning이라고 표현하며 부모가 어린이에게 책을 읽어 주는 시간을 갖는 것에 의의를 두었다. 다시 말하면 부모가 어린이에게 책을 읽어 주는 양상은 가르치기 위해서 뿐만 아니라, 즐겁게 해 주기 위해서 읽어주는데 바로 이 경험이 보람 있는 사회적 학습 유형이라는 것을 발견하였다. 부모와 함께하는 독서의 경험은 어린이들에게 가장 행복하고 안정감을 느끼는 경험이라는 것이다. 그는 부모가 어린이에게 책을 읽어 주는 구어 학습의 행동 순환에 기초하여 학급에서 사용될 수 있는 교수 전략을 개발하였다. 소위 '함께 나누는 독서 경험shared book experience'을 만들어 내었다.

그는 더 나아가 학습의 순환 이론을 발전시키면서 학급에서 좋은 책을 사용할 것과 크기가 큰 책을 사용할 것을 제안하였다. 큰 책41×60cm 크기은 읽기 과정에서 많은 어린이가 참여할 수 있어 바람직한 좋은 자료이다. 대개 큰 책으로 적합한 것은 리듬, 운율, 반복이 있는 그림책이다. 그는 또한 어린이들이 자율적인 문해 학습자가 되는 데 있어 중요한 요소는 스스로 교정하고, 조절하는 행위를 발전시키는 데 있어 교사의 역할이 중요하다는 점을 강조하였다. 즉, 교사는 부모처럼 어린이들과 대화하며 어린이들이 스스로 학습하고 조절하도록 격려해야 한다는 것이다.

루트먼(Routman, 1988)은 실제 교실에서 어린이를 가르치면서 독본으로부터 유치원에서 문학적 접근으로 전이해야 하는 중요성, 실제 예, 그리고 추천 도서 목록을 유치원에서 초등학교 단계까지 소개하였다. 그녀는 어린이도 가설을 세우고, 가설에 따라 활동을 하는 중에 실수하고, 스스로 수정하는 동안 학습하게 된다고 보았다. 이런 모습은 특히 어린이의 쓰기에 나타난다. 즉, 어린이는 긁적거리기scribing, 거꾸로 쓰기reversed letters, 창안한 글자invented spelling, 그리고 읽기 단계를 거치는 동안 언어를 습득하게 된다. 또한, 어린이는 좋은 그림책을 읽고 창안하고 실수하는 동안 의미가 통하지 않는다는 경험을 하고 스스로 고쳐가며 의미를 파악하게 되는데, 어린이 스스로 더 높은 단계로 발달해 간다는 것을 관찰하였다. 특히 그는 글짓기에 있어 발달 단계가 나타나는 것에 대해서 언급하였다. 즉, 루트먼은 문학적 접근을 시도한 결과, 대부분의 어린이는 다음과 같은 짓기 단계를 거친다는 것을 밝혀냈다.

① 본문에 준하는 재화 – 거의 본문에 있는 단어를 그대로 사용하여 다시 말하기
② 부분적 재화 – 본문에 세부적인 것을 첨가하거나 변화시켜 재화
③ 대부분 새 이야기 – 같은 제목, 주인공에 새 이야기를 만들기 위해 구조를 바꾸거나 어린이 자신의 용어로 재화
④ 완전히 새로운 이야기 – 같은 주인공을 사용하지만 이야기에 새로운 요소를 첨가함(예컨대 우정, 유머, 대화)

루트먼은 문학 자료에 대해서도 언급하였다. 문학적 접근이라는 미명 아래 좋은 작품을 독본 읽기의 자료로 개작하여 그 본래의 뜻을 잃지 않아야 한다는 것이다. 종종 문학 자료가 독본 읽기 자료로 사용될 때는 이야기가 수정, 생략되며, 특히 잘 알려진 작가의 이야기가 간략화된다. 그 결과 이야기의 줄거리가 작가의 의도와 다르게 변질되고 자연스러운 언어의 흐름은 막히며, 감정의 질이 바뀌고, 흥미 있는 부분이 없어지고, 자연성을 잃게 된다. 따라서 올바른 문학적 접근을 위해서는 작가가 의도했던 것이 담겨 있는 '실제 책'을 주어야 한다.

에델스키(Edelsky, 1991)는 총체적 언어에 공헌한 학자로부터 유출되는 생각, 대표적인 교육 프로그램예컨대 열린 교육과는 어떤 점이 다른지에 대해 살펴보면서 총체적 언어를 설명하였다. 총체적 언어가 기존의 언어와는 무엇이 다르며 어떻게 다른지 살펴보면서 총체적 언어의 철학과 가장 부합되는 방법을 소개하였다. 다음과 같은 것이 바로 그것이다.

- ○ 문학적 탐구하기(Eeds & Wells, 1989; Edds, 1990)
- ○ 내용 연구를 위한 주제 사이클(Altwerger & Flores, 1986)
- ○ 민족지학자로서의 어린이 프로젝트(Wigginton, 1979)
- ○ 상호 작용적 저널(Flores & Hermandez, 1988; Staton, Shuy, Payton & Reed, 1988)
- ○ 쓰기 워크숍(Calkins, 1986)
- ○ 문학적 환경 조성하기(Loughlin & Suina, 1982)
- ○ 큰 책 함께 읽기(Holdaway, 1979)

위에서 살펴보았듯이 총체적 언어 교육의 방법은 문학적 접근에 의한 것이 대부분이며 프로젝트를 하는 것도 포함하고 있다. 총체적 언어는 특별한 방법은 없지만, 분명히 총체적 언어의 철학에 적합한 많은 구성적 방법이 있다.

모엔(Moen, 1991)은 총체적 언어에서 칼데콧상을 받은 그림책을 사용하자는 적극적인 주장을 한 장본인으로 그림책을 사용하는 총체적 언어 교육 목적을 다음과 같이 말하고 있다.

총체적 언어 교육의 목적은
① 단어에 익숙하지 않거나, 주저하거나 미약한 자아상을 가진 모든 어린이들이 문자를 깨우치고, 자신감 있고, 책임감 있는 '학습자'가 되도록 지지하고 격려하는 데 있다.
② 어린이들이 이미 가지고 있는 지식을 사용해서 새로운 의미를 창조하도록 돕는 데 있다.

이를 종합하면 총체적 언어 교실에서는 다음과 같은 세 가지 점을 지향한다.

첫째, 어린이들의 언어 경험을 확장하고 격려하기 위해 확실한 문해 자원으로서뿐만 아니라 좋은 언어 교육 자료로 좋은 그림책을 사용한다.
둘째, 언어 학습을 유도하는 모험과 실수를 허용하는 지지적인 환경을 제공한다.
셋째, 듣기, 말하기, 읽기, 쓰기, 생각하기를 통합하는 다양한 교수 전략을 사용한다.

위와 같은 입장에 의거하여 총체적 언어교육에서 지향하는 것은 학자마다 강조하는 면이 약간 다르지만 일반적으로 공통적인 것은 어린이 스스로 구성해 나아간다는 것이다. 특히 수많은 그림책 중에서 칼데콧상을 받은 그림책을 사용하는 것은, 어린이들이 그림과 내용의 수준이 높은 그림책을 읽으며 상상하고, 내용을 이해하는 중에 문해는 물론 짓기와 연결하여 공감과 창의 능력을 발달 시켜 나가도록 돕는 데 있다.

카미와 드브리스(Kamii & DeVries, 1978/1980)와 **페퍼트**(Papert, 1980/1993)가 주장하는 구성주의의 두 부류에서 언어교육을 다른 양상으로 나타냈다. 카미와 드브리스가 지향하는 구성주의Constructivism에서는 물리적 지식 속에서 요리하기 순서의 레시피recipe를 읽거나 그룹게임Group Game에서 규칙을 만들고 규칙을 읽으며 규칙에 따라 게임을 하는 과정에서 어린이들이 언어를 자연스럽게 습득해 가는 것을 교육과정에 포함하였다. 그리고 교실에서 일어날 수 있는 도덕적 딜레마 이야기, 예컨대 굴스비와 드브리스Goolsby & DeVries에 의한 〈When a Friend Refuses to Share〉(1994)이나 〈When a Friend Eats More Than Her Share〉(1994)를 읽고 토의하는 동안 어린이들은 조망 수용능력과 도덕적 추론능력(Piaget, 1932/196; Kohlberg, 1984; Selman, 1980)을 증진시켜 갈 수 있게 된다. 이런 도덕적 토론은 공정한 방식으로 이슈를 해결해 나아가는 방안을 생각하도록 하는 데 초점을 맞추지만 토론 과정에서 어린이는 논리적 사고와 자기 생각을 표출하는 높은 수준의 언어능력이 발달된다. 이 구성주의Constructivism에서는 그야말로 AI 시대에 언플러그드Unplugged 놀이 활동에 몰입하는 동안 자연스럽게 언어를 습득하도록 한다.

페퍼트Papert(1980)에 의한 구성주의Constructionism는 위의 입장과는 다르다. 그는 앞으로 컴퓨터 시대가 오기 때문에 어린이가 말을 배우듯 컴퓨터도 배워야 한다고 하며 로고Logo 프로그래밍 언어와, 후에 로고 터틀Logo Turtle을 개발했다. 그는 어린이가 주체적으로 프로그래밍 코딩을 하면서 창의적 활동을 하도록 처음 시도하였다. 그러나 사람들은 컴퓨터를 창안이 아닌 정보를 나르는 기계로만 사용하였다. 그럼에도 페퍼트는 컴퓨터라는 매개체와 상호작용하면서 어린이가 창안한 것을 동료들과 나누고 공유하도록 하는 기초를 제공하였다. 즉 무엇인가 만들고 나누는 메이커 교육Maker education을 주장하였다.

한국어로는 '구성주의'로 표기하지만 영어표기로는 다른 두 부류의 구성주의, 즉 Constructionism과 Constructivism(이경우 외, 2019)에서 언어교육에 대한 접근은 두 입장이 각각 달리 공헌을 했다고 해도 과언은 아니다. 카미와 드브리스의 구성주의Constructivism는 오프라인에서 언플러그드 놀이로 언어사용을 강조하는가 하면, 페퍼트와 레즈닉의 구성주의Constructionism는 디지털 매체를 사용하는 플러그드 놀이에서 언어를 강조하고 있다.

레즈닉(Resnick, 2018)은 페퍼트의 생각에 뒤이어 '만들기를 통한 학습Learning through making'을 프로그래밍 언어인 스크래치주니어ScratchJr를 통해 강조한다. 그는 컴퓨터를 이 시대의 첨단 도구가 아닌 일상적 놀이 도구로서 크레용이나 블록처럼 이야기를 만들고 게임 등을 창안하는 매체로 강조했다. 어린이가 레고 블록으로 다리와 같은 것을 만들 때처럼 온라인에서 스크레치주니어에 내장된 장면을 끌어다 쓰고 사진을 찍어 넣는 등, 자기가 창안한 것에 키보드로 이야기나 게임을 '만드는 것'과 같은 창의적 학습경험은 시대적 요구라고 추천했다. 그리고 이런 경험은 친구들과 공유하는 상호작용 경험으로 더 발전될 수 있다는 것이다.

레즈닉은 피아제의 구성주의 학습이론에 따라 어린이들이 지식의 수동적 수용자passive recipients가 아니라 능동적 구축자active builder임을 스크래치주니어ScratchJr를 통한 놀이로 나타나도록 하였다. 우리나라에서는 아직 낯설지만, 그럼에도 어린이들에게 기회를 주면 능동적 구축자로서 메이커 경험을 하는 과정에서 언어발달이 통합적으로 일어나는 것을 엿볼 수 있다. 예컨대, H대 부속유치원에서의 그룹게임이나 놀이 규칙에서 언어 사용, D유치원에서 스크래치주니어를 활용한 사계절 그림과 이야기 전개, N유치원에서의 그림책 만들기 프로젝트에서 창안과 언어의 융합 그리고 동료들과 경험 나누기 등이 바로 그것이다. 이것은 유아들이 컴퓨터 코딩 놀이로 창안적 아이디어를 전개하는 동안 자연스럽게 컴퓨터 언어발달도 일어나게 한다(이경우 외, 2019).

울프(Wolf, 2019)는 최근 연구들을 통하여 디지털 읽기는 젊은이들의 공감 능력을 감소시키고 '훑어보기'와 같은 F형 모양으로 따라 읽거나 혹은 지그재그 순서로 글을 읽는 '단어 스팟word-spot'이 큰 특징이라고 하며 이에 대한 우려를 나타

내고 있다. 특히 2011~2015년에 태어나 인공지능(AI), 로봇 등에 익숙한 알파 세대 어린이들은 기하급수적인 환경의 변화 속에서 랜선 유치원유치원에서 배우는 다양한 활동을 온라인에서 제공하는 어린이용 채널과 같이 디지털로 양육이 되기 때문에 기존 성인이 자라온 소통 방식과는 전혀 다른 방식으로 성장하고 있다. 디지털 매체 문화 속에서 성장하는 어린이들의 읽기 회로의 발달은 깊이 읽기 회로를 발달시키지 못하고 아주 기초적인 해독능력을 습득하는 데 그치거나 단순한 읽기 회로를 형성시키는 데서 그칠 위험이 있다. 디지털 화면의 빠른 움직임으로 인해 어린이들은 하던 일에서 주의를 뺏기고, 이리저리 건너뛰는 '메뚜기 정신'으로 주의가 산만해지고 금세 중독으로 빠져들게 한다는 것은 이미 주지된 사실이다. 인쇄매체 읽기보다 디지털 읽기는 어린이로 하여금 넘치는 시각적 정보와 양에도 불구하고 빠른 읽기에 익숙해지기 때문에 로젠블렛(Rosenblatt, 1978)이 강조하는 책과 어린이와의 교류는 일어나지 않으며 더 나아가 독자 반응도 찾아지지 않는다. 그리고 로젠블렛의 교류과정을 좀 더 그림책 읽기와 연결한 고폴스와 스필맨(Goforth & Spillman, 1994)이 언급한 연결, 구성, 창안의 순환적 문해 교류과정을 갖기에도 충분한 시간이 주어지지 않는다는 문제점이 드러난다. 홀더웨이도 부모/교사와 함께 읽는 경험이나 '함께 나누는 독서 경험'이 매우 중요함을 강조하는데 디지털 읽기에 익숙한 어린이들에게는 역시나 이 시간도 충분히 주어지지 않는다.

울프는 어린이가 책을 읽는 동안 주변과 단절하고 자신의 경험과 배경을 연결하고 공감하고 분석할 수 있는 읽는 뇌로 도약하도록 해야 함을 강조한다. 유아기에는 스크린 매체로 읽기 이전에 인쇄 매체인 그림책 읽기를 추천하고 있다. 어린이는 책을 읽는 동안 부모와 혹은 교사와 시간적·공간적 차원을 강화하고, 중요한 촉각적인 연상을 더하고, 사회적·정서적 상호작용을 해야 한다. 어린이는 책을 읽는 동안 또 자신의 배경지식과 연결하고 공감 즉 타인의 관점을 터득하는 경험을 하게 되는 것이다.

울프에 의하면, 공감타인의 관점/느낌으로 옮겨가기은 어린이가 로벨Lobel의 그림책, 1971년 칼데콧 아너상을 받은 〈개구리와 두꺼비는 친구Frog & Toad are Friends〉와 같은 그림책에 몰입하여 상상할 때 감정에 의해 창조되는 세계라고 말한다. 이런 그림책 읽기는 영상에 의한 몰입보다 공감의 정도는 더 크다. 깊이 읽기는 읽기 회로 안에서 지각하고, 느끼고, 아는 것에 중대한 변화를 가져다준다. 읽는 뇌의 회로는 인간만의 독특한 후천적 성취이다. 예를 들어 〈개구리와 두꺼비는 친구〉를 읽으면서 어린이는 아픈 개구리가 되어 보기도 하고 거꾸로 두꺼비가 되어 개구리에게 어떻게 해 줄지 고민해 볼 수도 있다.

〈개구리와 두꺼비는 친구〉
아놀드 로벨/엄혜숙 역/비룡소(1996)

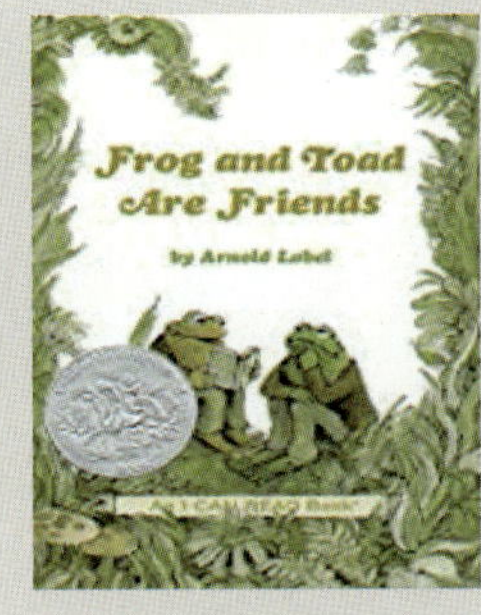

〈Frog and Toad are Friends〉
Arnold Lobel/Harpercollins

1971년 〈개구리와 두꺼비는 친구Frog & Toad are Friends〉

다섯 가지 재미있는 이야기는 두꺼비집을 드나드는 세심하고 부지런하고 다정다감한 개구리가 두꺼비와 우정을 나누는 에피소드이다. 봄, 이야기, 단추 찾기, 수영하기, 편지가 챕터 북처럼 소개되는 것이 특징이다. 그중 '단추 찾기'는 두꺼비가 잃어버린 단추를 찾는 과정에서 우정뿐만 아니라 단추를 비교-대조할 수 있는 논리적 사고의 언어적 표현으로 소개된다. '편지' 이야기는 한 번도 편지를 받지 못한 두꺼비를 행복하게 해 주려는 개구리가 편지를 쓰고, 달팽이에게 두꺼비 집에 배달해 달라고 부탁한다. 둘이 편지를 기다리며 나누는 대화는 위로와 공감 그 자체이다. 나흘 뒤에 온 편지를 받은 두꺼비는 무척 기뻐한다.

이 챕터 북은 초등 2학년 2학기 〈국어 활동〉 교과서에 수록되어 있다. 그러나 가족이 모두 함께 읽는 그림책으로 선정하여 다섯 가지 이야기를 읽고 재구성하는 놀이로도 발전시킬 수 있다. 아마도 한 가지 이야기만 있는 그림책에서 탈피해서 글이 크고 그림이 삽화처럼 들어간 이 챕터 북은 유아 단계 어린이들에게는 그림은 물론 글 읽기에 도전하는 기회가 될 수 있을 것이다.

울프(Wolf, 2019)는 더 나아가, 어린이의 첫 5년 사이는 인쇄물 읽기에 집중하는 시기이기 때문에, 무릎에서 컴퓨터로 천천히 갈 것을 충고하며 너무 빨리 디지털 매체로 옮겨가지 말라고 충고한다. 생후 2개월 된 아이는 프로이트Freud, 보울비Bowlby 등이 언급했듯이 초기 감정과 애착의 심오한 중요성은 긴밀한 책 읽기로 언어신경망을 활성화할 수 있게 한다. 따라서 첫 2년 동안에는 좋고 다양한 책과 인쇄물 읽기로 인지적 사회·감정적 뇌 회로를 구성하게 해야 한다. 2~5세에는 이야기에 숨은 언어의 비밀 및 도덕적 관점 길러가기, 자기 전에 책 읽어 주기로 뇌 회로를 발달하게 해야 한다. 〈잘 자요, 달님Goodnight Moon〉이나 〈그래도 엄마는 너을 사랑한단다Olivia〉같은 책을 아이들이 밤마다 반복해서 읽으면서 감성과 정보에 노출되어 가고 그 표상들이 개념과 언어 발달로 이어가게 한다. 울프는 총체적 언어접근이 읽기 회로를 공감과 타인의 관점 취하기, 느끼는 것을 생각하는 것에, 생각하는 것을 삶의 방식에 연결 짓기와 같은 능력을 길러 줄 수 있는 방안으로 강조한다.

결국 이야기, 전래 동요, 좋은 그림책은 뇌 회로 전체를 도덕적 상상력으로 연결해 주고 고정관념에서 벗어나게 하며, 비판적 사고를 길러 준다. 특히 좋은 그림책 읽기는 다양한 도구와 매체를 넘나들 줄 아는 정신의 습관을 길러 준다.

이렇게 5세 이전까지 좋은 그림책 읽기를 경험한 후, 5세부터 10세까지의 어린이들에게 드디어 양손잡이 읽기 문해력인쇄 기반과 디지털 기반 읽기 능력을 모두 갖춘 읽기의 청사진으로 어린이가 문화적 이분법을 넘어서도록 도울 방법을 구상하는 것이 바람직하다. 물론 이때의 디지털 기반은 단순한 설계 안에서 제안되어야 한다. 이것은 이중언어 학습자처럼 인쇄 기반의 읽기와 디지털 기반 읽기의 코드 변환이 될 수 있는 유연한 뇌가 될 수 있도록 하기 위한 기반이다. 즉 어린이들이 미래에 여러 매체들을 오갈 수 있도록 하는 유연한 코드 전환자가 되도록 하자는 말이다.

울프는 우리 사회의 과제가 아이들에게 두 가지 모두의 경험을 제고하여 빠르게 읽는 동시에 깊이 읽고 느리게 읽을 수 있도록 함께 지도해야 한다고 한다. 그것은 어떤 매체에서든 시작부터 끝까지 깊이 읽기의 각 단계를 체득시키는 것이며, 앞에서 언급했듯이 결국 tl; drtoo long; didn't read 즉, '너무 길어서 읽지 않았다'가 아니라 arcia/tl attend; remember connect infer analyze/ then LEAP 즉, 주의 집중하고 기억하고 연결하며 추론하고 분석하며 도약한다면 공감 능력과 관점 취하기를 어린이 스스로 구성하게 될 것이다. 결국 어린이들은 양손잡이 읽기 뇌로 되어 자기 자신들이 읽기 속도와 깊이 읽기를 조절하는 능력을 구축하게 될 것이다.

지금까지 총체적 언어 선구자인 듀이에서부터 울프까지 살펴본 바와 같이 언어를 습득할 때는 어린이가 흥미 있어야 하고 좋아해야 하며 경험해야 하며 알고 있는 지식과 연결 지으며 의미가 있어야 한다. 모엔(1991)과 굿맨(1194) 이외에 위에서 언급한 여러 선구자적 역할을 한 학자들도 언어는 다른 모든 학습 과정의 중심 위치에 있다고 보며 이를 위해 통합적 접근이 가능한 자료, 좋은 문학적 자료와 방법을 사용할 것을 권장한다. 아무리 디지털 시대가 되고 AI 시대가 되었다 해도 어린이들의 언어발달을 위해서 총체적 언어 접근법의 중요함을 다시 강조해도 지나치지 않다. 듣기, 말하기, 읽기, 쓰기, 생각하기, 창안하기는 어린이들이 의미를 만드는 과정이므로 어린이들이 알고 있는 지식과 연관한 의미 있는 교수 전략과 통합적으로 연관하는 것, 전체적 맥락에서 접근하는 것은 의의가 있다. 다음 항에서 총체적 언어교육에서의 자료의 다양성을 살펴보고자 한다.

2. 총체적 언어교육 자료의 다양성

총체적 언어 교육은 읽기, 쓰기, 말하기, 듣기 그리고 생각하기의 언어 과정을 통합하는 것이기 때문에 다양한 교수 자료를 십분 활용한다(Edelsky, 1991; Routman, 1988; Goodman, 1976; Moen, 1991). 앞 장에서 언급했듯이 총체적 언어에서 사용되는 다양한 자료는 어린이들의 일상생활 맥락과 연관되는 것으로서 어린이들의 언어 경험을 확장하는 데 크게 기여한다. 다시 말하면, 교실에서 문학의 일부로서 칼데콧상을 받은 좋은 그림책을 이용하는 것은 물론 어린이들이 일상생활에서 접하는 자료인 신문, 잡지, 지도, 달력, 요리책, 팸플릿, 일정표,

카탈로그, 표지판, 포스터, 포장지, 음식점의 메뉴, 현수막, 광고지, 인터넷 자료 등과 같은 것을 활용하는 것이다. 이런 다양한 자료는 각기 독특한 특징을 가지고 있다. 어린이들은 서로 다른 특징이 있는 자료를 활용하는 동안, 서로 다른 방식으로 언어와 관련된 자료를 일상생활에 활용한다. 예컨대 요리책은 신문과 다르며, 지도는 달력과 다르다.

교실에서 사용하는 '요리표'를 읽고 양을 이해하고 순서를 따라서 요리를 해야 맛있는 요리를 해서 먹게 된다. '먹는다'는 목적에 도달하기 위해 어린이는 '읽어야 하는' 동기를 갖게 된다. 친구에게나 선생님께 읽어 달라고 해서 글자의 생김을 인식하게 되어 읽기 시작한다.

최근에는 뉴스를 접하는 방법도 변하고 있다. 신문이란 활자보다는 텔레비전, 인터넷, 유튜브와 같은 미디어를 통해 시각적으로 보고 들으며 본인이 들은 새로운 소식을 친구들에게 전해 주거나 같이 보며 생동감 있는 대화를 나눌 수도 있다. 이런 언어 환경에서 어린이는 보고 듣고, 이해하며, 요약하고, 또 자기도 새 소식을 이웃과 친구들에게 전하면서 언어 능력을 확장하게 된다.

할머니 집에 갈 때, 내비게이션의 지시에 따르고, 고속도로의 속도 표시를 보고 달리고, 톨게이트를 하이패스로 통과하면서 통행료를 지불하는 경험은 생활 맥락 속에서 메시지 바로 읽기→해석하기→실천하기의 관계를 파악하는 경험을 하도록 한다.

달력의 경우, '내 생일까지' 몇 밤을 더 자야 할지 달력을 읽고 해석하는 것은 사건과 실천에 대한 관계를 파악하게 한다. 생일 초대장의 경우도 생일에 친구를 초청하기 위해서 어린이는 초대장에 어떤 말을 먼저 쓸 것인지, 정보는 어떻게 적어 넣을지 계획하고 창안해야 한다. 친구로부터 받은 생일 카드에 무엇이라고 썼는지 읽기 위해서 어린이는 자기가 알고 있는 어휘를 모두 동원할 것이다.

총체적 언어 교실에서는 단지 '언어'라고만 명명될 수 없는 학습이 일어난다. 카탈로그에 나타난 가격, 소포 요금 찾아보기, 주스의 영양정보를 보고 성분 알아내기, 가진 돈과 맞추어 사고 싶은 것 사기 등과 같은 것은 어린이가 글로 표시된 내용을 읽고 분석하는 자연스러운 언어 학습을 하도록 한다.

위와 같은 모든 자료는 어린이들의 언어 활동을 풍부하게 하는 데 도움을 주며, 언어적 경험을 위해 십분 활용된다. 거듭 강조하지만 총체적 언어에서는 좋은 그림책 이외에 풍부한 인쇄물, 큰 책, 작은 책, 메모지, 그래프, 노랫말, 표, 현수막, 포스터, 사전, 게임 규칙, 어린이들이 만든 책이나 게임 등 일상생활에 사용되는 자료와 컴퓨터, 인터넷, 스마트폰 등 모든 미디어 자료를 모두 활용한다. 이와 같은 방법들은 울프(Wolf, 2019)가 언급한 양손잡이 읽기 문해력을 키우는 데 효과적인 방법이 다 활용되고 있음을 알 수 있다. 총체적 언어에서 활용되는 다양한 '진짜 자료'는 고전적 인쇄 기반 읽기 자료들과 디지털 읽기 자료들이 모두 골고루 활용되기 때문에 보다 높은 수준의 학습 동기를 유발하며, 어린이가 교육과정의 중심이 되도록 활동을 전개하는 데 도움이 된다.

특히 인쇄 기반 읽기 자료 중에는 학습지와 같은 옛날 방식보다는 전래 동요, 동시나 좋은 그림책을 사용하는 것이 로젠블렛(Rosenblatt, 1978)이 말한 문학적 교류[transaction]가 일어날 수 있게 하는 바람직한 방법이며, 고폴스와 스필맨(Goforth & Spillman, 1994)이 말한 것과 같이 아이가 책을 읽는 동안 연결하고 구성하고 창의할 수 있는 문해 교류 과정(3C's)이 상호작용적으로 일어날 것이다. 더 나아가 어린이에게 부모 혹은 교사가 함께 책을 읽어 주는 것은 홀더웨이(Holdaway, 1979)가 언급한 자연적 상호작용으로부터 언어가 습득될 수 있는 바람직한 방법인 것이다. 이는 울프(Wolf, 2019)가 언급한 깊이 읽기와 맥락을 같이 한다. 이렇듯 문학적 접근에 대한 의견은 어린이 스스로 구성한다는 구성적 측면을 중요하게 고려한다. 그렇기 때문에 문학적 접근을 시도하는 교사나 학자들은 학습지를 사용하는 것에 대해 반기를 들고 이 시대가 요구하는 문제 해결과 공감, 창의 능력 및 상호작용적 의견 교환 능력은 좋은 문학적 자료를 사용함으로써 더욱 발달시킬 수 있다는 것으로 집약되기도 한다.

총체적 언어 혹은 문학적 접근에서는 우선 좋은 책을 사용하는 것이 기본적인 것으로 인식되고 있기 때문에 좋은 책의 특징 및 수상 도서의 내용에 대한 이해가 중요하게 거론된다. 미국의 경우, 모엔(Moen, 1991)의 저서 〈Teaching with Caldecott Book〉, 린치(1986)의 저서 〈Using Big Books and Predictable Books〉

에서는 총체적 언어를 강조하는 학자들(Holdaway, 1979; K. Goodman, 1986; Edlesky, 1991; Routman, 1988)과 함께 총체적 언어 교육, 특히 문학적 접근의 방향이 제시되었다. 우리나라에서도 총체적 언어를 위한 연구는 이성은의 〈아동을 위한 총체적 언어교육: 실체와 매체로서의 언어적 관점〉(2005); 이경우의 〈총체적 언어: 문학적 접근을 중심으로〉(1996)에서 그 시작점을 찾을 수 있다.

총체적 언어 교육은 동·서양의 문화적 차이와 기호 체계(영·미국의 Alphabet, 중국의 韓字, 한국의 한글 등)의 상이성 때문에 서구의 교육 이론을 직접 수용하기에는 어려움이 따르지만 AI 시대에 이르러서는 정보화, 다양성, 다문화의 이해 차원에서 좋은 그림책의 공통적인 특징은 서로 교류되고 있다. 현재 시중에는 칼데콧 수상 도서만도 상당한 숫자로 번역·소개되고 있어 칼데콧상을 받은 그림책을 중심으로 공감과 창의 능력을, 더 나아가 반편견 능력을 길러 주는 자료로 활용되고 있다.

언어교육의 자료로서 칼데콧상Medal Winner와 Honor Book을 받은 그림책을 활용하여 총체적 언어에 대한 융합적 교수 계획을 세우는 것은 아주 자연스러운 것이다(Moen, 1991). 그는 〈Teaching with Caldecott Book〉에서 주제와 연관할 수 있는 활동을 소개하였으며 칼데콧 수상 도서를 사용하는 이유에 대해 다음과 같이 세 가지로 강조한다. 이에 근거하여 최근 칼데콧상을 받은 그림책도 포함해서 좋은 그림책을 사용하는 이유를 예를 들어 설명하면 다음과 같다.

첫째, 칼데콧상을 받은 그림책은 그 그림책의 이야기를 돋보이게 하는 뛰어난 그림이 있다.

블랙올Blackall의 〈안녕, 나의 등대Hello Lighthouse〉2019년 Medal Winner 그리고 스텝토Steptoe의 〈무파로의 아름다운 딸들Mufaro's Beautiful Daughters〉1988년 Honor Book 그림에는 싱그러움이 나타나 있다.

〈안녕, 나의 등대〉
소피 블랙올/정회성 역/비룡소 (2019)

샌닥Sendak의 〈괴물들이 사는 나라Where the Wild Things Are〉1964년 Medal Winner 그림이나 위즈너Wiesner의 〈아기 돼지 세 마리The Three Pigs〉2002년 Medal Winner에는 쾌활함이 나타나 있다. 핑크니Pinkney의 〈사자와 생쥐The Lion & the Mouse〉2010년 Medal Winner나 뱅Bang의 〈The Grey Lady and Strawberry Snatch〉1981년 Honor Book 그림에는 대담성이 있는 것이 특징적이다.

〈사자와 생쥐〉
제리 핑크니/윤한구 역/열린책들(2010)

〈The Grey Lady and Strawberry Snatcher〉
Molly Bang/Aladdin Paperbacks

마찬가지로 위즈너의 〈시간 상자Flotsam〉2007년 Medal Winner 그림에서는 대담성이 있으며 그림으로 이야기를 잘 전달하고 상상하고 창안할 수 있도록 도와준다. 글 없는 그림책으로는 코델Cordell의 〈세상에서 가장 용감한 소녀Wolf in the Snow〉2018년 Medal Winner가 있는데 그림으로 내용을 충분히 전달하며 감동과 공감을 할 수 있게 한다.

이와 같이 그림책에 담긴 그림은 싱그러움, 쾌활함, 그리고 대담성을 가지고 있다는 점에서 어린이들에게 '두 번' 읽혀지는 것과 같다고 한다. 이 '두 번' 읽혀진 다는 명언은 원래 굿맨[K. Goodman]과 그의 동료들이 〈Language and Thinking in School: A Whole Language Curriculum〉(1986)에서 언급한 것인데, 이것은 어린이들이 칼데콧 수상 도서를 자연스럽게 여러 번 깊이 읽게 되면서 독특한 문장을 읽고 삽화의 조화도 이해하게 된다는 것이다. 삽화의 조화로 인해 글의 내용도 깊게 이해하게 된다는 것이다.

둘째, 칼데콧 수상 도서는 부모들이 '진짜' 문학으로 인정하는 문학의 자원이 있다.

바로 이 이유로 많은 언어 교육의 방향이 독본에서부터 어린이 문학이 총체적 언어교육의 자원으로 좋은 그림책이 활용되는 것을 이해할 수 있다. 칼데콧상을 받은 그림책의 목록을 살펴보면 다양한 민족 집단의 다양성을 잘 표현하고 있기 때문에 특히 다문화 이해를 위한 이해와 공감 능력을 길러 주는 데 중요한 역할을 한다. 그 문화가 더불어 사는 데 얼마나 공헌했는지 역사성도 있어 글로벌 사회에서 소수문화의 존중으로 인정되고 있다. 예컨대 2020년 칼데콧 메달 수상작, 넬슨과 알렉산더[Nelson & Alexander]의 〈우리는 패배하지 않아[The Undefeated]〉는 아프리카계 미국인들을 빼놓고 미국의 과거와 현재를 말할 수 없다는 것을 이해하게 한다(제4장 참조). 오늘의 미국이 있기까지 그들의 공헌과 투지와 열정, 그리고 인내의 삶 등을 칭송하는 텍스트와 멋진 그림책은 공감을 자아낸다.

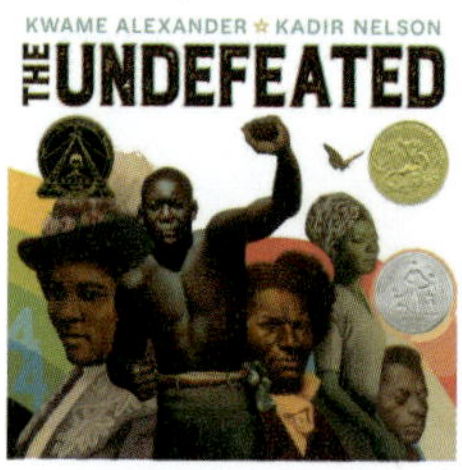

〈The Undefeated〉
Kwame Alexander/Kadir Nelson/
Versify

〈우리는 패배하지 않아〉
콰미 알렉산더 글/카디르 넬슨 그림/
조고은 역/보물창고(2020)

2019년 마티네즈-닐Martinez-Neal의 〈나의 이야기, 알마ALMA: How She Got Her Name〉2019년 Honor Book는 페루에서부터 미국으로 이민 온 한 가족의 아버지가 딸의 이름이 어떻게 Juna Carlota Pizarro란 긴 이름을 갖게 되었는지를 이야기해 주는 다문화 이해와 정체성을 갖도록 하는 그림책으로 더불어 사는 사회와 가족이 가진 문화의 존엄성과 개인의 존귀함을 알게 해 준다.

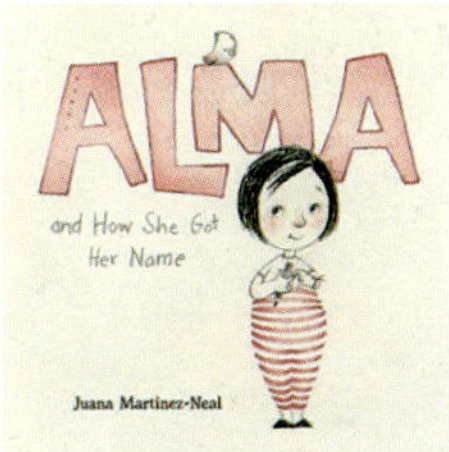

〈ALMA〉
Juana Martinez-Neal/
Candlewick

〈나의 이야기 알마〉
후아나 마르티네즈-닐/김경미 역/
다산기획(2019)

마찬가지로 2018년 파이와 부이Phi & Bui의 〈또 다른 연못A Different Pond〉2018년 Honor Book은 베트남에서 미국으로 이민 온 베트남 가족의 전통, 희망, 그리고 새로운 환경에 적응하는 일상에서 아버지와 아들 간의 끈끈한 정, 베트남 문화, 그리고 옛날과 지금의 가치를 가지고 미국문화에 어울리는 삶을 어떻게 살아가게 되는지 엿볼 수 있게 한다.

셋째, 칼데콧 목록에 있는 많은 그림책은 다양하면서도 독특한 언어 경험을 제공한다.

많은 그림책은 어린이들의 언어 학습 경험을 증진하는 데 필요한 반복과 예측 가능한 문장을 사용하기도 하고 호소력과 설득력 있는 문장을 사용하기도 한다. 어린이는 생각하는 작가와 함께 다니며 대화를 할 수 있다는 것이다(Rosenblatt, 1994). 다시 말해 글을 통해 작가의 생각과 감정을 이입하고 교류할 수 있다. 어린이들은 그림책에 있는 다양한 문장의 길이와 표현에도 흥미를 갖게 된다. 어떤 이야기는 간단한 간식과 같은가 하면 또 어떤 이야기는 긴 만찬이 될 수도 있는 것이다.

다만, 우리가 고려해야 할 점은 원본 그림책과 번역 그림책이 주는 메시지이다. 번역자에 따라 원문에서 의도한 바가 전달되기 때문이다. 가능하면 쉽고 이해 가능한 원본 그림책을 먼저 읽게 하고 번역서를 소개하는 것도 바람직하다. 예컨대, 1985년 타푸리Tafuri의 〈아기 오리들은 어디로 갔을까요?Have You Seen My Duckling?〉1985년 Honor Book는 엄마 오리가 주변의 동물들에게 물어보는 질문이 계속되고 어린이들은 호기심 많은 아기 오리가 여기저기 탐색하며 뒤늦게 쫓아오는 아기 오리의 그림을 읽으며 안타까워하는 마음에 공감을 갖게 될 것이다.

원본에서는 쉬운 영어 문장, "Have you seen my duckling?"을 다섯 번 반복해서 읽는 동안 어린이는 문장을 저절로 암기하게 될 것이다.

〈Have You Seen My Duckling?〉
Nancy Tafuri/Harpercollins

〈아기 오리는 어디로 갔을까요?〉
낸시 태퍼리/박상희 역/비룡소(2008)

Have you seen my Duckling?	*해오라기야, 우리 아기 못 봤니?*
Have you seen my Duckling?	*거북아, 우리 아기 못 봤니?*

그런 후에 한국어로 번역된 그림책을 다시 읽으며 번역한 텍스트에 있는 친절한 언어 경험을 하게 될 것이다. 번역본에는 원본에 없는 엄마 오리가 만나는 동물들의 이름이 있으며 존칭어에 대한 표현이 있어 본문 목록에는 없는 다양한 동물 이름과 한국어의 독특한 존칭에 대한 경험을 제공한다. 물론 어린이들은 텍스트의 내용을 귀로 들으며 그림을 읽는 동안 호기심으로 분주한 아기 오리를 찾게 될 것이며 결국 엄마 오리는 뒤늦게 따라온 아기 오리와 함께 산책 후의 여유로운 낮잠을 즐기게 되는 언어 경험을 하게 될 것이다.

어떤 그림책은 번역자의 해석이 원저와는 다르게 바뀐 것도 있다. 예컨대, 2016년 웬젤[Wenzel] 〈어떤 고양이가 보이니?[They All Saw A Cat]〉[2017년 Honor Book]는 제목과 그림책 본문도 원본과는 다르게 들어가 작가가 의도한 운율적 산문체는 나타나지 않는다. 그러나 누가 어떻게 보는가에 대한 관점을 가지고 때로는 점으로, 무지개로, 아름다운 꽃처럼 보일 수 있어 내 관점이 다른 사람과는 다를 수 있다는 것을 알게 되는 반편견 교육과 함께 친절하고 이해 가능한 언어의 운율적 경험도 함께 느낄 수 있다.

〈They All Saw A Cat〉
Brendan Wenzel/Chronicle Books Llc

and the fox saw A CAT.	*배고픈 여우는 오동통한 고양이를 쫓아가요.*
Yes, they all saw the cat.	*다른 고양이가 아니에요.*
	모두 같은 고양이를 보고 있는 거예요.

특히 칼데콧 그림책에서 느낄 수 있는 독특한 언어 경험은 앞서 언급한 단순한 언어의 반복 또는 확장, 아름다운 운율뿐만 아니라 동물/사람의 소리와 감정, 그리고 느낌을 다양한 언어 형태로 표현한다는 것이다. 예컨대 엘리스[Ellis]의 〈훌라훌라 추추추[Du is Tak?]〉[2017년 Honor Book]나 〈이봐요, 까망 씨![Mr. Wuffles!]〉[2014년 Honor Book]는 그림책 안에 동물들의 의사소통을 창의적인 언어로 선보였다. 이 두 그림책은 마치 AI 시대 의사소통의 새로운 장르를 소개하는 듯 독특한 언어인 도형과 외래어로 소통하고 있다. 〈이봐요, 까망 씨![Mr. Wuffles!]〉의 경우, 위즈너[Wiesner]의 기발한 아이디어로 고양이로부터 탈출하기 위해 장난감 안에 있는 외계인의 대화는 마치 세모 네모 모양의 대화로 코딩을 풀이해 나가는 느낌으로 그림책을 읽게 한다. 아

직 글을 읽지 못하는 어린이들에게 글자는 그 모양이 'A'이든, 'ㄱ'이든, 'O'이든 상관은 없다.

〈Mr. Wuffles!〉
David Wiesner/Clarion Books

〈이봐요, 까망 씨!〉
데이비드 위즈너/비룡소(2014)

장난감 안, 외계인들 대화의 예

〈훌라훌라 추추추〉라고 번역된 〈Du is Tak?〉의 원저자에 따르면 자신은 벌레들의 소리를 그대로 해서 즉 What is that?이란 의미로 책 이름을 지었다고 밝히고 있다. 〈훌라훌라 추추추〉는 벌레들의 소리를 어린이들이 잘 듣고 예를 들어 '앙 째르르Du Kimma plonk?'가 무슨 뜻인지 곤충들의 언어의 비밀을 풀어 보라며 역자는 지침서에 친절하게 기록하고 있다.

〈Du Iz Tak?〉
Carson Ellis/Candlewick

〈홀라홀라 추추추〉
카슨 엘리스/김지은 역/웅진주니어(2017)

원본대화	번역대화
Du iz tak?	호야, 호?
Ma ebadow unk plonk.	초록둥 쓰르르.
Du Kimma plonk?	앙 째르르
Ma nazoot.	곰곰 초록둘?

동물들 대화의 예

위에서 살펴본 것처럼 아직 글을 읽지 못하는 어린이는 책에 있는 그림을 보고 그 뜻을 이해한다. 그리고 이미 알고 있는 사실에 근거하여 지식을 스스로 구성해 나아간다. 좋은 그림은 어린이에게 즐거움과 기쁨을 주고 이해의 폭을 넓혀 주는 행복함을 가져다주므로 어른들이 어린이들에게 주는 큰 선물과 같다. 어린이 그림책의 가치를 인식한 학자, 미술가, 문학가, 언어학자, 심리언어학자들은 모두 그림책의 질적 수준, 문학적 수준, 배움의 효과를 위해 여러 가지로 노력을 해 왔다. 그중 하나의 노력은 좋은 그림책을 통해 어린이들에게 다양하면서도 독특한 언어 경험을 간접적으로 하게 하는 것이다.

제6장

그림책의 종류

제5장에서 총체적 언어 접근을 하기 위해서는 문학적 접근이 중요하며 특히 좋은 그림책인 칼데콧상을 받은 그림책을 활용하는 것은 교육적으로도 매우 필요하다는 것을 세 가지 이유를 들어 앞장에서 살펴보았다. 그런데 AI 시대에 책의 형태가 1장과 5장에서도 언급했듯이 인쇄물에서 디지털 테크놀로지 형태의 책으로 많이 이동하다 보니 립손(Lipson, 2000)은 〈부모를 위한 어린이 도서 지침서〉에서 테크놀로지가 작은 작업 즉, 인쇄물의 수를 추월했다고 언급하고 있다. 그는 해마다 출판되는 '그림책은 너무나 많지만 읽을 시간은 조금밖에 없다'는 맨해튼 고담 서점Manhattan's Gotham Book Store의 의견에 공감하며 1,001권의 좋은 그림책을 소개해 주고 있다.

이는 다시 말해서 이러한 도서 출판 시장의 변화가 울프(Wolf, 2018)가 주장하듯이 다시, 책으로 돌아간다는 것이 현실적으로 쉽지 않음을 알 수 있다. 이미 테크놀로지가 출판 형태에 변화를 준다는 것을 미루어 짐작할 수 있고 우리도 지금 그 변화를 경험하고 있기 때문이다. 우리는 이미 전자북e-book과 같은 디지털 기반 읽기를 통해 책을 빨리 읽기에 익숙해져 가기 때문에 다시 한번 좋은 그림, 다양한 그림, 다양한 기법으로 표현되는 그림책 읽기야말로 유아기에 심층적으로 읽기를 하게 하며 두뇌 발달 경험에 우선이며 AI 시대에도 중요하고 필수적임을 다시 강조한다.

본 장에서는 그림책의 종류를 살펴보고자 하는데 어린이를 위한 그림책은 학자에 따라 다양하게 구분된다. 일반적으로 그림책은 도서의 형태, 어린이의 연령, 주제, 장르, 그리고 기타의 기준에 따라 구분되기도 한다. 뉴욕타임즈는 최선의 어린이 도서 지침 〈The New York Times Parents Guide to the Best Books for Children〉(Lipson, 2000 개정판)이라는 제목으로 유아 도서를 형태에 따라 글 없는 그림책Wordless Books, 그림책Picture Books, 이야기책Story Books, 초기 읽기 책Early Reading Books, 중기 읽기 책Middle Reading Books, 청장년 책Young Adult Books 으로 나누어 530쪽에 걸쳐 흑백의 대표적인 그림과 함께 그림책의 개요를 좋은 책으로 추천하고 있다. 이 중 유아 단계에 속한 것은 앞의 글 없는 그림책과 그림책 이 두 가지이다. 본 장에서는 이 기준에 근거를 두어 그림책을 크게 글 없는 그림책과 글 있는 그림책으로 나누어 살펴보고자 한다.

1. 그림책의 형태

1) 글 없는 그림책

글 없는 그림책Wordless Picture Books이란, 문자 그대로 글이 없고 본문도 없는 그림책이지만 그림을 통해서 책의 메시지를 전달하는 특징이 있다. 작가들의 창의적이고 다양한 기법의 그림만으로 전개되는 흐름에서 주제, 배경, 이야기 구성, 인물의 성격 등이 고스란히 설명되고 있다. 글 없는 그림책은 글이 없기 때문에 아직 글을 읽지 못하는 어린이에게 그림을 읽으며 자유롭게 환상에 빠지게 하고 글을 읽는 부담도 주지 않고 자유롭게 그림을 읽게 하므로 상상력이나 어휘 발달에도 긍정적이다. 그런가 하면 좀 더 나이 든 어린이나 성인들에게도 글 없는 그림책에 텍스트를 창안해서 넣을 수 있어 창안적 작가가 되어 보기로 활용되기도 한다. 이는 울프(Wolf, 2018)가 지적한 것이기도 하다.

기억해야 할 것은 글 없는 그림책은 아기, 어린이만을 위한 것은 아니며 성인들도 즐겁고 유쾌하게 그림책을 아이와 함께 즐길 수 있다는 장점이 있다. 또 번역이 필요 없이 언어를 초월하여 그림으로만 함께 이해하고 공감할 수 있는 장점도 있다. 이런 의미에서 글 없는 그림책을 함께 읽는 것은 문학적으로 풍부한 대화를 할 수 있는 여지를 주며 AI 시대에 필요한 창의력 발달에 기본이라는 것이다.

한 가지 재미있는 사실은 시인이며 작가인 칼라 커스킨Karla Kuskin이 언급(Lipson 재인용)했듯이 나이 어린 어린이와 유아기 어린이들, 성인들의 그림책 읽기의 모습이 사뭇 다르다는 것이다. 예컨대 많은 동물이 잠자고 있는 그의 그림책을 읽을 때 연령에 따른 반응은 다르다.

2세 아이: (자세히 그림을 관찰하며) 저기, 오른쪽 귀퉁이에 고양이가 한쪽 눈을 뜨고 있어.

2세 반~3세 어린이: (주저 없이) 여기 쥐가 있어.

6세 어린이: (좀 더 오랜 시간 후에) 음…. 여기 쥐가 있네.

12세 어린이: …

(쥐 그림을 간과할 수 있다)

37세 성인: (그림책을 볼 기회도 없을지도 모른다)

이런 의미에서 처음에 어린이나 성인이 책을 읽을 때는 그림책의 주제와 부주제는 명백하게 중요하지 않다. 오히려 인상 깊은 문구, 그림 이미지, 아이디어들을 통해 좀 더 정확하게 전달하고자 하는 것이 강하게 나타나 있는 게 중요하다.

글 없는 그림책이 수상한 칼데콧 수상 목록은 부록 I에 나타나 있다. 수상 도서 이전에 글 없는 그림책이 나타나게 된 역사부터 천천히 살펴보면 다음과 같다.

글 없는 그림책의 시작은 1964년 샌닥Sendak의 〈괴물들이 사는 나라Where the

Wild Things Are〉1964년 Medal Winner 그림책 중간에 6쪽이 그림만으로 연속되어 상상을 나타낸 것이 그 기반을 마련하였고, 그 이후로부터 어린이를 위한 글 없는 그림책이 출판되기 시작했다. 최초의 글 없는 그림책은 칼데콧상을 받지는 않았지만 1967년 메이어Mayer의 〈a boy, a dog, a frog, and a friend〉였으며, 그 후에는 아노Anno, 베커Becker, 브리그스Briggs, 칼Carle, 디파울라dePaula, 허친스Hutchins, 스피어Spire, 라쉬카Raschka, 코델Cordell, 위즈너Wiesner 등과 같은 작가들이 글 없는 그림책을 출판하였다.

〈a boy, a dog, a frog and a friend〉
Mercer Mayer/Putnam

대표적인 것으로 널리 알려진 글 없는 그림책은 칼데콧 수장작은 아니지만 1978년 브리그스Briggs의 〈눈사람 아저씨The Snowman〉가 있다. 이 그림책은 작은 그림, 큰 그림, 연속적인 그림으로 그려져 있으며 총 168개의 그림으로 그려진 것이 특징이다. 이에 근거해서 '눈사람'이란 비디오와 영화로도 만들어졌다.

〈The Snowman〉
RaymondBriggs/
RandomHouse(1987)

〈눈사람 아저씨〉
레이먼드 브릭스/마루벌(1997)

글 없는 그림책이 그림책의 장르 속에서 제자리를 정립한 계기는 피터 스파이어Peter Speier의 〈노아의 방주Noah's Ark〉1978년가 칼테콧 위너로 선정된 데서 찾을 수 있다. 그 후 다양한 특징을 가진 글 없는 그림들이 나오는데 상상의 그림책으로 뱅Bang은 〈The Gray Lady and the Strawberry Snatcher〉1981년 Honor Book로 아너상을 받았으며, 같은 해에 개념형성에 바람직한 크루Crew는 〈트럭Truck〉1981년 Honor Book으로 아너상을 받았다. 〈트럭〉은 도로 이름, 방향, 속도, 교통신호 표시 등이 담긴 내용으로서 트럭의 하루 일과를 글 없는 그림책으로 소개한다. 뒤이어 위즈너Wiesner는 1989년 〈자유 낙하Free Fall〉Honor Book와 1992년 〈이상한 화요일Tuesday〉Medal Winner로 환상적인 그림책을 선보여 수상한다. 1995년 로만Rohmann은 〈이상한 자연사 박물관Time Flies〉Honor Book에서 공룡의 세계로 빠져드는 듯한 환상적인 그림으로 수상을 하였다. 1996년 존슨Johnson의 〈알파벳 도시Alphabet City〉Honor Book는 도시의 환경속에서 알파벳을 찾을 수 있는 그림책으로 글 없는 그림책을 출간하였다.

〈노아의 방주Noah's Ark〉
피터 스피어/김경연 역/미래아이(2004)

〈The Grey Lady and Strawberry Snatcher〉
Molly Bang/Aladdin Paperbacks

〈트럭Truck〉
도널드 크루스/시공주니어(2017)

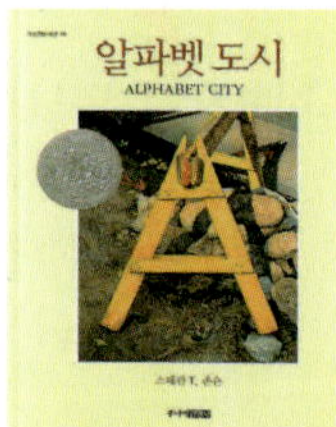

〈Alphabet City〉
스테판 T. 존슨/주니어김영사/(2007)

흥미 있는 것은 2010년대에 이르러 글 없는 그림책은 제2장에서 언급했듯이 글로벌 시대의 요구에 부응하는 공감과 창의적 의사소통의 양상으로 등장하였다. 공감을 위한 글 없는 그림책으로 핑크니Pinkney의 〈사자와 생쥐The Lion & the Mouse〉2010년 Medal Winner, 라쉬카Raschka의 〈빨강 파랑 강아지 공A Ball for Daisy〉2012년 Medal Winner, 코델Cordell의 〈세상에서 가장 용감한 소녀Wolf in the Snow〉2018년 Medal Winner가 바로 그것이다. 환상과 창의를 발견할 수 있는 글 없는 그림책으로는 베커Becker의 〈머나먼 여행Journey〉2014년 Honor Book이 있다. 의사소통을 위한 글 없는 그림책으로 위즈너Wiesner의 〈이봐요, 까망 씨!Mr. Wuffles!〉2014년 Honor Book, 엘리스Ellis의 〈훌라훌라 추추추Du Iz Tak?〉2017년 Honor Book가 있다.

글 없는 그림책의 형태는 크게 두 가지로서 하나는 글이 하나도 없는 것이 있는가 하면 다른 하나는 글이 부분적으로 있는 글이 거의 없는 그림책이 있다. 예를 들어, 라쉬카Raschka의 〈빨강 파랑 강아지 공〉에는 글이 하나도 없다. 반면 코델Cordell의 〈세상에서 가장 용감한 소녀〉에는 폭설 속에서 길을 잃은 소녀가 내는 거친 숨소리, 아기 늑대가 내는 소리, 어미 늑대가 내는 늑대 소리, 부엉이 소리, 그리고 소녀를 찾는 개의 소리만이 글로 나타난 글 없는 그림책이다. 이런 그림책은 어린이들이 그냥 그림만 보는 것이 아닌 처음 그림을 읽는 것이어서 글을 읽기로 연결되는 자료로서 이상적이다.

〈빨강 파랑 강아지 공〉 중에서
크리스 라쉬카/지양어린이(2012)

〈세상에서 가장 용감한 소녀〉중에서
매튜 코델/비룡소 (2018)

특히 위에서 언급했듯이 2010년부터 글 없이 동물의 소리와 외계인의 소리를 글자가 아닌 이 세상에서 본 적도 없는 창의적인 외래어로 톡특한 양상의 의사소통이 새로운 장르로 나타났다. 〈이봐요, 까망 씨![Mr. Wuffles!]〉에서의 도형 사용과 〈홀라홀라 추추추[Du Iz Tak?]〉에서의 의미 있는 대화의 나열이 그 예이다.

〈이봐요, 까망 씨!〉 중에서
데이비드 위즈너/비룡소(2014)

〈홀라홀라 추추추〉 중에서
카슨 엘리스/김지은 역/웅진주니어(2017)

글 없는 그림책에도 특징이 있다. 스테위그(Stewig, 1980/1988)는 글 없는 그림책에 네 가지 특징을 다음처럼 언급하고 있다. 여기서는 2000년대에 출간된 판타지 그림책에 대해서는 언급하고 있지 않다. 따라서 이 책에서는 판타지 그림책을 포함하여 다섯 가지로 이야기하고자 한다.

첫째, 글 없는 그림책의 대부분은 주 등장인물로 동물을 내세우고 있다.
둘째, 글 없는 그림책은 다른 그림책처럼 일상생활 사건을 다루고 있다.
셋째, 어떤 그림책은 사실주의적인 특징이 있다.
넷째, 어떤 그림책은 순서와 이야기가 있는 대신 서로 관련되지만, 별 관계없는 내용을 담고 있다.
다섯째, 어떤 그림책은 창의와 환상을 강조하는 현대적 의미의 판타지 내용을 담고 있다.

위의 다섯 가지 특징을 글 없는 그림책과 연관 지어 자세히 살펴보자.

첫째, 주요 등장인물이 동물인 경우 해당하는 다음과 같은 작품이 있다.
핑크니[Pinkney]의 〈사자와 생쥐[The Lion & the Mouse]〉[2010년 Medal Winner]에서는 사자와

쥐가 주인공으로 나오는 가장 대표적인 작품이다.

〈사자와 생쥐The Lion & the Mouse〉
제리 핑크니/윤한구 역/열린책들(2010)

둘째, 일상적 사건, 생활에서 일어나는 일을 그린 글 없는 그림책은 다음과 같은 작품이 있다.

도날드 크루Donald Crew의 〈트럭Truck〉1981년 Honor Book이 그 예이다. 〈트럭〉은 길에서 발견되는 교통 표지판, 속도, 도로 이름, 비가 와도 달리며 물건을 나르는 트럭의 하루를 담은 그림책이다. 칼데콧 수상 도서는 아니지만 〈빨간 끈The Red String〉1998년이란 그림책은 한 장 한 장 페이지를 넘길 때마다 빨간 끈이 생활 속에서 발견되는 여러 가지로 끊임없이 연결되고 변화되는 모습을 글 없이 보여 주고 있다. 빨간 끈은 줄넘기, 빨랫줄, 고양이 옷, 소포 꾸러미, 전선 등이 되기도 한다.

〈빨간 끈The Red String〉
마곳 블레어 기획/크레그 콜손 그림/
이경우 역/케이유니버스 (2002년)

셋째, 사실주의적인 특징을 다루고 있는 글 없는 그림책은 현 세계에 살고 있는 사람들에게 일어날 수 있는 일을 다룬 2012년 그림책인 라쉬카Raschka의 〈빨강 파랑 강아지 공A Ball for Daisy〉Medal Winner이 있다. 이 그림책은 반려견을 키울 때 일어날 수 있는 사건을 다루고 있다.

〈빨강 파랑 강아지 공A Ball for Daisy〉
크리스 라쉬카/지양어린이(2012)

넷째, 어떤 글 없는 그림책은 순서와 이야기가 있는 대신 서로 별 관계가 없는 내용을 담고 있다. 예를 들어, 스테판 T 존슨Stephen T. Johnson의 〈알파벳 도시Alphabet City〉1996년 Honor Books는 알파벳 순서대로 나열이 되지만, 서로 관련이 없는 내용을 담고 있는 그림책이다.

다섯째, 어떤 글 없는 그림책은 창의와 상상력을 강조하는 판타지 요소를 담고 있다. 예를 들어, 상상의 나라로 여행을 떠나는 베커Becker의 〈머나먼 여행Journey〉2014년 Honor Book과 위즈너Wiesner의 글 없는 그림책 중 꿈을 나타내는 〈자유 낙하Free Fall〉와 화요일 밤에 일어난 사건을 다룬 〈이상한 화요일Tuesday〉이 그 예이다.

〈자유 낙하〉
데이비드 위스너/이지유 역/ 미래아이(2007)

글 없는 그림책의 효과는 글 있는 그림책과 마찬가지이지만, 이 책에서 반복해서 언급했듯이 AI 시대에 요구되는 창의 능력을 길러 주는 데 강점이 있다. 어린이들은 좋은 그림이 있는 글 없는 그림책을 읽을 때 그림에 맞는 이야기를 상상한다. 그리고 그림과 글과의 관계를 연결 짓는 이야기(텍스트)를 창안하는 경험을 한다. 그림을 자세히 보고 의미를 읽고 전체적으로 분석하면서 '나만의 이야기'를 구성하는 것은 사건의 순서를 포함한 논리 수학적 사고를 길러 준다. 창안하며 느끼는 기쁨 또한 긍정적 자아감을 높여 준다. 드디어 어린이 스스로 창안한 '나만의 이야기' 작가로 좋은 책 표지에 자기 이름을 쓰는 놀이 활동은 그림책 읽기에서 처음 기억되는 가장 존귀한 순간이며 잊히지 않는 구성적 경험이 될 것이다.

글 없는 그림책은 어린이로 하여금 어린이가 작가의 의도를 잘 알게 되는 작가와의 교류를 심층적으로 할 수 있게 한다. 글이 거의 없는 글 없는 그림책의 경우, 작가는 강조하고 싶은 곳에 내용을 강조하는 핵심 단어나 문구를 삽입해서 의도를 전달한다. 글이 없는 그림책의 경우, 작가는 독자들의 상상력과 이야기 구성에 방해하려 하지 않는다. 따라서 글 없는 그림책의 제목은 작가가 의도한 내용을 전달하는 데 있어 매우 중요한 역할을 한다.

이런 의미에서 글 없는 그림책은 먼저 원작(영어)으로 읽고 그런 후에 번역 그림책에 임하게 하는 것이 바람직하다. 그 이유는 다음 표처럼 2010년대 AI 시대의 특징을 반영한 몇몇 글 없는 그림책의 제목은 단어가 첨가되었거나 주인공이 바뀌어 소개되기 때문이며 특히 수상 그림책 모두는 AI 시대에 필요한 공감 능력을 길러 주게 하는 내용을 담고 있기 때문이다.

2010년대 칼데콧상 수상 도서 글 없는 그림책 목록

수상 연도 및 유형	영어 그림책의 제목	번역 그림책의 제목	메모
2010 Medal Winner	*The Lion & the Mouse* by Jerry Pinkney	사자와 생쥐 (2010)	영어그림책 제목과 동일함
2012 Medal Winner	*A Ball for Daisy* by Chris Raschka	빨강 파랑 강아지 공 (2012)	영어 그림책 제목과 번역 그림책 제목이 다름
2014 Honor Book	*Mr. Wuffles!* by David Wiesner	이봐요, 까망 씨! (2017)	영어 그림책 제목과 번역 그림책 제목이 다름
2014 Honor Book	*Flora and the Flamingo* by Molly Idle	플라밍고와 함께 (2014) 절판	영어 그림책의 제목과 번역 그림책 제목이 부분적으로 다름
2014 Honor Book	*Journey* by Aron Becker	머나먼 여행 (2014)	'머나먼' 형용사 추가
2017 Honor Book	*Du Is Tak?* by Carson Ellis	훌라훌라 추추추 (2017)	영어 그림책의 제목과 번역 그림책 제목이 다름
2018 Medal Winner	*Wolf in the Snow* by Matthew Cordell	세상에서 가장 용감한 소녀 (2018)	영어 그림책 제목과 번역 그림책 제목이 다름

제목에 따라 어린이들의 창안하는 방향과 공감 능력의 발달은 다르다는 것은 이미 언급하였다. 역대 칼데콧 수상작으로 글 없는 그림책 총 17권 중에서 2010년대에 수상한 그림책은 시대적 요구창의와 공감를 반영하듯 7권이나 수상을 하였으며 그중 2014년에는 아너상 모두를 글 없는 그림책이 수상해 버렸다. 또 2014년, 2017년에는 그림책에서 사용하는 언어가 독특한 새로운 형식의 의사소통 양상으로 나타난다. 앞에서도 언급했듯이 2014년 〈이봐요, 까망 씨!Mr. Wuffles!〉에서는 고양이의 새 놀잇감 안에 있는 외계인이 곤충들과 의사소통하는 이야기를 세모와 네모 모양의 언어로 표현하는데 AI 시대에는 누구든 독특한 문자로 누구와도 소통할 수 있다는 무한한 언어적 상상력을 자극한다. 2017년에는 〈훌라훌라 추추추

Du Iz Tak?〉에서 곤충들이 어느 정원에서 한 해를 함께 보내면서 곤충의 언어로 소통하는 이야기가 전개되는데, 처음에는 곤충의 언어가 난해해 보이지만 어린이들의 '나만의 해석' 과정을 거치면서 공감하고 창안해 가는 새로운 경험을 준다.

글 없는 그림책을 읽는 방법은 웹사이트: www.readingrockets.org에서도 찾을 수 있다. 특히 나이 어린 어린이들과는 그림책을 먼저 전체적으로 함께 읽는다. 그런 다음 글 없는 그림책 한 장 한 장을 자세히 살피며 어떤 이야기가 있는지 추측하게 하고 이야기를 생각해 보게 한다. 그리고 그 이야기에 제목을 붙여 본다. 어린이가 생각한 것을 자신이 말하게 하며, 가장 좋은 그림이나 장면이 어떤 것인지도 말해 보도록 한다. 물론 쓰기에 아직 서투르거나 어려운 경우, 성인이 그림 밑에 이야기를 받아 적어 넣어 준다. 그리고 이야기를 지은 작가로 어린이가 직접 이름을 써 보는 경험을 하도록 한다.

한편 그림책 이해를 위한 보조 수단으로 유튜브를 활용하는 방법도 있다. 유튜브에는 할아버지가 해석해 주는 벌레들의 이야기 'Grandpa reads "Du Iz Tak," with translation from bug language[2020년 11월 30일 발췌]'를 들으면 내용을 전체적으로 이해하게 되고 그림책이 담고 있는 여러 가지 메시지에 쉽게 접근할 수 있다.

글 없는 그림책을 가지고 질문/토의하는 구체적 방법은 본 서의 제3장과 제4장에서 소개하고 있다.

2) 글 있는 그림책

글이 있는 그림책이란 간단한 텍스트와 그림이 있는 책을 말한다. 어린이 그림책은 우선 그림이 좋아야 하지만 그림책에 있는 내용 역시 좋아야 한다. 출판되는 대부분의 그림책은 글 있는 그림책인데, 이는 그림책을 보는 동안 어린이들이 글을 해독할 수 있다는 성인의 믿음에 기인한 것이기도 하다. 또한 글 있는 그림책은 그림책의 텍스트와 이를 강조하는 몇 장의 그림으로 출판이 가능하기 때문에 글 없는 그림책보다는 출판되는 수에 있어 압도적이다. 글 있는 그림책은 부모들이나 교사들이 어렵지 않게 그냥 읽어 주는 방법으로도 쉽게 접근할 수 있다.

글 있는 그림책의 종류는 크게 두 가지로 구분할 수 있는데, 그것은 다음처럼 그림책Fiction과 정보책Non-fiction으로 나눌 수 있다.

그림책Fiction

이야기(옛이야기, 창작동화, 신화, 역사 소설, 명작 소설(고전 소설), 인물 이야기 등

정보책Non-Ficton

정보책(과학, 역사, 경제, 사회, 문화, 철학 등 주제별 분류가 가능한 정보책)

그림책으로 시대 적절하게 심화 독서 프로그램을 운영하고 있는 스콜라스틱Scholastic사에서는 북플릭스BookFLIX라는 이름으로 온·오프라인에서 어린이 고전과 수상 도서, 그리고 정보책을 학교기관과 도서관에서 구입/운영하고 어린이들은 자유롭게 사용하도록 한다. 이 프로그램에서는 다양한 그림책이 소개되므로 칼데콧을 수상한 그림책은 그 수에 있어 그리 많지는 않은 편이다. 그러나 정보책과 연결하고 그리고 인터넷으로 놀이를 할 수 있어 다학문적이고 융합적으로 접근하는 경험을 하도록 한다.

BookFLIX 로고에 나타난 그림책 듣기와 그림책과 정보책

왜 이 심화 독서 프로그램Enriched Reading Program에서 어린이 고전, 수상한 그림책, 정보책을 비디오로 좋은 그림책을 읽고, 상호작용적 관련 놀이 활동을 온라인에서 해 보며, 주제와 연관된 정보책Information Books을 경험하며 지식을 구성하게 할까? 그것은 '나이 어린 어린이들에게 줄 수 있는 최고의 선물은 무엇일까?'

에 대한 대답일 것이다(Bookflix.youtube.com 2020. 5. 9. 발췌; http://teacher.scholastic.com/products/bookflix/#/). 처음 읽기를 하는 어린이들에게 아주 풍부한 고전과 수상 도서와 정보책에 노출하게 하는 것은 부담 없이 그림을 읽음으로써 문해 활동에 임하게 하는 의미도 있으며 관련 지식을 구성하며 더 나아가서는 AI 정보 시대 미디어 활용 능력도 길러 주기 위함이다. 그래서 결국 어린이들은 상상하다가 창의 능력을 발전시키고, 세계에 대한 호기심을 가지고 읽기와 배우는 것을 사랑하게 되도록 한다.

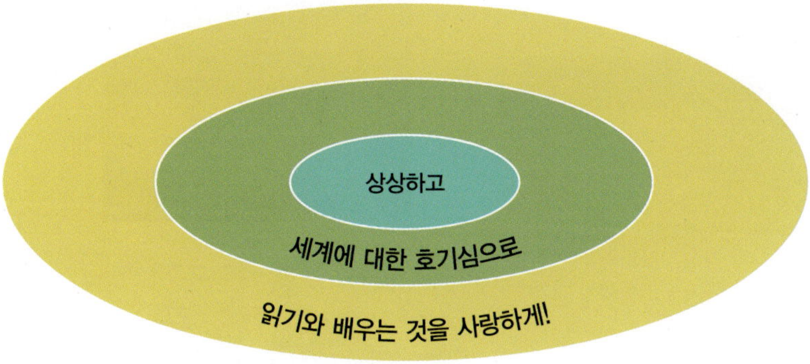

심화 독서 프로그램의 지향점

글 있는 그림책의 특징은 본서의 좋은 그림책의 특성과 부합되므로 이를 참조할 수 있을 것이다. 창의적 능력, 공감 능력, 및 반편견의 관점을 기르기 위해 글 있는 그림책의 선정과 접근은 중요하다. 다음에서 그 예를 살펴보자.

창의 능력 기르기와 고정관념에서의 탈피

앞 장에서 그림책은 작가와 독자와의 교류(Rosenblatt, 1978)라고 언급했었다. 작가 개인이 기존의 고정관념을 뛰어넘는 그림책에 대한 접근이 기발한 것으로 월등한 것은 글 없는 그림책으로 여러 번 수상한 삽화가인 위즈너Wiesner일 것이다. 예컨대 〈아기 돼지 세 마리The Three Pigs〉2002년 Medal Winner의 글 있는 그림책은 전통적 그림책 〈아기 돼지 삼 형제〉에서부터 탈피해서 작가의 독특한 측면으로 고정관념을 뛰어넘어 새롭게 글 있는 그림책으로 출간한 것이 그 좋은 예이다.

돼지 삼 형제가 집을 지어가는 중에 늑대를 피해 간 곳이 본 그림책 밖으로 빠져나가 다른 전래동요나 그림책의 배경 속인가 하면 그 속의 인물들과 함께 놀이도 한다. 그리고 다시 돼지 삼 형제의 이야기가 있는 그림책 쪽으로 돌아오는 등 상상의 이야기를 전개해서 기존의 그림책이 한 장르에서 머무는 고정관념에서 벗어나 자유롭게 상상해서 창의적인 측면을 더해 보는 것으로 극대화하였다. 이런 고전은 이 시대에 더없이 좋고 시대 적절한 그림책이라고 사료된다.

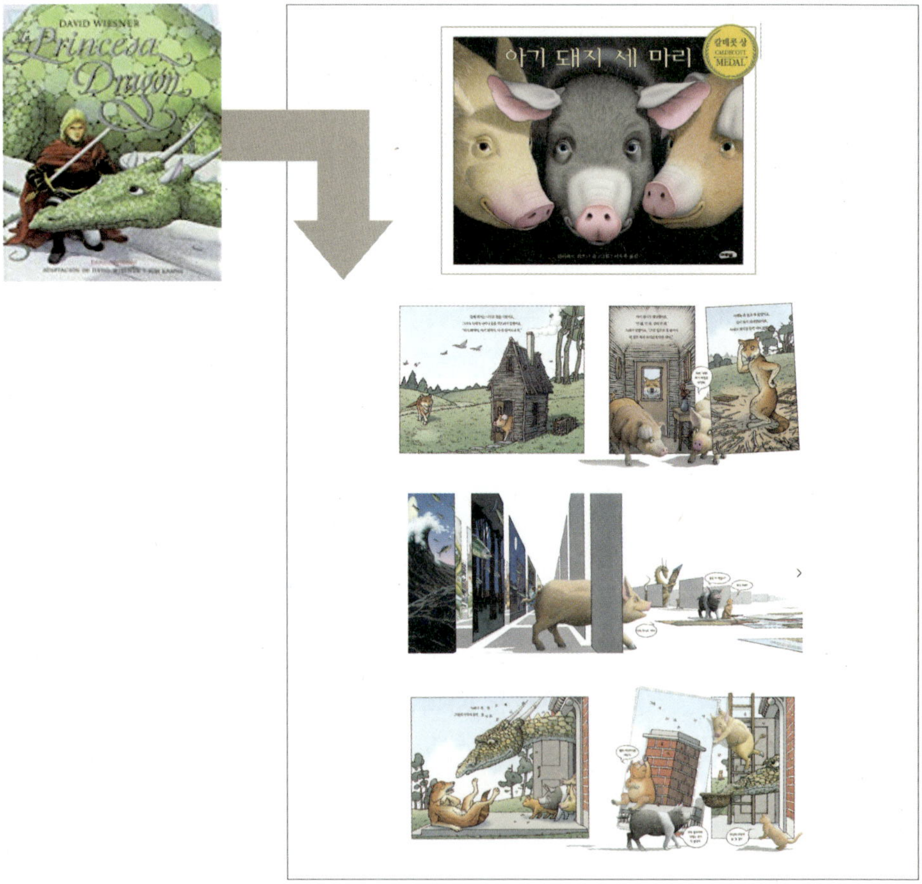

〈아기 돼지 세 마리 The Three Pigs〉
데이비드 위즈너/이옥용 역/마루벌(2008)

3장에서도 언급했지만 〈아기 돼지 세 마리The Three Pigs〉 그림책 안에는 위즈너Wiesner가 수상한 다른 그림책에 나오는 다양한 캐릭터들이 이 그림책 안에 놀러 온다. 예를 들어 〈Prince da Dragon〉 그림책에 나오는 용이 갑자기 나타나서 늑대를 놀라게 하기도 한다. 따라서 한 권의 그림책을 이해하기 위해서는 다른 그림책의 이야기에도 노출하여 심층적으로 읽기에 임하게 하는 것이 필수적이다.

또 〈아기 돼지 세 마리〉 그림책에 다른 캐릭터들이 이 책 안으로 방문하기도 하지만 반대로 돼지 삼 형제가 다른 곳으로 방문하기도 한다. 그 장면이 서양의 마더구스Mother goose인 〈Hey Diddle Diddle〉 공원으로 아기 돼지 삼 형제가 놀러 가는 그림이다. 〈Hey Diddle Diddle〉은 보통 어린이 그림책에서 한 장면으로 소개되는데 이 운율을 모르면 도저히 그림책을 이해할 수 없다. 예컨대 아이들이 잠들기 전에 즐겨 읽는다는 고전으로 브라운Brown의 〈잘 자요, 달님Goodnight Moon〉이 있는데 거기서도 〈나비 야옹Hey Diddle Diddle〉 마더구스의 장면이 소개된다. 마찬가지로 이 운율을 모르면 어린이들이 그림책을 깊이 이해하는 데 어려움을 겪을 수 있다. 특히 마더구스 이야기는 유명하지만 저절로 암기되지 않는 전래동요이기 때문에 리듬과 운율에 집중해서 들려주면 쉽게 기억된다.

〈아기 돼지 세 마리The Three Pigs〉
데이비드 위즈너/이옥용 역/마루벌(2008)

〈Hey Diddle, Diddle〉	〈나비 야옹〉
Hey diddle diddle, *The cat and the fiddle,* *The cow jumped over the moon*	*바이올린 쟁쟁* *암소가 깡충* *달 위로 껑충*
The little dog *laughed to see such sport,* *And the dish ran away* *with the spoon.*	*강아지가 멍멍* *배꼽 잡고 깔깔* *접시는 랄라라* *숟가락과 줄행랑*

– 일부 발췌 –

원문에서처럼 번역서에 리듬과 라임을 살려 잘 번역/소개되고 있어 운율에 맞게 노래하거나 읽으면 쉽게 뜻을 이해하게 된다. 따라서 〈아기 돼지 세 마리The Three Pigs〉를 읽기 전에 이 너서리 라임이나 관련 그림책들을 먼저 들려주어야 원하는 이야기의 내용이 충분히 이해될 것이다.

위즈너Wiesner는 그림책에 소개되는 동물들과 함께 우정을 나누고 결국 함께 여행하며 후에는 다 같이 행복하게 살게 되기 때문에 다른 그림책을 먼저 읽고 폭넓은 이해 속에서 창의와 공감과 반편견을 가지고 더불어 살 수 있는 능력을 저자의 아이디어로 공감하게 될 것이다.

2. 그림책의 주제

그림책은 주제나 내용으로 분류되기도 한다. 도서의 주제에 대한 정의는 학자에 따라 다소 차이가 있다. 우리나라 교육과정에서는 생활 주제에 따라 유치원과 친구, 나와 가족, 우리 동네, 동식물과 자연, 건강과 안전, 생활 도구, 교통기관, 우리나라, 세계 여러 나라, 환경과 생활, 봄, 여름, 가을, 겨울로 분류하고 있다.

이에 앞서 김세희와 현은자(2011)는 그림책을 크게 네 가지로 하여 내적 세계, 가족 세계, 사회적 세계, 자연 세계로 나누었다. 그리고 이를 다시 소주제로 나누었으며 종교적 세계도 포함하였다.

① 내적 세계: 자아 개념, 일상생활 습관, 책임감, 정의감, 상상과 모험, 장애, 유머, 두려움
② 가족 세계: 가족, 형제, 조부모, 입양
③ 사회적 세계: 친구, 협동, 선생님
④ 자연적 세계: 자연, 계절, 환경 보존
⑤ 종교적 세계

현은자·김정준·연혜민·김민정·김현정·장시경(2019)은 어린이의 세계와 그림이야기책에 따른 분류체계를 다섯 가지로 하였다. 그것은 ① 내적 세계, ② 가족 세계, ③ 사회적 세계, ④ 자연적 세계, 그리고 ⑤ 문화적 세계이다.

본 저서에서는 위의 입장을 토대로 세계인으로 살기 위한 주제를 고려하여 다음과 같이 활용할 수 있음을 제시한다.

① 가족: 부모, 형제, 조부모, 입양
② 내적 세계: 자아 개념, 일상생활 습관, 책임감, 우정, 대응하기, 장애, 학교생활, 공감
③ 정보: 가정, 사회, 건강, 인간의 신체, 운송 수단, 식물, 애완동물, 환경, 음식, 풍습
④ 기호: 선호성, 상상력, 미스터리와 모험, 유머
⑤ 특별한 시간들: 주말과 계절, 특별한 날, 음악과 노래

첫째, 가족: 부모, 형제, 조부모와 입양 등과 관련된 가족이 주제인 칼데콧 수상작들은 다음과 같다.

- 아기 오리들한테 길을 비켜 주세요 Make Way for Ducklings(1942)
- 괴물들이 사는 나라 Where the Wild Things Are(1964)

- 달구지를 끌고Ox-Cart Man(1980)
- 멋진 우리 할아버지Song and Dance Man(1989)
- 할아버지 댁 창문The Hello, Goodbye Window(2006)

〈괴물들이 사는 나라Where the Wild Things Are〉
모리스 샌닥/강무홍 역/시공주니어(1994)

둘째, 내적 세계: 자아 개념, 일상생활 습관, 책임감, 우정, 대응하기, 장애, 학교생활, 공감을 담고 있어 내적 세계를 표현하는 칼데콧 수상작들은 다음과 같다.

- 세상에서 가장 커다란 곰The Biggest Bear(1953)
- 나랑 같이 놀자Play with Me(1956)
- 제프리 초서의 챈티클리어와 여우Chanticleer and the Fox(1959)
- 개구리와 두꺼비는 친구Frog and Toad are Friends(1971)
- 모기는 왜 귓가에서 앵앵거릴까?Why Mosquitos Buzz in People's Ears(1976)
- 안 돼, 데이비드!No, David!(1999)
- 날마다 말썽 하나!My Friend Rabbit(2003)
- 내 토끼 어딨어?Knuffle Bunny Too: A Case of Mistaken Identity(2008)
- 사자와 생쥐The Lion & the Mouse(2010)
- 빨강 파랑 강아지 공A Ball for Daisy(2012)
- 이봐요, 까망 씨!Mr. Wuffles!(2014)
- Flora and the Flamingo(2014)
- 세상에서 가장 용감한 소녀Wolf in the Snow(2018)
- 이건 내 모자가 아니야This is Not My Hat(2013)

- 비클의 모험The Adventures of Beekle: The Unimaginary Friend(2015)
- 위니를 찾아서: 세상에서 제일 유명한 곰에 관한 실제 이야기Finding Winnie – The True Story Of The World's Most Famous Bear(2016)

〈비클의 모험: 상상을 뛰어넘은 여행〉
댄 샌탯/고정아 역/아르볼(2015)

셋째, 정보: 가정, 사회, 건강, 인간의 신체, 운송 수단, 식물, 애완동물, 환경, 음식, 풍습과 같은 정보를 담고 있는 칼데콧 수상작들은 다음과 같다.

- 에이브러햄 링컨Abraham Lincoln(1940)
- 위대한 비행The Glorious Flight: Across the Channel with Louis Blert(1984)
- 알록달록 동물원Color Zoo(1990)
- 할아버지의 긴 여행Grandfather's Journey(1994)
- Smoky Night(1995)
- 요셉의 작고 낡은 오버코트가…?Joseph had a Little Overcoat(2000)
- 대통령이 되고 싶다고?So You Want to Be President?(2001)
- 마틴 루터 킹Martin's Big Words: the Life of Dr. Martin Luther King Jr.(2002)
- 일어나요, 로자Rosa(2006)
- 훌라훌라 추추추Du Iz Tak?(2017)
- 빛나는 아이: 천재적인 젊은 예술가 장 미셸 바스키아Radiant Child: The Story of Young Artist Jean-Michel Basquiat(2017)
- 안녕, 나의 등대Hello Lighthouse(2019)

〈빛나는 아이: 천재적인 젊은 예술가 장 미셸 바스키아〉
자바카 스텝토/이유리 역/위즈덤하우스(2018)

넷째, 기호: 선호성, 상상력, 미스터리와 모험, 유머 등과 같은 기호의 내용을 담고 있는 칼데콧 수상작들은 다음과 같다.

- 친구를 데려가도 될까요?May I Bring a Friend?(1965)
- 세상에 둘도 없는 바보와 하늘을 나는 배The Fool of the World and the Flying Ship(1969)
- 깊은 밤 부엌에서In the Night Kitchen(1971)
- 만일 이 세상 바다가 하나가 된다면If All the Seas were One Sea(1972)
- 자유 낙하Free Fall(1989)
- 늑대 할머니Lon Po Po: A Red-Riding Hood Story from China(1990)
- 이상한 화요일Tuesday(1992)
- 이상한 자연사 박물관Time Flies(1995)
- 쉿!Hush! A Thai Lullaby(1997)
- 옛날 옛날에 파리 한 마리를 꿀꺽 삼킨 할머니가 살았는데요There Was an Old Lady Who Swallowed a Fly(1998)
- 구름공항Sector 7(2000)
- 아기 돼지 세 마리The Three Pigs(2002)
- 시간 상자Flotsam(2007)
- The Invention of Hugo Cabret(2008)

〈아기 돼지 세 마리〉
데이비드 위즈너/이옥용 역/
마루벌(2008)

다섯째, 특별한 시간들: 주말과 계절, 특별한 날, 음악과 노래와 같은 특별한 시간들을 담은 칼데콧 수상작들은 다음과 같다.

- 모두 행복한 날The Happy Day(1950)
- 눈 오는 날The Snowy Day(1963)
- 부엉이와 보름달Owl Moon(1988)
- 쌍둥이 빌딩 사이를 걸어간 남자The Man Who Walked Between the Towers(2004)

〈눈 오는 날〉
에즈라 잭 키츠/김소희 역/
비룡소(1995)

위에 제시한 그림책들은 2장에서 제시한 책들을 기준으로 한다. 하나의 그림책이 여러 개의 주제를 담고 있을 경우 그중 가장 두드러진 특징에 따라 구분하였음을 밝힌다.

제7장

좋은 그림책의 특성

일반적으로 좋은 그림책이 가져야 할 특성에 대해 립손(Lipson, 2000)은 책의 우수성, 영속성, 개인적 호소력이 있어야 한다고 말했다. 우수성이란 독특하고 흥미 있는 요소를 말하며, 영속성이란 기억하기 쉽고 오래 읽히는 것을 말하고, 그리고 개인적 호소력이란 독자의 경험 및 개념과 연관되는 것이다.

한편, 나이 어린 어린이들이 책을 그림으로 읽는 특징을 고려해서 컬리난과 갈다(Cullinan & Galda, 1994) 그리고 브롬리(Bromley, 1996)는 좋은 그림책의 기준을 두 가지로 말한다. 그림책에 있는 삽화[그림]가 좋아야 하고 그리고 이야기(내용)의 질이 좋아야 한다는 것이다. 좋은 그림책의 특성을 여섯 가지 미술의 양상으로 본다. 즉 색, 선, 모양, 질감, 배열, 그리고 전체적 효과로 살핀다. 이 책에서도 어린이는 그림책을 보고 그림을 통해 이야기를 해독하는 특징을 고려하여 좋은 그림책의 특징을 살핀다.

1) 색

색은 그 색상, 옅은 색과 채도saturation로서 관찰된다. 색은 색의 잔상color spectrum 즉 묘사하거나 혹은 색상들로서의 실제적 부분으로 고려된다. 눈에 띄는 색은 잔상의 시원한 것으로부터(푸른색, 녹색 그리고 회색~보라색) 따스한 것으로(빨간색, 오렌지색 그리고 노란색) 생기는 것이다. 색의 부드러움은 투명한 색에서부터 칙칙한 색에 이르기까지 광범위하다.

사용된 색은 본문이 있는 경우, 본문을 보충한다. 그 예로서, 이야기의 분위기가 차분하고 조용한 것이라면 삽화가는 이야기의 정서적인 따스함을 강조하는 부드럽고 따스한 색조를 선택한다. 사건과 본문의 이야기가 도중에 변화가 있다면 그때 색은 이야기에서 일어나는 변화를 알려줄 수 있도록 변화되어야 한다. 이러한 점은 색을 이용하는 것과 기능에 관한 기본이다.

레오Leo의 〈모기는 왜 귓가에서 앵앵거릴까?Why Mosquitoes Buzz in People's Ears〉1976년 Medal Winner는 흑과 백의 배경과 대비하여 안정되고 옅은 파스텔 색조를 사용하는가 하면 아프리카의 이야기를 대담하게 삭제된 모양과 패턴으로 그리기 위해 독특한 흰색 선도 사용하였다. 이런 기본적인 색의 이용과 기능은 어린이들이 그림을 보거나 때로는 몇 개의 그림책들을 비교해 봄으로써 쉽게 인지된다. 예컨대, 넬슨Nelson의 〈우리는 패배하지 않아The Undefeated〉2020년 Medal Winner를 보면 밝은 노란색과 검은색을 대비하여 나타낸 특징을 살펴볼 수 있다.

〈Why Mosquitoes Buzz in People's Ears〉
Verna Aardema/Leo Dillon & Diane Dillon
/Puffin/Dial

〈모기는 왜 귓가에서 앵앵거릴까?〉
버나 알디마 글/
레오 딜론 & 다이앤 딜론 그림/
김서정 역/보림(2003)

로벨Lobel의 〈개구리와 두꺼비는 친구Frogs and Toads are Friends〉1971년 Honor Book 삽화에서는 다만 녹색과 다갈색이 아주 부드러운 색조로 나타난다.

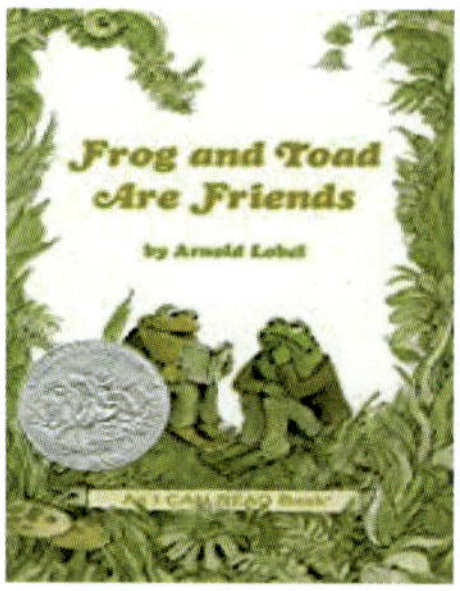

〈Frog and Toad are Friends〉
Arnold Lobel/Harpercollins

〈개구리와 두꺼비는 친구〉
아놀드 로벨/엄혜숙 역/비룡소(1996)

블랙올Blackall의 〈안녕, 나의 등대Hello Lighthouse〉2019년 Medal Winner 삽화에는 하루 종일 등대가 하는 일을 조용함과 따뜻함으로 나타내기 위해 파란색, 분홍색, 노란색으로 표현했다. 특히 바다와 파도를 표현하기 위해 사용되는 색은 매우 뛰어난데, 잔잔한 바다는 파란색을, 저녁노을은 핑크빛 색으로, 거친 파도는 일렁이는 하얀색 거품과 검은 회색빛 먹구름이 대비되도록 했다. 시간의 이동을 느끼게 하기 위해서 겨울 바다를 하얀색으로 또 청록색의 오로라로 하늘을 표현했다. 등대지기가 마지막 업무를 끝내고 육지로 떠나는 장면에서는 연푸른색이 잔잔한 파도로 이별의 느낌을 전달하고 있다. 마지막 등대를 그리는 장면에서는 불타는 빨간색의 구름과 수평선이 등대의 빨간 지붕과 등대지기의 새로운 보금자리 집의 빨간 지붕을 하나로 연결된 듯 보여 준다.

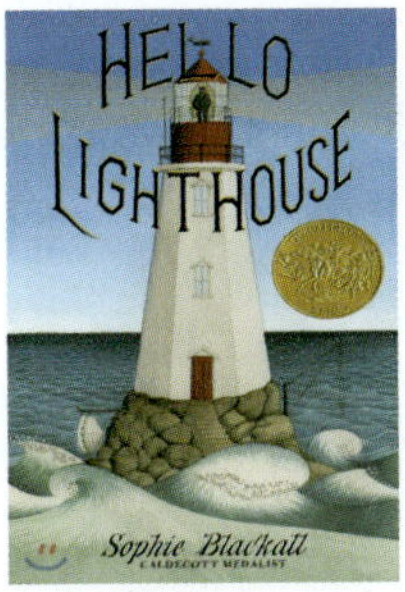

〈Hello Lighthouse〉
Sophie Blackall/
Little, Brown Books for Young Readers

〈안녕, 나의 등대〉
소피 블랙올/정회성 역/비룡소(2019)

2) 선

선은 시각적 요소의 두 번째 요소로서 그림의 일부를 형성한다. 그림의 윤곽으로 정의되는 획의 특징은 선이다(Lynch-Brown & Tomlinson, 1996). 그림의 선은 대개 그림 속에 있는 대상물을 규정짓는다. 미술가들은 어둡거나 엷은 선, 무겁거나 가벼운 선, 끊임이 없거나 있는 선, 넓거나 얇은 선, 곧거나 구부러진 선, 혹은 이들 요인의 합작으로 된 선을 이용한다. 선은 대개 수직적이고 수평적이며, 혹은 대각선이다. 대양과 훤히 트인 대초원의 그림에서, 선은 현저하게 수평적이다. 이런 선이 주는 인상은 조용하고 평안한 것이다. 대양이 폭풍우 중에 있으면, 이를 나타내는 선은 십중팔구 대각선이고, 행동이나 정서 혹은 두 가지 모두를 암시하기 위해 있는 선이면, 위쪽을 향하는 움직임처럼 표현된다. 선의 사용에 따라 각기 다른 시각적 효과의 결과를 가져오고 다른 분위기를 조성한다. 그러므로 그림 속에 있는 선의 요소는 이야기의 의미와 느낌을 창조하는 것이다.

어떤 삽화가는 피상적이면서(혹은 일차원적인) 색을 첨가한 만화 형식의 그림을 위해 선을 사용하기도 한다. 삽화가들은 특별한 성과를 나타내기 위해 선을 이용한다. 보다 두꺼운 선 즉 크레용 모양의 선은 밀림의 빽빽하고 무성함을 보여 주고, 펜과 잉크로 된, 보다 엷은 선들은 염소의 빳빳한 머리카락과 여우의 부드러운 털을 보여 준다. 선에서는 선의 굵기, 명암, 사용 용도 및 독특한 점을 살펴보는 것이 중요하다.

크롬스[Krommes] 그림의 〈한밤에 우리 집은[The House in the Night]〉[2009년 Medal Winner]은 판화에 스크래치 기법으로 흑백의 굵고 가는 선을 사용하여 밝음과 어두움, 부드러움과 포근함, 그리고 강조하고 싶은 곳을 주황색으로 표현하였다.

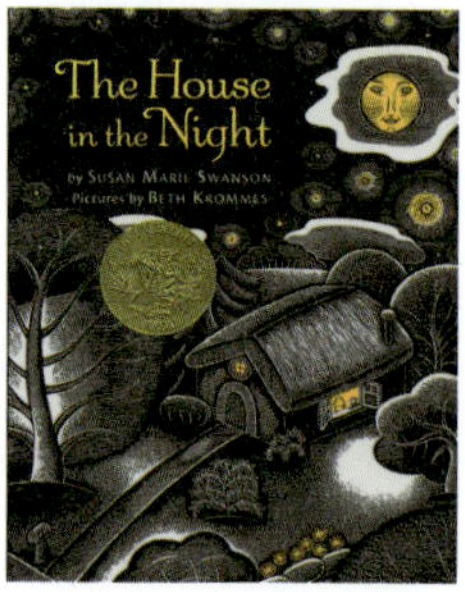

〈The House in the Night〉
Swanson, Susan Marie/
Krommes, Beth/
HMH Books for Young Readers

〈한밤에 우리 집은〉
수잔 마리 스완슨 글/베스 크롬스 그림/
정경임 역/지양어린이(2009)

맥컬리[Macauly]의 〈흑과 백[Black and White]〉[1991년 Medal Winner]에서는 만화 같은 느낌의 효과를 위해 선으로 영역을 나눠 그림을 그렸다. 욜른[Yolen]의 〈부엉이와 보름달[Owl Moon]〉[1988년 Medal Winner]에서는 섬세하고 부드러운 선을 사용하여 눈 내리는 느낌을, 거친 선으로는 메마른 겨울나무와 나뭇가지를, 두꺼운 선으로는 그림자를 표현하였다.

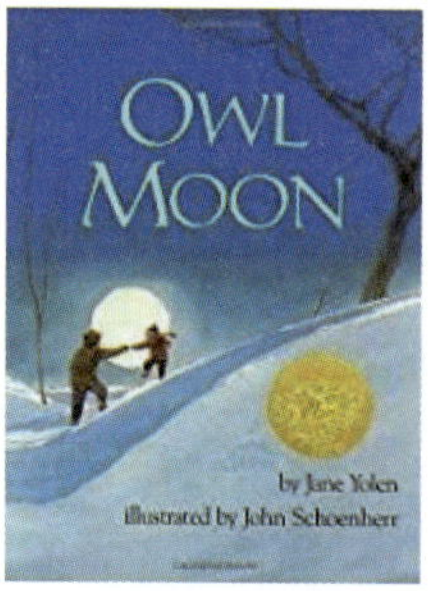

〈Owl Moon〉
Jane Yolen (Author)/
John Schoenherr (Illustrator)/
Philomel Books

〈부엉이와 보름달〉
제인 욜런 글 / 존 쇤헤르 그림/
박향주 역/시공주니어(2000)

블랙 올Blackall은 앞에서 색에 대해 예를 들었던 〈안녕, 나의 등대Hello Lighthouse〉의 작가로 〈위니를 찾아서Finding Winnie〉2016년 Medal Winner에서도 색과 함께 선을 매우 뛰어나게 사용하고 있음을 알 수 있다. 위니의 털, 해리의 체크무늬 모자와 코트의 조직감, 나무의 거친 줄기 등이 연필선을 사용하여 거침과 부드러움이 느껴지도록 묘사했다. 세 개의 이야기로 이루어지는 그림책이지만 위니의 존재는 선으로 지속해서 처리되어 쉽게 인식되는 특징을 살렸다. 이야기의 배경과 사물에도 다양한 선으로 배경을 처리한 것이 특징적이다. 삐죽삐죽 갈색으로 처리된 위니는 동물원에서도 눈에 띄어 위니임을 인식하게 한다.

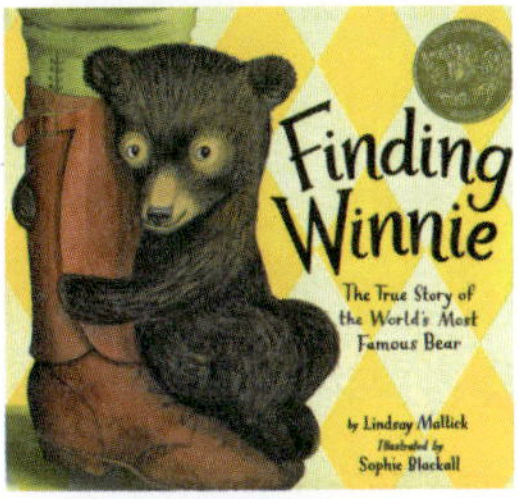

〈Finding Winnie〉
Lindsay Mattick/Sophie Blackall/
Little, Brown Books for Young
Readers

〈위니를 찾아서〉
린지 매틱 글/소피 블랙올 그림/
정회성 역/미디어창비(2016)

팜Pham의 〈곰이 강을 따라갔을 때Bear Came Along〉2020년 Honor Book에서는 앞표지에 나무와 곰이 선으로 배경 처리되어 있다. 뒤표지 역시 갈색 선으로 숲을 나타내는가 하면 거북이나 다른 동물들은 밝은 선으로 처리되어 즐겁게 노는 모습에 공감하게 한다. 주인공 곰도 강물의 흐름도 다양한 선과 색을 합쳐 모험하는 동물들의 마음을 공감하게 한다. 특히 폭포와 폭포에서 떨어진 동물들의 즐거운 모습은 둥글둥글한 선과 파스텔색의 조합으로 소개되어 곰이 강을 따라가며 만나는 동물들과의 모험을 돋보이게 한다.

〈Bear Came Along〉
Richard T. Morris/LeUyen Pham/
Little, Brown Books for Young
Readers

〈곰이 강을 따라 갔을 때〉
리처드 T. 모리스 글/르웬 팜 그림/
이상희 역/소원나무(2020)

3) 모양

모양, 혹은 그림의 형태는 어떤 형태의 윤곽을 나타낼 수 있도록 색과 선을 결합하고 교차하여 만든다. 모양의 단순성 혹은 복잡성은 모양의 고정성(기하학적 모형으로서), 유연성(유기체적 모형으로서), 그리고 크기로 평가될 수 있다(Lynch-Brown & Tomlinson, 1996). 모양은 분위기를 창조하고 메시지를 시각적으로 전한다. 그림 속에 있는 모양을 볼 때, 하나의 대상물과 다른 대상물의 비율 그리고 모양을 둘러싼 공간은 모양이 말을 사용하지 않고 전하는 메시지 때문에 크면 클수록 더 중요하게 나타난다. 빈 공간은 대상물을 강조하는 공간으로 능력 혹은 고립과 고독을 보여 주는 것으로 관찰된다.

미묘한 모양들을 나타내고 있는 그림책은 엘러트 Ehlert의 〈알록달록 동물원 Color Zoo〉 1990년 Honor Book이다. 그는 이 책에서 강렬한 색을 사용하고, 모양을 겹치고 조합함으로 창안적 동물 모양을 나타낼 수 있음을 전하기 위해 기하학적 모양을 사용하였다. 몇몇 삽화가들은 사실주의적 모양을 이용하는 콜라주(인쇄물 오려낸 것, 눌러 말린 꽃, 헝겊 등을 화면에 붙이는 추상 미술의 수법)를 사용하였다.

〈Color Zoo〉
Lois Ehlert (Author, Illustrator)/
HarperFestival

〈알록달록 동물원〉
로이스 엘러트/문정윤 역/
시공주니어(2017)

뱅Bang은 종이를 도려낸 그림을 이용하고 노인의 운명을 바꿔 놓은〈종이학Papercrane〉1985년의 이야기를 콜라주와 다른 자료들을 합쳐 다양하게 표현하였다. 수상 도서는 아니지만 이야기에 패턴을 이해할 수 있도록 하는 데 놀라운 책으로 높이 평가된다.

키츠Keats의 〈눈 오는 날Snowy Day〉1963년 Medal Winner에서는 피터의 이야기를 말하기 위해서 유화와 콜라주를 이용하였다. 즉 어린 흑인 주인공 피터에 대한 간단한 이야기를 위해 콜라주를 사용하여 실제적인 모양을 제시하였다. 싱어와 칼Singer & Carle에 의한 〈Why Noah Choose the Dove〉1973년에서 페인트와 콜라주를 사용하고 추상화의 솜씨를 대담하게 발휘하였다. 칼 특유의 단순한 모양의 동물과 사람을 창조하기 위해 페인트와 콜라주를 이용하여 어린이들에게 친근감으로 다가오고 있다.

모양에 있어서는 어떤 모양이 사용되었는지, 그 모양은 선명한지 아닌지, 단순한지 화려한지, 실제적인지 추상적인지, 자유롭게 흐르는지 아니면 고정된 것인지, 이야기와 어떻게 조화를 이루고 있는지 살펴보는 것이 중요하다. 나이 어린 유아들도 다양한 모양에 대해 인식할 수 있다. 맥덜못McDermot의 〈태양으로 날아간 화살Arrow to the Sun〉1975년 Medal Winner은 도형-원, 네모-직사각형-세모의 독특한 모양으로 멕시코 푸에블로 인디언 풍의 전통 무늬를 추상적 느낌으로 표현한다. 여기서 기하학적 패턴과 결합된 색조는 이 책의 이야기 속에 있는 그림으로 된 대상물에 짙은 빛깔을 준다.

〈Arrow to the Sun〉
McDermott, Gerald/PenguinUSA

〈태양으로 날아간 화살〉
제럴드 맥더멋/김명순 역/
시공주니어(2017)

반면, 영Young의 〈늑대 할머니Lon PoPo〉1990년 Medal Winner는 좀 희미한 모양으로 되어 있어 부드러운 느낌을 준다.

알스버그Allsburg의 〈The Polar Express〉1986년 Medal Winner에서는 크리스마스 이야기를 직사각형 박스 안에 부드러운 그림을 그려 영화를 보는 듯한 느낌을 준다. 또 사각형을 사용하여 깜깜한 저녁에 기다란 기차의 창문과 빌딩의 창문을 통해 부드러운 불빛이 새어나오는 느낌으로 크리스마스의 느낌을 강하게 준다.

모라Mora의 〈할머니의 식탁Thank You, Omu!〉2019년 Honor Book은 종이, 헝겊, 지도, 신문지 등을 오리고 붙여 그림책을 콜라주로 모양과 질감으로 잘 완성하였다. 창문과 집은 오린 듯한 네모 모양으로 단순하면서도 여러 모양이 겹쳐 있을 때는 복잡한 마을 느낌이 나도록 했다. 할머니의 수프가 담긴 단순한 그릇 모양부터 냄새가 퍼지는 듯한 느낌을 주는 김의 모양이 독특하다. 각진 모양과 부드러운 모양의 콜라주로 사람들의 표정과 물체를 세밀하게 표현하여 그림책의 '나눔'과 '감사'의 분위기를 잘 느낄 수 있게 했다.

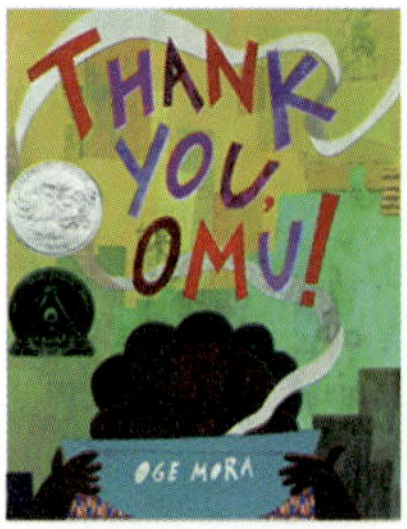

〈Thank You, Omu!〉
Oge Mora/Little, Brown & Co.

〈할머니의 식탁〉
오게 모라/위즈덤하우스(2019)

존 클라센Klassen은 같은 해인 2013년에 〈이건 내 모자가 아니야This is Not My Hat〉Medal Winner와 〈애너벨과 신기한 털실Extra Yarn〉Honor Book 그림으로 칼데콧상을 받았다. 그는 〈애너벨과 신기한 털실〉에서 자동차, 상자, 창문, 단추, 집과 같은 사물을 단순한 도형에서부터 복잡한 모양을 사용했다. 원본 영어 그림책 표지는 제목(글씨)으로 표지를 디자인해 글씨가 각각의 모양처럼 인식이 된다. 반면 번역본 표지는 제목보다는 친구와 동물들의 털실 옷과 스타일이 강조된다. 그림책에는 배경이 거의 없거나 흰색 또는 단순한 어두운 갈색 면만을 사용했기 때문에 사물과 사람 등 전달하고자 하는 것이 도드라지게 보이며 집중된다. 그림책 초반에는 어둡고 추운 겨울을 갈색 모양의 직선 모양의 딱딱한 면들이 많이 사용되었으나 애너벨이 동물들, 사람들, 집, 나무 등에 스웨터를 떠 입혀 주면서 주변을 파스텔 톤으로 밝게 했다.

〈Extra Yarn〉
Jon Klassen/Mac Barnett/
Harper Collins Pub.

〈애너벨과 신기한 털실〉
맥 바넷 글/존 클라센 그림
길벗어린이(2013)

4) 질감

질감은 촉각적 질감과 시각적 질감이 있는데, 그림책은 대부분 시각적 질감으로 많이 표현된다. 그림으로 그린 대상이 어떤 느낌을 주는가 하는 인상은 어디까지나 그림으로 그려 보여지는 질감이다. 질감은 나무, 종이, 천, 쇠와 같이 사물 재료를 보고 알 수 있는 고유의 느낌도 있지만, 거칠거나 매끄럽고, 혹은 단단하거나 푸석푸석하고, 딱딱하거나 부드럽고, 들쭉날쭉하거나 반듯한 느낌을 표현해 주기도 한다. 질감의 효과는 일반적으로 그림에 대한 현실성의 감각을 제시한다.

욜런Yolen이 글을 쓰고, 숀헤르Schoenher가 삽화를 그린 〈부엉이와 보름달Owl Moon〉1988년 Medal Winner에서는 나무껍질의 거친 모양과 올빼미의 짙고 부드러운 털은 표현하기 위해 아주 많은 섬세한 선을 사용했다.

알스버그Allsburg의 글 없는 그림책 〈벤의 트럼펫Ben's Dream〉1980년 Honor Book과 알스버그의 〈쥬만지Jumanji〉1982년 Medal Winner 모두 검은색, 회색, 흰색을 사용한 흑백 그림으로 질감을 표현하고 있다. 〈벤의 트럼펫〉에서는 연필의 선과 패턴을 이용하여 거침과 부드러운 질감을 표현하고 있고 〈쥬만지〉에서는 원숭이의 털을 거친 선을 사용하고 뱀은 소파와 비슷한 느낌의 패턴을 사용하여 부드러운 질감이 느껴지도록 시각적 효과를 나타내고 있다.

〈Jumanji〉
Chris Van Allsburg (Author)/
Robin Williams (Reader)/
HMH Books for Young Readers

〈쥬만지〉
크리스 반 알스버그/정회성 역/
비룡소(2020)

콜라주와 목판화의 매개체 역시 삽화가에게 질감의 감각을 주도록 한다. 키츠Keats, 리오니Lionni, 칼Carle 그리고 뱅Bang은 그림의 크기와 대상물이 주는 시각적 차이를 표현하기 위해 콜라주를 이용하고 있다. 리오니Lionni는 크레용으로 그린 모양, 찢어진 신문, 벽지, 화장지와 결합시킨 콜라주를 이용하여 〈프레드릭Frederick〉1968년 Honor Book과 〈생쥐와 태엽쥐Alexander and the Wind-Up Mouse〉에서 질감을 마련하기 위해 색을 입혔다.

〈Frederick〉
Leo Lionni/Pantheon

〈프레드릭〉
레오 리오니/최순희 역/
시공주니어(2017)

브라운Brown은 〈옛날에 생쥐 한 마리가 있었는데…Once a Mouse...〉1962년 Medal Winner에서 질감을 묘사하기 위해 차분한 색깔에다 목판화를 사용하였다. 엠벌리Emberley는 〈둥둥둥, 북치는 병정!Drummer Hoff〉1968년 Medal Winner에서 이 그림책의 이야기에 동반하도록 단순하지만 세 가지 색의 양식으로 된 목판화를 사용하였다.

〈Once a Mouse〉
Marcia Brown/AladdinPaperbacks

〈옛날에 생쥐 한 마리가 있었는데…〉
마샤 브라운/엄혜숙 역/
열린어린이(2004)

〈Drummer Hoff〉
Barbara Emberley/Ed Emberley/
Aladdin

〈둥둥둥, 북치는 병정!〉
바바라 엠벌리 글/에드 엠벌리 그림/
프뢰벨행복나누기(2003)

스텝토Steptoe의 〈빛나는 아이: 천재적인 젊은 예술가 장 미셸 바스키아Radiant Child: The Story of Young Artist Jean-Michel Basquiat〉2017년 Medal Winner는 나뭇조각이나 벽에 그림 그리는 바스키아처럼 거친 질감을 가장 잘 표현하였다. 질감이 느껴지도록 나무, 종이, 목판지를 오리고 자르는 콜라주 스타일로 예술적 느낌을 물감과 융합하여 완성시켰다. 마치 만져지는 듯한 거친 느낌의 콜라주와 낙서와 같은 벽 그림은 그림책 전체에 나타나 예술가로서 천재성을 엿보이게 한다.

〈Radiant Child〉
Javaka Steptoe/
Little, Brown Books for Young Readers

〈빛나는 아이〉
자바카 스텝토/이유리 역/
위즈덤하우스(2018)

5) 배열

린치-브라운과 톰린슨(Lynch-Brown & Tomlinson, 1996)은 배열이라는 낱말 대신에 구성이라는 낱말을 썼으나, 미술에서 배열, 구성, 배합, 배치는 시각적 요소 면에서 대개 같은 의미로 쓰인다. 립손(Lipson, 2000)은 배열이라고 하였다. 배열은 그림 안에 있는 시각적 요소이며, 이 시각적 요소들은 상호 관련되어 그림을 만들도록 결합한다. 대개 미술가들은 하나의 중요한 초점에 맞추어 삽화를 배열한다. 그 초점은 흔히 배열을 이해하는 데 열쇠가 된다. 미술가는 원하는 시각적 영향을 만들기 위해 다양한 요소 안에서 비율, 균형, 조화, 불일치를 결정한다. 전체적 효과는 이야기를 압도해서는 안 되고, 오히려 본문의 의미와 분위기를 확장하고 풍부하게 해야 한다.

삽화에서 세부 묘사는 분명하게 본문 안에 묘사되는 것과 모순되지 않아야 한다. 놀랍게도 많은 삽화가들은 이 중요한 점, 즉 본문과 세부 묘사 사이의 모순을 간과하고 있다. 어린이들은 이런 모순에 대해 예민하게 관찰한다. 어린이들이 모든 시각적 요인과 미술적 양식에서 다양한 삽화를 받아들인다 할지라도, 부정확성(혹은 틀린 것)에 대해서는 아량이 없다. 그런 점에서 배열의 부정확성은 책을 기피하는 이유가 되고, 그 책은 어린이들이 좋아하지 않는 책이 될 수 있다.

배열에서는 글과 그림이 페이지에 어떻게 배열되었는지, 또 어떤 방법으로 배열되었는지 살펴보는 것이 중요하다. 어린이들이 좋은 책을 보고 책이 '어떻게 디자인되었는지' 이해하게 되면, 다른 책도 어떻게 배열되어 있는지 그 특성을 더 쉽게 파악할 수 있게 된다. 따라서 작품성이 뛰어나고 배열과 구성이 우수한 칼데콧 수상작들, 예컨대 맥클로스키McCloskey의 고전 〈아기 오리들한테 길을 비켜 주세요Make Way for Ducklings〉1942년 Medal Winner를 어린이들에게 보여 주어 사물이 어떻게 효과적으로 배열되었는지 경험하게 하는 것도 중요하다.

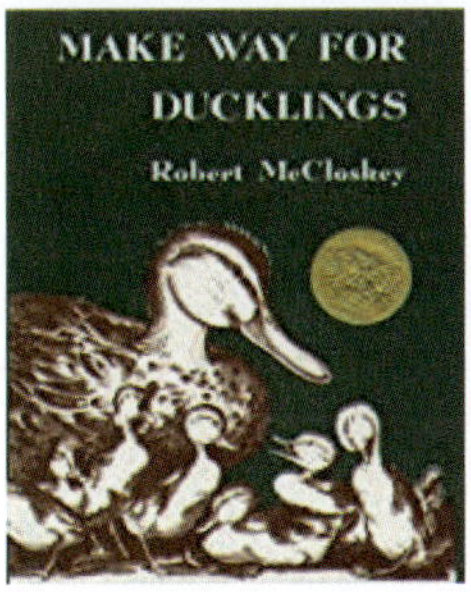

〈Make Way for Ducklings〉
Robert McCloskey/
Viking Books for Young Readers

〈아기 오리들한테 길을 비켜 주세요〉
로버트 맥클로스키/이수연 역/
시공주니어(1999)

글라센Klassen은 앞에 모양에서 언급했던 〈애너벨과 신기한 털실Extra Yarn〉2013년 Honor Book을 그렸던 작가로 〈이건 내 모자가 아니야This is Not My Hat〉2013년 Medal Winner에서도 단순하고 통일된 색을 주로 사용하고 있다. 바닷속을 검은색 배경으로 처리해서 바닷속 깊은 곳 주인공에 초점이 집중이 된다. 독자도 바닷속에 빠져 있는 느낌을 준다. 시선이 페이지를 넘길 때마다 보는 이의 눈 위치가 동일 선상에서 움직이게 한다. 왼쪽에서 오른쪽으로 물고기는 움직이는 방향에 따라 그림이 스치듯 지나간다. 마치 영화필름을 보는 듯하다. 물고기가 움직이는 방향에 따라 자연스럽게 물풀도 흔들리고 물방울도 나온다. 큰 물고기(잡으러 가는 중)와 작은 물고기(도망가는 중) 간의 크기 차이가 뚜렷하고 눈동자의 방향(꽃게의 마음 표현)이 위트 있게 표현되어 자연스럽게 이야기에 빠지게 한다. 이야기 구성과 그림의 배열이 균형 있게 잘 맞아서 본문의 의미와 분위기를 확장시킨다. 도덕적 이슈와 갈등의 목격자이자 놀란 게의 눈과 손가락 크기 그리고 마지막 장면에 문제 해결의 장면을 연상하게 하는 해초의 크기 배열은 어린이들에게 '어떤 일이 일어났어?'의 질문으로 몰입하게 한다.

〈This is Not My Hat〉
Jon Klassen/ Candlewick Press

〈이건 내 모자가 아니야〉
존 클라센/서남희 역/시공주니어(2018)

스테드Stead의 〈아모스 할아버지가 아픈 날A Sick Day for Amos McGess〉2011년 Medal Winner에서는 큰 코끼리, 거북이, 펭귄, 올빼미, 동물원 등 순서의 배열이 처음부터 끝까지 조화를 이룬다. 동물과 할아버지가 함께 놀며 움직이는 동작이 매우 자연스러워 어색함이 없다. 코끼리와 할아버지가 같이 꾸부정하게 앉아서 체스 두는 모습, 거북이와 할아버지가 천천히 속도 맞춰 산책하는 모습, 부엉이와 마주 앉아 책 읽는 모습 등이 하나의 그림으로 서로 어울린다. 캐릭터들의 크기나 균형이 억지스러움이 없고 조화롭다.

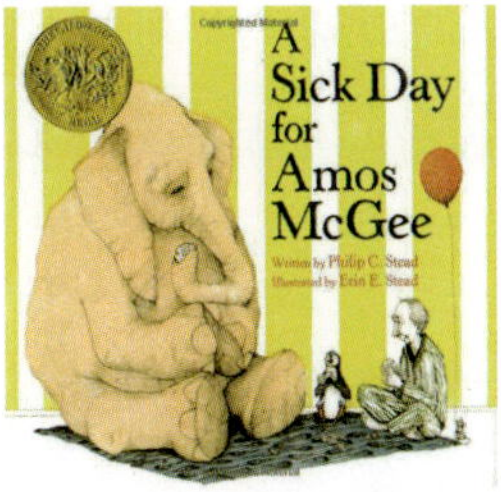

〈A Sick Day of Amos McGee〉
Erin E. Stead/Phillip C. Stead/
Roaring Brook Press

〈아모스 할아버지가 아픈 날〉
필립 C. 스테드 글/에린 E. 스테드 그림/
유병수 역/별천지(2011)

6) 전체적 효과

한 권의 그림책에 대한 전체적 효과 혹은 영향은 두 가지로 생각할 수 있다.

첫째, 삽화와 이야기를 보충하는 체제가 어떤지에 따라 결정된다(Bromley, 1996). 다시 말하면 삽화가들이 어떤 방법으로 기본적인 그림의 양상을 적절히 이용하여 이야기와 조화를 조성하였는가와 책표지를 비롯해서 책 뒷면, 인쇄체(글자의 크기, 모양, 명암의 정도 등), 페이지 배정, 책의 크기, 제본술 등 책의 체제에 따라 전체적 효과에 영향을 준다.

둘째, 전체적 효과는 책을 어떻게 완성하였는가에 따라 결정된다. 책이 가지고 있는 효과는 책을 보는 어린이의 표정에 나타나는 만족한 미소의 모습으로부터 분명하게 볼 수 있다. 때때로 책의 전체적 효과는 반복해서 읽고 싶다는 책에 대한 요청 혹은 특정한 책을 계속해서 '읽기'에 의해서 판단될 수 있다. 책의 효과는 때때로 어린이가 질문하는 숫자와 질문의 형태에서도 나타날 수 있다. 책에 대한 어린이의 반응이 어떤지 관찰을 통해서도 찾아낼 수 있다.

버튼Burton의 〈작은 집 이야기The Little House〉1943년 Medal Winner는 책의 전체적 효과를 잘 나타낸 어린이 고전 그림책이다. 특히 텍스트 글의 배열이 그림처럼 되어 있다. 70여 년이 지난 지금 우리가 사는 세상에서도 사람이 살기 위해 산림을 훼

손하거나 한적한 곳이 곧 도시화되는 일이 지속되고 있는데, 이를 〈작은 집 이야기〉 그림책에서는 작은 집을 둘러싼 주위 환경이 복잡한 도시로 변화해 가는 배열로 잘 나타내 주고 있다.

〈The Little House〉
Virginia Lee Burton/Houghton

〈작은 집 이야기〉
버지니아 리 버튼/홍연미 역/
시공주니어(1993)

샌탯Santat의 〈비클의 모험: 상상을 뛰어넘은 여행The Adventure of Beekle: The Unimaginary Friend〉2015년 Medal Winner은 표지 그림이 말해 주듯이 이제 막 태어나는 새 놀잇감은 주인이 될 친구를 찾기 위해 모험을 떠나는 분위기이다. 무 같기도 하고 눈사람 같게 생긴 하얀 놀잇감은 낯선 이곳저곳을 친구를 찾아 모험하는 곳은 모험의 분위기를 나타내는 생소한 효과로 나타난다. 친구를 찾아가는 곳의 배경 색과 장면과 무표정한 사람들은 때로는 두렵고 때로는 무서운 생각도 들게 한다. 새 친구를 찾으려고 노력하는 마음처럼 그림책의 장면도 차츰 밝아져 안도하는 효과를 가져다준다. 드디어 새 놀잇감이 앨리스와 처음 만났을 때 어떻게 할지 무엇을 말해야 좋을지 모르는 장면은 12쪽의 연속 그림으로 하얀 장면으로 밝게 나타난다. 새 놀잇감이 친구를 만나 친하게 되는 과정을 하얀색 바탕에서 하얀색 비클이 주홍색 옷의 앨리스 친구와 조화를 이룬다.

〈The Adventure of Beekle: The Unimaginary Friend〉
Dan Santat/
Little Brown and Company

〈비클의 모험: 상상을 뛰어 넘은 여행〉
댄 샌탯/고정아 역/아르볼(2015)

핑크니Pinkney의 〈사자와 생쥐The Lion & the Mouse〉2010년 Medal Winner는 커버가 2장이 있다. 그림책 덮개 스타일의 겉 커버의 앞표지에는 제목이 없이 큰 사자 얼굴 그림이 있고 겉 커버의 뒤표지에는 수풀 속의 생쥐가 온몸으로 막대를 잡고 떨고 있는 그림이 있다.

〈The Lion & the Mouse〉 겉 커버의 앞표지와 뒤표지
Jerry Pinkney/Little, Brown Books for Young Readers

겉 커버를 벗기면 안에 속 커버가 있는데 이것은 하드커버로 되어 있으며 앞표지 그림에는 사자와 생쥐가 대비되어 나타나 있고 그림으로 제목을 말해 주고 있다. 물론 삽화가의 이름이 소개된다. 속 커버의 뒤표지 또한 매우 특이하게 지금까지의 모든 그림책과는 다른 스타일이다. 바로 뒤표지에 제목 〈The Lion & The Mouse〉이 있다는 것이다. 뒤표지의 그림은 정글의 동물들이 사자 주변을 둘러싸고 있어서 사자가 동물의 왕임을 대비되게 보여 주고 있으며 그 힘이 느껴지며 그림책의

전체적인 느낌을 전달해 준다. 한글 번역본 책 표지도 동일한 스타일을 따른다.

〈The Lion & the Mouse〉 속 커버의 앞표지와 뒤표지
Jerry Pinkney/Little, Brown Books for Young Readers

〈사자와 생쥐〉의 이야기에는 글이 없이 전개된다. 의성어로만 되어 있는 그림책에서 생쥐가 사자에게 살려달라는 소리, 사냥꾼이 덫을 놓는 소리, 덫에 걸린 사자의 울부짖는 소리, 생쥐가 나타나 밧줄을 쏙닥쏙닥 끊어내는 의성어가 크고 작게 조화를 이룬다. 서로 생명을 구해 주는 보답은 명암이 있는 갈색으로 전체적 효과를 내었다. 사자의 크기에 비해 생쥐의 가냘프지만 끈기 있는 노력은 사자를 살리는 은혜 갚기로 마무리된다.

모라[Mora]의 〈할머니의 식탁[Thank You, Omu!]〉[2019년 Honor Book]도 영문판은 커버가 〈사자와 생쥐〉처럼 2장으로 되어 있다. 영문판 겉 커버의 앞표지 제목은 〈Thank You, Omu!〉로 되어 있으며 아이가 수프의 냄새를 맡고 있다. 뒤표지에는 할머니가 냄새를 풍기며 수프를 만들고 있다. 표지를 펼쳤을 때 아이의 수프와 할머니의 수프는 같은 연기로 연결되어 있는 듯하다.

〈Thank You, Omu!〉 겉 커버의 앞표지와 뒤표지/
Oge Mora/Little, Brown & Co.

속 커버에는 앞표지에 같은 제목이 카드 위에 쓰여 있다. 커버 그림을 통해 독자는 그림 속 어린이가 할머니에게 음식과 관련된 고마움을 전하는 내용임을 추측할 수 있게 한다.

〈Thank You, Omu!〉 속 커버의 앞표지와 뒤표지/
Oge Mora/Little, Brown & Co.

반면 번역본에는 겉 커버 없이 하드커버 1장으로 되어 있다. 앞표지에는 할머니가 수프를 만드는 그림과 함께 제목도 〈할머니의 식탁〉으로 되어 있어 이 그림책이 할머니 음식에 대한 내용일 것이라고 추측할 수 있다. 커버의 변화만으로도 전달하고자 하는 그림책의 전체적인 효과가 다르게 나타날 수 있음을 보여 준다.

〈할머니의 식탁〉 앞표지와 뒤표지
오게 모라/위즈덤하우스(2019)

제8장

총체적 언어의 문학적 접근 전략

총체적 언어 학습이 이루어지게 하는 전략에 관해 모엔(Moen, 1991)은 요리하기에 비유하였다. 요리는 대부분의 사람이 좋아하는 창조적 활동이다. 아마도 궁극적인 목표는 이것저것 잘 완성된 음식을 맛있게 먹는다는 즐거움도 따르기 때문일 것이다. 어린이들은 진짜 엄마, 아빠처럼 무엇인가 맛있는 것을 만들고 먹고 싶어 한다. 요리는 수동적이고 무료한 학습지보다는 만들어내는 기쁨이 있고 흥미가 있는 활동이다. 요리하는 동안 어린이는 과학과 수학도 하게 된다. 팬케이크를 만들 때 얼마큼 물을 부을지, 저으면 어떤 농도가 되는지, 열을 가하면 익어가는 중에 어떻게 변하고, 언제 뒤집을지, 무슨 맛이 나올지 궁금하다. 반죽이 너무 묽어 퍼지는 문제가 생기면 밀가루를 조금 더 넣고 도전하는 동안 문제 해결력도 성공하는 기쁨도 얻게 된다.

요리와 비유되는 총체적 언어 전략은 통통 튀며 살아 있는 책 한 권에, 문장 만들기 게임을 더하여, 작가 전략을 넣고 저어, 비판적 사고를 촉진하는 질문을 강하게 뿌리고, 마지막으로 어린이가 아름답게 만든 포스터로 장식을 하는 것과 같다. 이것을 그림으로 그려 표시하면 다음과 같다.

총체적 언어 교수 전략

- 통통 튀며 살아 있는 책 1권 준비하기
- 문장 만들기 게임을 더하기
- 작가 전략을 넣고 젓기
- 비판적 사고를 촉진하는 질문을 강하게 뿌리기
- 어린이가 만든 포스터로 장식하기

요리하기에 비유한 총체적 언어 교수 전략

좋은 그림책을 사용하는 총체적 언어의 전략은 그림책을 가지고 문학적 접근을 하는 것이 큰 부분이다. 이는 어린이가 책을 읽고 문해 활동을 하는 것 이상이라고 할 수 있다. 거기에는 문학적 탐구, 주제 이해, 민족지학자로서 어린이 프로젝트, 상호 작용적 저널, 글 짓기 워크숍, 문학적 환경 조성 등과 같은 것이 모두 포함되어 있다. 따라서 총체적 언어 교수 전략의 중요한 목적은 읽기, 쓰기, 말하기, 듣기, 생각하기 및 창안하기를 통합하여 총체적이고 융합적인 발달을 증진시키는 데 두고 있다.

본 장에서 소개되는 전략은 문학적 접근을 위주로 한 교수 방법을 소개하는 것이므로 여러 가지 전략을 서로 융합하여 활용하는 것이 특징적이다. 따라서 한 가지 전략은 또 다른 전략으로 연결 짓기 위한 하나의 '놀이'로 생각할 수 있는 것이다. 이를 위해서는 여덟 가지의 전략으로 설명하고자 한다. 여덟 가지란 모엔

(Moen, 1991)이 언급한 ① 작가 전략, ② 협동적 학습 전략, ③ 게임 전략, ④ 이해를 위한 전략, ⑤ 이야기 구조의 인식을 위한 전략, ⑥ 듣기 전략, ⑦ 무대 예술 전략, 그리고 ⑧ 시각 예술 전략을 의미한다.

1. 작가 전략

작가 전략이란 모든 언어 확장 활동을 위한 기초로서 '짓기'를 하는 것이다. 어린이들은 상상하고 자유롭게 창의적으로 짓기를 할 수 있기 때문에 쉽고 흥미 있게 전개될 수 있다. 어린이는 생각을 어떻게 표현할지 생각하고, 생각을 조직하고, 어떤 단어를 넣을지 판단하고 선택하며, 선택한 생각을 연결하고, 마지막으로 글을 짓는다. 이런 과정에서 어린이는 비판적으로 사고를 할 수 있게 된다. 비판적 사고를 하는 경험은 한 번의 글짓기 경험으로도 이루어질 수도 있다. 이는 교사가 어떻게 재미있는 생각을 펴나가도록 어린이의 경험과 연결 지어 주는지에 따라 달라진다.

〈세상에서 가장 용감한 소녀Wolf in the Snow〉2018년 Medal Winner와 같은 글 없는 그림책의 그림으로 책을 읽고, 그림책의 작가가 되어 글을 넣어 볼 수 있게 한다. 생각을 글로 나타내는 것, 즉 창의적으로 글을 지어 보는 것은 도전적인 활동이다. 처음에는 한 쪽에만 글을 지어 보고 제목을 붙여 본다. 제목도 넣어 본다. 만일 어린이가 아직 글을 쓸 수 없으면 어린이가 말하는 것생각을 성인이 대신 적어 준다. 큰 소리로 내용을 적어 주는 동안 어린이는 글자로 나타나는 자기 생각에 신기해할 것이다. 글을 조금 쓸 줄 아는 어린이들도 글자를 그리면서 써 보고, 그리고 다른 친구, 엄마, 아빠, 할머니에게 보여 주며 읽어 갈 때 어린이는 '나도 작가'라는 자존감이 생기게 된다.

작가 전략의 세부 활동은 짓기와 연관된 것으로서 다음과 같은 열 세 가지가 있다.

1) 저널 journal

어린이는 자신이 선택한 주제를 가지고 그림이나 글로 표현하여 저널을 만든다. 다른 말로 표현하면, 어린이는 산책을 한 후에 재미있던 일을 그림으로 그린다. 현장 견학, 책, 연극, 프로젝트, 그리고 개인 이야기 등에 관한 주제내용는 저널에 적합하다.

저널은 어린이가 자유롭게 그림이나 글로 표현하여 한 장으로 된 것과 교사와 어린이가 주거니 받거니 하며 2쪽 이상으로 전개하는 상호 작용적 저널이 있다. 상호 작용적 저널interactive journal의 예에서 어린이는 아는 단어를 모두 사용한다. 어린이는 스스로 단어를 찾아 표현하고 어휘, 문화적 차이에 관해 이해도 하게 된다.

다음은 〈세상에서 가장 용감한 소녀〉를 읽은 후 교사와 어린이가 주고 받는 저널 활동이다.

교사: 늑대가 영어로는 어떻게 울까?
어린이: 책에 이렇게 HOOOWWL이라고 …
교사: 한글 번역 책에는 무엇이라고 있어?
어린이: 월

교사는 이 표현을 저널에 적어 보게 하고 "그럼, 다른 동물들 소리는 어떻게 다르게 들릴까?"라는 질문을 다시 써넣어 줄 수 있다. 그림책에 나오는 부엉이 울음소리(SCREECH–끼익), 강아지 울음소리(BARK–멍멍)를 적어나가는 동안 3쪽짜리 짧은 상호 작용적 저널이 완성될 수 있다.

2) 등장인물에 대한 일기 character diaries

이 활동은 저널과 비슷한 형태로 전개된다. 어린이 자신이 그림책에 나오는 등장인물이 되어 일기를 그림과 함께 쓰는 것이다. '등장인물'을 맡은 어린이들은 우편함을 통해 서로의 의견을 교환하는 것으로 활동을 확장할 수 있다. 등장인물 간의 우편물을 받는 활동으로 확장된 생각을 가진 어린이가 자신의 일기에 그 내용을 써넣으면 일기 내용은 확장되고 깊이가 생기기도 한다. 글 없는 그림책 〈빨강 파랑 강아지 공A Ball for Daisy〉2012년 Medal Winner을 읽고 난 어린이는 강아지가 되어 그림일기를 다음과 같이 적었다.

"내가 산책을 갔습니다.
주인아줌마도 나와 같이 갔습니다.
그런데 저쪽에서 갈색 강아지가 반갑다고 뛰어왔습니다.
그런데 내 빨강 공을 입으로 물어 그만 빵! 하고 터트렸어요."

3) 내 단어 책my dictionary

〈내 단어 책〉 혹은 〈내 사전〉이란 자신이 배운 것을 기록하는 것이다. 어린이 스스로 기록하는 것이기 때문에 저널보다 자발적인 측면이 있다. 예를 들어 어린이는 자기가 좋아하는 단어, 어려운 단어, 기억하고 싶은 단어, 뜻을 이해한 단어, 모양이 재미있는 단어 등 어떤 '단어'를 '내 단어 책'에 기록하고 싶으면 적어 나가는 것이다.

〈내 단어 책〉은 견출지로 ㄱ~ㅎ을 붙여 주고 'ㄱ' 밑에 '가'자로 시작되는 단어를 모두 적어 마치 사전처럼 묶어 주는 것이다. 그 단어를 적은 날짜를 적는 것도 형성 평가 자료로 활용될 수 있다. 그리고 이 활동을 통해 글자와 소리와의 관계를 인식할 수 있어서 문해력 발달에 도움이 될 수 있다.

〈내 단어 책〉에는 언어, 미술뿐만 아니라 수학, 과학에서부터 얻은 어떤 단어나 문장도 기록할 수 있다.

4) 편지 쓰기/이메일e-mail 보내기

편지 쓰기는 안부, 견학 전과 후 감사 편지, 병문안 편지, 물건 주문하는 편지, 책의 주인공에게 편지, 작가에게 편지, 그리고 초청장을 보내는 것까지 확장할 수 있다. 이때 어린이는 무엇을 어떻게 쓸지 계획하고, 생각을 정리하고, 글로 표현한다. 다음은 어린이가 〈소피가 화나면-정말 정말 화나면When Sophie Gets Angry – Really,

Really Angry〉2000년 Honor Book의 작가 몰리 뱅Molly Bang에게 내가 책을 좋아하는 이유를 자기 사진과 함께 이메일로 보낸다.

〈소피가 화나면, 정말 정말 화나면〉
몰리 뱅/박수현 역/책읽는곰(2014)

다음 그림은 반 친구들과 〈깊은 밤 부엌에서In the Night Kitchen〉1971년 Honor Book를 읽고, 한 어린이가 작가 모리스 샌닥Maurice Sendak 작가에게 편지를 쓴 것이다. 특히 어린이들은 그림책 주인공의 생각이나 성격을 분석하거나 편지쓰기를 매우 좋아한다.

〈깊은 밤 부엌에서〉
모리스 샌닥/강무홍 역/
시공주니어(2001)

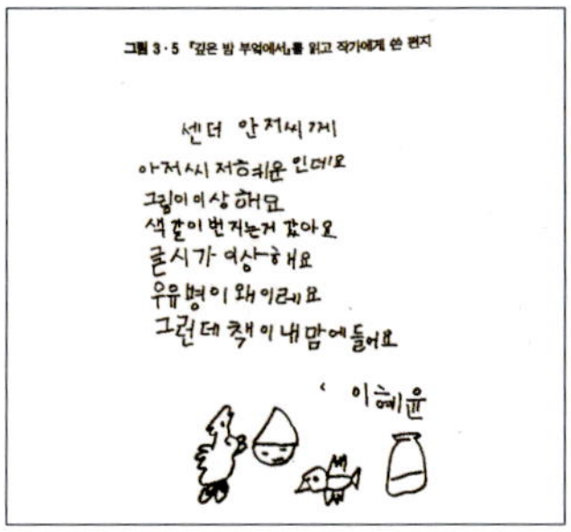

센더 안저씨께
아저씨 저혜윤 인데요
그림이이상해요
색갈이 번지는거 갔아요
글시가 이상해요
우유병이 왜이레요
그런데 책이 내 맘에 들어요.

이혜윤

작가에게 편지 쓰기

다음은 한 어린이가 리오니Lionni의 1968년 작 〈프레드릭Frederick〉Honor Book을 읽고 주인공 생쥐, 프레드릭(잠잠이)의 성격을 분석한 내용을 편지로 보낸 것이다. 어린이들은 글을 쓰는 과정에서 생각을 차분하게 기록하는 경험하게 된다.

〈프레드릭〉
레오 리오니/최순희 역/
시공주니어(2017)

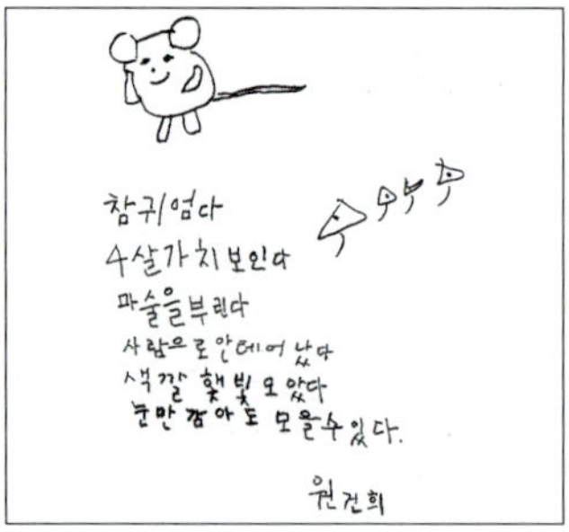

참귀엽다
4살가치보인다
마술을 부린다
사람으로 안데어났다
색깔 햇빛 모았다
눈만 감아도 모을수있다.
원건희

책 주인공에게 편지 쓰기

도덕적 이슈가 있는 그림책, 예컨대 〈이건 내 모자가 아니야This is Not My Hat〉2013년 Medal Winner에 나오는 작은 물고기는 큰 물고기의 모자를 슬쩍 훔쳐 달아나며 계속 변명하는데 모자를 잃은 큰 물고기가 따라온다. 이 두 물고기의 생각을 분석하고 편지를 써보며 조망 수용능력이나 도덕적 추론까지 토의할 수 있을 것이다. 〈사자와 생쥐The Lion & The Mouse〉2010년 Medal Winner로도 등장 동물인 사자와 생쥐의 생각을 분석하고 공감하는 편지를 써 볼 수 있을 것이다.

여러 어린이가 작가에게 편지를 쓰는 경우, 교사는 어린이들이 쓴 편지를 하나로 묶고 작가가 학급 전체에게 보내는 답장 한 편을 써 달라는 설명서와 함께 이메일을 보낸다. 물론 영상 편지를 써 보는 것도 방법이다. 이렇게 하는 것은 답장을 받을 수 있는 가능성이 높기 때문이며, 답장으로 인해 교실에서는 많은 이야깃거리가 생겨난다.

5) 이야기 지어 책으로 묶기/전자책e-book 만들기

어린이들은 상상할 수 있는 거의 모든 주제에 관해 글을 꾸밀 수 있다. 어린이가 꾸민 책의 모양은, 종이를 스테이플러로 찍어 묶은 책, 동물 모양으로 된 책, 두꺼운 표지로 된 책, 정교한 책 등에 이르기까지 그 형태를 다양하게 만들 수 있다. 중요한 것은 어린이가 자신의 풍부한 상상력을 전개하며 자연스럽게 이야기하는 것처럼 어떤 생각을 삽화와 문어체로 표현하도록 도와주는 것이다.

때로는 어린이를 소그룹으로 그룹 지어 좋은 생각을 모아보도록 한다. 즉 '창작하는 것'을 협동 학습의 전략으로 활용하면, 어린이는 다른 어린이가 생각을 말로 표현할 때 잘 듣고 자극을 받게 되어 자기의 생각도 쉽게 밖으로 표출하게 된다.

예를 들어 어린이들은 〈깊은 밤 부엌에서 In the Night Kitchen〉 1971년 Honor Book를 읽고 난 후, 주인공 미키가 잠자기 전에 어떤 일을 했는지 앞 이야기 prequels: 그림책의 이야기 앞에 나옴 직한 이야기를 소그룹으로 이야기해 본 뒤 각자 앞 이야기를 지을 수 있다. 이와 같은 방법으로 중간 이야기 equals: 그림책의 이야기와 나란히 끼워 넣을 수 있음 직한 이야기와 후속 혹은 뒤 이야기 sequel: 그림책의 후속으로 넣을 수 있는 이야기를 지어 볼 수 있다. 물론 읽은 그림책에 근거하여 창작할 수도 있고 많은 내용을 첨가한 '재구성'의 그림책을 만들 수도 있다.

〈깊은 밤 부엌에서〉
모리스 샌닥/강무홍 역/
시공주니어(2001)

앞 이야기의 예

중간 이야기의 예

후속 이야기의 예

이야기 짓기 활동은 책 형태뿐만 아니라 컴퓨터나 태블릿 PC 또는 코딩프로그램인 스크래치주니어ScratchJr를 이용하여 전자책으로 만들어 볼 수도 있다.

D 유치원에서 스크래치 주니어를 이용한 이야기 짓기의 예

6) 브로슈어brochures 활용

상점, 회사 등에서 출판된 선전 문구의 인쇄물과 같은 것을 언어 교육의 자료로 활용할 수 있다. 유치원에서는 사고를 예방하기 위해 안내문을 가정에 보내는데, 이런 것도 활용할 수 있다. 안내문, 광고지나 팸플릿은 작은 지면이지만 매우 많은 정보가 요약적으로 담겨 있기 때문에 내용과 함께 문해 자료로 활용된다.

선전지나 팸플릿은 어린이에게 통신문이 이상적인 의사 교환의 자료이며, 통신문을 작성할 때에는 아주 적합한 언어를 사용해야 한다는 것을 알게 해 준다. 따라서 어린이와 함께 그림과 내용을 세밀하게 관찰하고 응용 방안도 생각해 낼 수 있다.

7) 신문/광고 만들기

학급 신문에 낼 글을 짓는 활동은 어린이 언어 확장에 관한 또 다른 면을 제시해 준다. 어린이는 다양한 사건을 글로 지어 다른 사람에게 알려야 하므로 생각을 정리하고 조직적으로 전개해야 할 필요성에 대해 인식하게 된다. 어린이들은 그림책을 읽고, 그림책에서 일어난 사건에 기초해서 신문 기사를 쓸 수 있다. 예를 들어 〈안녕, 나의 등대Hello Lighthouse〉2019년 Medal Winner를 읽고 난 후, 등대지기처럼 기계가 인간을 대처하거나 없어지는 직업에 대하여 이야기 나눈다. 이를 토대로 반 아이들이 함께 커피를 타 주는 로봇, 길을 안내하는 로봇, 운전하는 자동차 등 다양한 관련 기사를 찾고 다양한 사진을 모아서 짧은 문장을 만든 후 우리 반 작은 신문을 만들어 볼 수 있다. 다음 그림은 〈세상에서 가장 용감한 소녀 Wolf in the Snow〉 2018년 Medal Winner를 읽은 후, 책에서 제일 재미있는 장면을 누나와 같이 그림으로 그려 소개하는 광고 포스터이다.

〈세상에서 가장 용감한 소녀〉
매튜 코델/비룡소(2018)

〈세상에서 가장 용감한 소녀〉를
가지고 만든 광고 포스터

8) 자서전 꾸미기

어린이들이 자기가 갓난아기였을 때 사진, 2~4세 때의 사진을 가져와 자신의 생애를 연대기로 꾸며 볼 수 있다. 어렸을 때 사진과 지금의 사진을 대비해 볼 수 있고, 또 여러 장의 사진을 가지고 순서대로 놓아 달라진 내 모습을 관찰할 수도 있다. 이때 자기와 관련된 모든 사항 생일, 키, 좋아하는 것 등을 기록해 넣을 수도 있다.

9) 등장인물 단평

어린이들은 등장인물이 말하는 것, 행동하는 것, 혹은 다른 등장인물들이 그 등장인물에 관해 하는 말과 행동에 초점을 맞춤으로써 인물의 특징을 알아낸다. 어린이들은 등장인물의 특징을 검토한 후 각 등장인물을 묘사하는 문장을 생각해 볼 수 있다.

예컨대 〈눈 오는 날 The Snowy Day〉 1963년 Medal Winner을 읽은 후, 주인공의 특징을

묘사하거나 그림으로 그린다. 주인공이 좋아한 놀이 종류들을 적어 보거나 그림으로 그려 본다.

- 주인공 피터가 눈 오는 날 해 본 놀이
- 눈 속에 발자국 내 보기 놀이
- 천천히 걸어 기찻길 만들기 놀이
- 나무 막대기로 나무 위에 툭 툭 눈 털기 놀이
- 눈으로 공 만들어 보기 놀이 – 눈사람 만들기 놀이
- 눈 위에 벌렁 누워 팔을 벌리고 움직여 천사 만들어 보기 놀이
- 경사진 곳에서 눈썰매 타기 놀이

〈눈오는 날The Snowy Day〉 에즈라 잭 키츠/김소희 역/비룡소(1995)

발자국 내 보기

눈으로 공 만들어 보기

10) 동시

교실에 동시를 비치한다. 아름다운 리듬이 있는 그림책 〈한밤에 우리 집은The House in The Night〉2009년 Medal Winner을 읽고 난 후, 어린이들은 책의 구조는 그대로 두지만 자기 나름대로 동시를 창작해 보고 시를 읊으며 동영상을 촬영해 볼 수 있다.

11) 직업 목록Job banks

직업 목록의 목적은 서로 다른 직업에 대한 호기심과 이해를 위한 것이다. 다

음과 같은 그림책에 어떤 직업이 있는지 알아보자. 없어진 직업에 관해서 그리고 AI, 인공지능이 사람을 대체한 것에 관해서도 알아보자.

- 교통순경이 나오는 그림책
  〈아기 오리들한테 길을 비켜 주세요 Make Way for Ducklings〉 1942년 Medal Winner

교통순경이 나오는 그림책

- 측량사가 나오는 그림책
  〈작은 집 이야기 The Little House〉 1943년 Medal Winner

- 대통령이 나오는 그림책
  〈대통령이 되고 싶다고? So You Want to be President?〉 2001년 Medal Winner

- 기관사가 나오는 그림책
  〈기관차 Locomotive〉 2014년 Medal Winner

- 인공지능 등대지기가 나오게 되는 그림책
  〈안녕, 나의 등대 Hello Lighthouse〉 2019년 Medal Winner

전문직의 목록을 만들어 '직업의 세계'를 다루며 시대의 변화에 관해 이야기를 나눈다. 이 외에도 농부의 사진이나 광고와 같은 정보를 첨가하여 '내가 크면~' 프로젝트를 전개해 나갈 수 있다.

12) 상상하기

'상상'은 골든과 동료들(Gordon et al., 1972)에 의해 고안된 교수 전략으로서 산업 조직체 내에서 '창의적인 생각'을 전개시키기 위해 시작한 것이다. 오늘날에는 많은 교사들이 어린이의 창의성 확장을 돕기 위해 가상의 방법을 사용한다.

'만약'을 상상해 보기

교사가 질문을 하고 어린이는 각 질문에 대해 의견을 나눈다. 그림으로 그려 볼 수도 있다.

- 만약 전화기가 없다면 어떨까?
- 만약 나에게 측량기구가 있다면?

5세 어린이가 상상한 예

가상에 대한 이야기를 나눈 후에 어린이는 이야기에 대한 자신들의 반응을 저널로 쓰고 싶어 할지도 모른다. 또 밤에 정글 숲에서 길을 잃었을 때 어떨 것 같은지 이야기를 상상하고 그림으로 그려 본다.

13) 단어 벽wall of word 사용하기

단어 벽이란 교실 벽에 붙어 있는 단어 가지, 도표, 어린이들이 만든 큰 책 그림, 또는 포스터를 의미한다. 어린이들은 이런 문자 환경으로부터 자기가 필요한 단어를 골라 사용한다. 단어 벽은 여러 가지 방법으로 활용될 수 있다. 어린이가 이미 알고 있는 단어(지식)가 어떤 것인지 점검하는 데 사용될 수 있다. 그리고 어린이들이 단어 벽에 있는 단어를 보고 이용할 수 있는 단어를 찾아내는 목적으로 사용될 수 있다('단어 입양'과 '단어 빌리기' 활동의 문자 환경이 된다).

다음은 책을 읽은 후 반에서 같은 첫 글자로 시작하는 단어를 나열한 후 단어 벽을 만들어 가는 과정이다. 아이가 아직 쓰기가 어려운 경우 단어 카드를 사용하거나 아이가 말하는 것을 적어 줄 수 있다.

단어 벽 만들기 과정: 책에서 나온 단어와 같은 소리 글자를 나열하는 모습

2. 협동적 학습 전략

협동적 학습 전략은 한 어린이가 다른 어린이에게 도움을 주는 것으로서, 보다 많은 교사(어린이)가 교실에 존재할 수 있도록 고안된 것이다. 즉, 어린이의 참여를 격려하고 어린이에게 권한을 주어 어린이-어린이가 서로 서로 상호 작용하면서 학습하도록 함으로써 교실에서 보다 많은 학습이 일어나게 하는 것이다. 협동적 학습 전략에는 다음과 같은 것들이 있다.

1) 회의하기

터빌Turbill의 〈쓰기를 가르치는 더 좋은 방법은 없다No Better Way to Teach Writing, 1982〉와 〈우리도 쓰고 싶어요Now We Want to Write, 1982〉는 훌륭한 참고 자료이다. 어린이들은 서로에게 배우고 서로를 지지해 줄 수 있다. 회의란 어린이들이 서로에게 질문하고, 서로의 생각을 나누며, 서로의 작품을 읽어 주며, 문제 해결을 위해 함께 노력하는 것이다. 이때 경쟁이 아닌 협동이 강조되는 것이다.

2) 혼합 연령 간 협동하기

언니 교실 어린이가 동생 교실 어린이에게 책을 읽어 주는 이 활동은 저학년 어린이가 책을 접하는 기회를 증가시킬 뿐만 아니라 잘 읽지 않는 고학년 어린이의 읽기 습관을 강화시켜 주기도 한다. 연령 간 협동하여 읽기를 하는 활동은 성공적일 수도 있으므로 적용할 만한 가치가 있다. 혼합 연령 그룹이 협동하여 어떤 사실을 알아낼 수도 있다. 공장을 견학하고 토의할 때에도 협동학습이 일어날 수 있다.

3. 게임 전략

어린이들은 게임에 즐겁게 참여한다. 대개 게임의 전략과 확장 활동은 다른 전략보다 더 인기가 있다.

1) 단어 입양–기록하기 게임

이 활동은 단어를 진짜 자기 것으로 만들도록 돕는다. 각 어린이는 '단어 벽'에서 단어를 택하여 작은 종이카드에 적어 입양한다. 이때 다음과 같은 예에서처럼 재미있는 단어 두 개를 선택하고 각 단어에서 글자를 가져와 조합하여 새 단어를 만든다. 이 과정을 '입양'이라는 용어로 표현한 것이다. 자기가 입양한 단어를 옷이나 의자에 붙인다. 하루 종일 어린이는 자기가 선택하여 입양한 단어를 친구에게 말해 준다. 또 다른 친구가 입양한 단어에 관해 질문한다. 하루가 끝날 즈음이 되면, 어린이들은 자기가 입양한 단어와 친구가 입양한 단어에 익숙하게 된다. 결국 어린이는 '입양'한 단어는 자기와 함께 어느 곳에도 갈 수 있다는 것을 느끼게 되며 익숙하게 된다.

입양한 단어를 '내 단어 책'에 기록한다. 어린이들이 원하면 자신의 단어를 가방이나 상자에 넣어 입양 목록을 만들 수 있다. 주기적으로 단어 가방과 상자를 '정돈'한다. 이때는 천연색 매직펜이나 색지를 사용하여 목록을 만든다. 예컨대 야채 종류의 단어는 초록색으로, 동물 이름은 노란색으로 표시하면 속성에 관해 생각하게 된다.

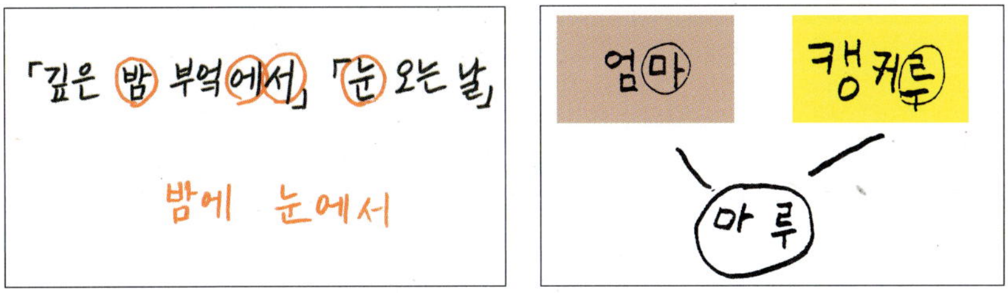

단어 입양의 예

2) 게임 규칙 정하기

이 활동은 그룹게임을 할 때 규칙을 지키면서 놀이를 하다가 좀 더 높은 수준으로 하고 싶을 때 새롭게 규칙을 만들고 적고 놀이하는 것이다. 그룹게임을 할 때 자연스럽게 규칙 만들기를 할 수 있다.

3) 문장 재배열 게임

이 게임의 목적은 문장 안에 있는 단어를 이해하고 의미 있는 문장이 되도록 단어를 배열하는 것이다. 현재 우리 반에서 읽고 있는 책이나 문장의 부분을 가리고 읽기 게임을 할 수 있다. 특히 그림책뿐만 아니라 어린이를 위한 전래 동요나 시는 반복되는 운율을 사용하여 따라 부르기도 좋고 동작과 함께 부를 수도 있다. 어린이들은 따라 부르면서 임의대로 자신들이 좋아하는 문장을 반복할 수도 있고 순서를 바꿔 부를 수도 있으며, 새로운 내용을 추가하거나 창작해서 부를 수도 있다. 한국의 전래동요 〈꼬마야 꼬마야〉와 외국 동요 〈Teddy Bear〉가 그 좋은 예이다.

동작을 나타내는 포스터 자료의 예:
한국의 전래동요 〈꼬마야 꼬마야〉(좌) 외국 동요 〈Teddy Bear〉(우)의 예

4) 보물찾기 [소원 이야기하기] 게임

이 활동은 친구의 제안을 듣고 보물찾기를 계획하고, 조직하고, 마지막으로 단서를 적거나 그림으로 그려 봄으로써 어린이 각자가 가지고 있는 '보물'을 찾는 것이다. 보물찾기의 목적은 다른 사람을 곤경에 빠지게 하는 것이 아니라 힌트로부터 정보를 얻는 것이다.

〈알렉산더와 장난감 쥐 Alexander and the Wind-up Mouse〉 1970년 Honor Book를 읽고 보라색 마술 조약돌 [보물]을 숨기고 찾는 게임을 한다. 먼저 어린이들을 두 집단으로 나누어 보물찾기를 시작한다. 한 집단이 교실 안에서 단서를 숨기는 동안 다른 집단은 복도에서 기다린다. 보라색 마술 조약돌을 찾는다.

〈알렉산더와 장난감 쥐Alexander and the Wind-up Mouse〉
레오 리오니/김난령 역/시공주니어(2019)

5) 재미있는 단어 찾기 게임

그림책에 있는 재미있는 단어를 찾는다. 예컨대 〈괴물들이 사는 나라Where the Wild Things Are〉1964년 Medal Winner를 읽고 난 후, 어린이들은 상상에 대한 단어를 찾는다. 혹은 숲속의 나무 종류를 조사한다. 이런 활동을 하는 동안 어린이들은 언어뿐 아니라 자기가 좋아하는 단어를 이해하게 된다. 〈할머니의 식탁Thank You, Omu!〉2019년 Honor Book을 읽고난 후, 그림책에서 작가가 강조하는 커다란 글자를 찾아본다. 어린이들은 **똑똑! Thank You!** 등과 같은 반복적이며 크기가 다른 글자나 단어 찾기를 무척 좋아하며 찾게 된다.

재미있는 단어 찾기 활동 다음에는, 그것과 반대되는 단어 찾기, 비슷한 단어 찾기 게임으로 이끌 수 있다.

〈괴물들이 사는 나라Where the Wild Things Are〉
모리스 샌닥/강무홍 역/시공주니어(2002)

6) 단어 빌리기 게임

그림책을 읽고 혹은 교실에 있는 글자 환경[알파벳 카드, 책, 포스터, 사전 등]에서 글자를 빌려와서 자신의 메시지를 만든다. 규칙은 단순하다. 먼저, 어린이는 모든 단어를 빌려와서 메시지를 만든다. 이때 단어의 출처(또는 글자, 만약 어린이가 이러한 단계에 있다면)를 밝힌다. 단어의 출처는 그림으로 그리거나, 출처의 제목을 베껴 쓴다.

메시지가 만들어지고 출처가 밝혀지면, 어린이들은 짝을 지어 메시지와 단어의 출처에 관해 이야기한다. "나는 '눈'을 '눈 오는 날'에서 가져왔고, '조'는 '불조심 포스터'에서 가져왔어." 등과 같은 표현을 듣게 된다.

4. 이해를 위한 전략

총체적 언어 교수 전략은 어린이가 각 단어 하나하나를 쓰거나 프린터로 인쇄하는 것이 아니라, 활동을 하면서 단어에 의미를 부여하는 것에 의의를 둔다. 어린이가 더 잘 이해하고 의미를 창조할 수 있게 도울 수 있는 한 가지 방법은 이해를 위한 전략을 활용하는 것이다. 몇 가지 예는 다음과 같다.

1) 주·원·문·해[SWBS] 도표

SWBS란 Somebody, Wanted, But, So의 약어로 '누군가[somebody]가 무엇을 원했으나[wanted], 문제가 있다. 그런데[but] 그 문제는 원하는 것을 얻는 데 방해가 된다. 그래서[so] 그 누군가가 문제를 풀어야 한다.'는 뜻이다. SWBS 도표는 캘리포니아 주립 대학의 바바라 슈미트 박사[Dr. Barbara Schmidt]가 개발한 이해 기술이다. 그녀는 「유치원 과정(K)에서 8학년까지 문학에 대한 반응(미국 도서 협회, 1989)」이라는 논문에서 이같이 기술하였으며 이것은 특히 짧은 이야기에 이용하기에 적합하다.

〈아모스 할아버지가 아픈 날A Sick Day for Amos McGee〉2011년 Medal Winner을 도표로 만들면 다음과 같다.

주 Someone(누가, 주인공이) = 아모스 할아버지와 동물원의 동물들이

원 Wanted(원했다) = 동물들이 아픈 아모스 할아버지 집을 방문하고 싶었다.

문 But(그런데, 문제가 있다) = 할아버지 집에 가려면 버스를 타고 가야 한다.

해 So(그래서, 해결했다) = 동물들이 각자 좋아하는 것을 가지고 할아버지 집에 가서 병문안하고 모두 행복하게 되었다.

2) 큰 책 만들기/전자책e-book 만들기

상업적으로 만든 큰 책은 어린이 그림책을 크게 만든 것이다. 삽화와 활자의 크기가 커서 함께 읽는 시간에 교실에서 전체가 볼 수 있다. 큰 책은 도서 영역에 비치하기에도 편리하며 교육적으로도 좋은 자료로 활용된다. 큰 책의 핵심은 큰 책이 교수 형태의 일부가 되도록 하여 교사와 어린이 모두가 최대한의 학습을 하도록 하는 것(Holdaway, 1979)이다. 교사는 상업적으로 만들어진 큰 책을 사용하기도 하지만, 교사와 어린이는 직접 큰 책을 만들 수도 있다. 어린이는 만들고 싶은 작은 책을 고르고 난 다음, 큰 책으로 만드는 작업을 한다. 즉, 그림을 그리고 큰 책 크기에 맞게 큰 글자를 쓰거나 인쇄해서 이야기를 넣는다. 또한 컴퓨터를 활용하여 큰 이미지화를 해서 아이들과 함께 텍스트를 넣고 이와 같은 음향효과나 다양한 효과를 넣은 뒤 아이들과 함께 큰 TV 스크린을 통해 책을 보는 것도 가능하다.

3) 소리 내어 읽기

총체적 언어에서는 그림책을 전체적 맥락에서 읽는 것을 강조한다. 함께 '읽기' 과정은 어린이들이 프린트된 글에 의미를 부여하는 상호 작용의 과정인 것이다(Raines & Canady, 1990). 소리 내어 읽기 방법은 2021년 3월에 EBS에서 6부작 특별기획 〈당신의 문해력〉에서도 언급된다. '4부 내 아이를 바꾸는 소리의 비밀'에서 흥미 있는 그림책을 읽게 하고 말놀이로 이어가는 내용과 '6부 소리 내어 읽으세요'에서 이 방법이 의미가 있음을 보여 준다. 48개월~초등 2학년 아이들을 대상으로 소리 내어 읽었을 때 초기 문해력을 향상시키는 데 큰 도움이 되는 결과를 보여 주었다. 소리 내어 읽는 동안 어린이는 글자의 소릿값을 알게 되고 글자와 소리와의 관계를 알게 되면서 음운론적 인식을 발달 시키게 된다. 이 방법은 Top-Down 방식인 총체적인 언어 접근법과 균형 있게 배우게 되면서 문해력을 키우는 데 큰 도움이 된다.

읽기에는 혼자 조용히 '읽기'도 있으나 짝꿍과 함께 읽기, 큰 소리로 읽기, 반복해서 읽기, 예측하기 위한 읽기가 있다. 이 중 큰 소리를 내서 읽는 동안 어린이는 프린트된 글을 자세히 살피고 의미를 예측하게 된다. 또한 어린이가 본문을 읽을 때 음미하고, 정보를 확인하는 중에 기존의 지식에 새로운 정보를 통합하게 된다. 큰 소리로 읽는 것은 문학을 생동감 있게 하여 어린이가 등장인물과 줄거리를 쉽게 이해하도록 돕는다. 그리고 집중하여 듣는 능력을 길러 준다.

4) 벤 다이어그램Venn diagram

사회 영역에서 잘 이용되는 벤 다이어그램은, 어린이가 비교하고 대조하는 활동을 하는 중에 개념을 이해하게 한다. 총체적 언어에서도 벤 다이어그램을 활용한다. 대개 두 권의 그림책이나 인물에 관해 읽은 후에 각 원에 그 책에 해당하는 특징을 적는다. 두 원의 겹쳐진 부분에는 공통되는 점을 기록한다. 〈늑대 할머니Lon PoPo〉1990년 Medal Winner와 〈아기 돼지 세 마리The Three Pigs〉2002년 Medal Winner를 비교하고 대조한다.

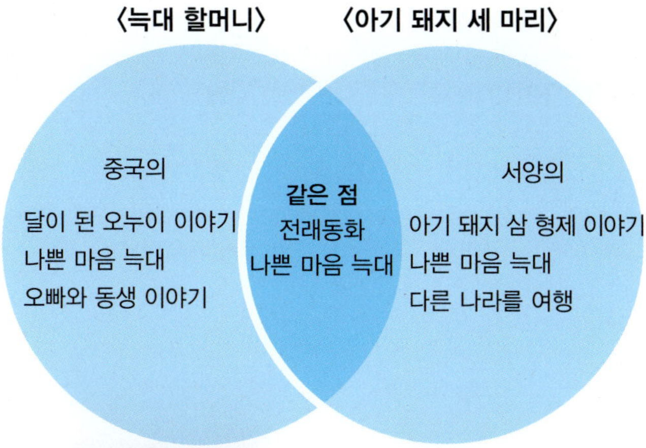

〈늑대 할머니Lon PoPo〉
에드 영/여을환 역/길벗어린이(2016)

〈아기 돼지 세 마리The Three Pigs〉
데이비드 위즈너/이옥용 역/
마루벌(2008)

5) 단어 가지 만들기

단어 가지 만들기의 목적은 읽기와 쓰기의 어휘를 향상시키는 것이다. 또한 그림책을 읽기 전에 그림책과 연관된 단어를 연관 지어 주기 위해 단어 가지 만들기 활동을 할 수 있다.

단어 가지를 만드는 방법: 교사가 단어 하나를 큰 종이 가운데 적어 넣는다. 어린이들은 문장을 완성시키는 단어를 생각해 낸다. 생각해 낸 문장은 방사선으로 뻗어 나온 선 옆에 쓴다. 예를 들어 〈아기 오리들한테 길을 비켜 주세요Make Ways for Ducklings〉1942년 Medal Winner를 읽고, 원 중심에 '오리는'이라고 쓴다. 어린이가 생각한 문장을 원에서 뻗어 나간 방사선 끝에 적는 동안 어린이는 글자의 생김새를 이해하게 된다. 그리고 어린이는 그 단어의 뜻을 전체적 맥락에서 이해하게 되고,

시각적으로도 볼 수 있게 된다.

단어 가지의 예

단어 가지 만들기를 할 때 교사는 많은 어휘를 생각해 내도록 유도한다. 교사는 어린이들의 경험과 연관하여 생각해 보도록 한다. 예를 들면 "상점에 갔을 때 무엇이 있었니?", "얼마나 즐거웠니?"와 같은 질문을 할 수 있다. 그러는 가운데 어린이들은 알고 있는 많은 어휘를 사용하여 말할 것이며, 문장을 길게 잇거나 개념적 정의도 포함하여 설명할 것이다. 어린이들이 말할 때 사용하는 어휘는 쓰기 어휘와 연결되어 단어 벽을 만드는 데 기초가 된다.

'단어 가지 만들기'는 교사와 어린이들이 공유하는 즐겁고 자연스러운 '생각 모으기'의 짧은 과정인 것이다.

6) 동화 구연

동화 구연은 어린이가 이야기를 '짓는' 가장 재미있는 방법 중 하나이다. 글씨체, 철자법을 걱정할 필요도 없이 그냥 '지어서 이야기해 보는 것'이다. 동화 구연은 짝과 함께, 대집단, 소집단, 또는 개별적으로 할 수 있다. 어린이가 혼자서 혹은 짝과 함께 이야기를 구연할 때, 가지고 있는 어휘력, 상상력, 창의력이 같지 않아 구연되는 이야기도 같지는 않을 것이다. 동화 구연은 사건의 순서 짓기, 완전한 문장 사용하기, 그리고 주의 깊게 듣기를 위한 학습을 하는 데 도움이 된다.

예 1: 이야기 꾸미기

글 없는 그림책, 〈이상한 화요일Tuesday〉1992년 Medal Winner을 소개하기 전에 다음과 같은 활동을 한다.

교사: "어젯밤에 나는 ~꿈을 꾸었어. 너는 어떤 꿈을 꾸었는지 이야기해 볼 수 있겠니?" 교사가 이야기를 시작한다. 한 어린이가 자기가 꾸었던 이야기를 다 하면 다른 어린이가 이야기를 시작한다. 교사는 접속사그리고나 문장을 자연스럽게 이어갈 수 있는 단어다음에는를 사용하도록 격려한다. 그런 다음, 교사는 꿈속에 일어났던 일에 관한 글 없는 그림책 〈이상한 화요일〉을 소개한다. 어린이마다 어휘력, 상상력, 창의력, 표현력이 다르기 때문에 다양한 이야기가 꾸며진다.

〈이상한 화요일Tuesday〉
데이비드 위즈너/비룡소(2002)

예 2: 구연동화 동영상 녹화/녹음하기

소그룹으로 활동을 할 때, 동화 구연한 것을 녹화/녹음한다. 교사는 어린이가 구연한 내용을 편집해서 큰 책으로 만들 수 있다. 〈날마다 말썽 하나!My Friend Rabbit〉2003년 Medal Winner 또는 〈이건 내 모자가 아니야This is Not My Hat〉2013년 Medal Winner와 같은 그림책은 좋은 녹화/녹음 자료로 적절하다.

〈날마다 말썽 하나!My Friend Rabbit〉
에릭 로만/이상희 역/뜨인돌어린이(2014)

〈이건 내 모자가 아니야This is Not My Hat〉
존 클라센/서남희 역/시공주니어(2018)

5. 이야기 구조의 인식을 위한 전략

'이야기 구조의 인식'에서 목적하는 것은, 교사는 물론 어린이들에게 그림책의 여러 가지 특징을 이해하도록 돕는 것이다. 아직 경험이 없는 어린이들에게 책을 읽을 때는 위에서 아래로, 그리고 왼쪽에서 오른쪽으로 읽어 나가는 것을 알게 한다. 마찬가지로 글을 쓸 때에도 그렇게 한다는 것도 경험하게 한다. 또한 이야기에는 구조가 있다는 것을 인식하게 한다. 그리고 그림책에는 작가와 삽화가 있으며, 배경이 있고 등장인물이 있으며, 이야기가 있다는 기초적인 것을 알려 준다.

'이야기 구조'라는 말과 '글 구조'라는 용어와 혼동되지 않아야 한다. '이야기 구조'는 어린이들이 비판적으로 사고하도록 하기 위해 사용하는 수단인 것이다. '이야기 구조'는 사건의 연속이 있는 그림책, 목록이 있는 그림책, 비교와 대조가 있는 그림책, 질문과 대답이 있는 그림책, 운율과 반복이 있는 그림책, 질문과 정교성이 있는 그림책, 문제 해결이 있는 그림책, 원인과 결과가 있는 그림책이 있다(Baskwill & Witman, 1986). 그림책이 갖고 있는 이야기 구조에 어떤 그림책이 있는지 간단히 살피면 다음과 같다.

1) 사건의 연속이 있는 그림책

정보책을 제외한 거의 모든 그림책은 사건이 연속으로 이어지는 구조를 가지고 있다. 그림책에 있는 사건은 주로 첫째, 둘째, 셋째 … 그리고 결론으로 이어지는 사건이 있다. 사건의 연속이 있는 구조로 된 대표적인 칼데콧 수상 도서들(Honor Book은 표기)은 1960년대를 중심으로 예를 들면 〈괴물들이 사는 나라 Where the Wild Things Are〉 1964년, 〈눈 오는 날 The Snowy Day〉 1963년, 〈일곱 마리 눈먼 생쥐 Seven Blind Mice〉 1993년 Honor Book, 〈요셉의 작고 낡은 오버코트가…? Joseph Had a Little Overcoat〉 2000년, 〈쌍둥이 빌딩 사이를 걸어간 남자 The Man Who Walked Between Two Buildings〉 2004년, 〈달을 먹은 아기고양이 Kitten's First Full Moon〉 2005년, 〈사자와 생쥐 The Lion & the Mouse〉 2010년, 〈아모스 할아버지가 아픈 날 A Sick Day for Amos McGee〉 2011

년, 〈빨강 파랑 강아지 공A Ball for Daisy〉2012년, 〈이건 내 모자가 아니야This is Not My Hat〉2013년, 〈비클의 모험The Adventures of Beekle〉2015년, 〈세상에서 가장 용감한 소녀Wolf in the Snow〉2018년, 〈안녕, 나의 등대Hello Lighthouse〉2019년 등이 있다.

이런 그림책으로는 사건의 연속과 순서 등은 물론 다양하고 흥미 있는 관련 몰입 활동을 할 수 있다. 어떤 사건이 있었는지, 주인공이 간 곳은 어디인지 그림으로 그려 보면 사건의 순서를 논리적으로 이해할 수 있게 된다.

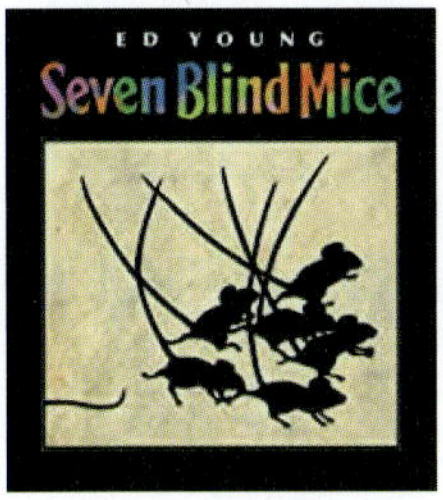

〈Seven Blind Mice〉
Ed, Young/Puffin Books

〈일곱 마리 눈먼 생쥐〉
에드 영/최순희 역/시공주니어(2017)

2) 목록과 연속이 있는 그림책

'목록과 연속이 있는 그림책'은 앞에서 설명한 '사건의 연속으로 이어지는 그림책'과 흡사하지만 제목, 개념 그리고 등장인물이 나열되어 있고, 그리고 나열된 것끼리 연결될 수 있는 그림책이 있다. 사건이 연속되는 그림책은 〈꼬리를 돌려주세요One Fine Day〉1972년 Medal Winner, 그리고 어떤 물건을 팔았는지 샀는지 목록을 만들 수 있는 있는 그림책인 〈달구지를 끌고Ox-Cart Man〉1980년 Medal Winner 등과 같은 것이 그 예이다.

〈Ox-Cart Man〉
Donald Hall, Barbara Cooney/
Puffin Books

〈달구지를 끌고〉
도날드 홀 글/바버러 쿠니 그림/
이다희 역/비룡소(2006)

3) 비교와 대조가 있는 그림책

이야기 속에 두 가지 이상 사건이나 인물을 비교-대조하는 책이 있다. 비교-대조하기는 어린이들이 이야기 속의 인물을 비교-대조하거나 같은 이야기를 가진 다른 책을 비교-대조하는 활동으로 전개한다. 따라서 비교-대조하기는 그림책 한 권을 가지고도 할 수 있고, 두 권을 가지고도 할 수 있다.

배경과 어조뿐만 아니라 다른 그림책에 있는 삽화를 비교-대조할 수도 있다. 〈부엉이와 보름달Owl Moon〉1988년 Medal Winner은 〈눈 오는 날The Snowy Day〉1963년 Medal Winner과 매우 다르지만 두 이야기 모두 어린 소년·소녀에 관한 것이므로 비교-대조할 수 있다.

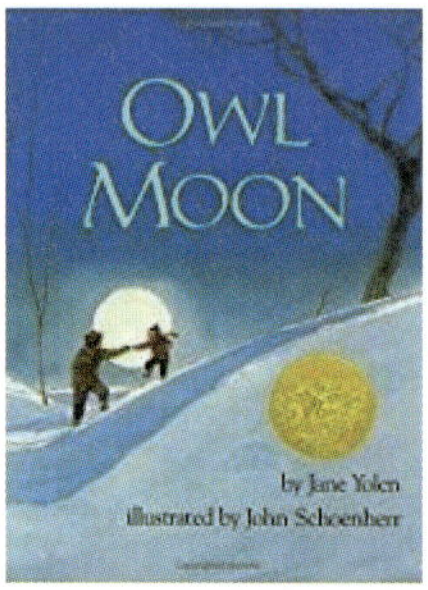

〈Owl Moon〉
Jane Yolen/John Schoenherr/
Philomel Books

〈부엉이와 보름달〉
제인 욜런 글 / 존 쇤헤르 그림/
박향주 역/시공주니어(2000)

〈The Snowy Day〉
Ezra Jack Keats/Puffin Books

〈눈 오는 날〉
에즈라 잭 키츠/김소희 역/비룡소(1995)

4) 질문과 대답이 있는 그림책

그림책에 질문이 있고 답이 있는 책이 있다. 이에 해당하는 좋은 예는 〈아기 오리는 어디로 갔을까요?You Seen My Ducking?〉1985년 Honor Book와 같은 것이다. 질문과 대답을 하는 활동은, 작가가 질문을 하면 독자가 그에 대한 해답을 찾는 것이므로 다른 활동보다 전개하기가 쉽다. 즉, 교사가 질문을 하면 어린이가 대답을 하는 식으로 바꾸어 본문이나 그림에서 찾아보며 이야기를 전개할 수 있다. 대개 반복이 있어 나이 어린 어린이들이 참여하기 쉽다.

〈Have You Seen My Duckling?〉
Nancy Tafuri/Greenwillow Books

〈아기 오리는 어디로 갔을까요?〉
낸시 타푸리/박상희 역/비룡소(1999)

5) 운율과 반복이 있는 그림책

반복되는 운율을 지닌 그림책 또한 읽고 듣기에 아주 재미있다. 이에 해당하는 좋은 예는 〈둥둥둥, 북치는 병정!Drummer Hoff〉1968년 Medal Winner과 〈친구를 데려가도 될까요?May I Bring a Friend?〉1965년 Medal Winner가 있다. 이런 종류의 그림책으로는 이야기 다시 꾸미기와 같은 활동을 쉽게 전개할 수 있다.

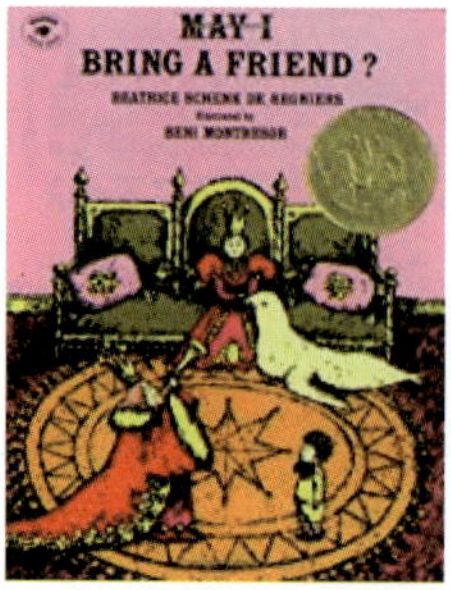

〈May I Bring a Friend?〉
Beatrice Schenk De Regniers/
Beni Montresor/Aladdin

〈친구를 데려가도 될까요?〉
베아트리체 솅크 드 레그니에스 글/
베니 몽트레소 그림/장미란 역/
시공주니어(2005)

6) 진술과 정교성이 있는 그림책

진술과 정교성이 있는 그림책을 본 후 어린이들이 자신의 독창적인 그림책을 창작할 수 있다. 그중 하나인 크루스Crews의 〈화물 열차Freight Train〉1979년 Honor Book는 이야기의 구조가 짜인 그림책의 좋은 예이다. 저자는 화물 열차에 대한 간략한 진술을 하고 보다 정교하게 하기 위해 리듬감 있는 단어를 사용하였다.

〈Freight Train〉
Donald Crews/
Greenwillows Books

〈화물 열차〉
도널드 크루스/박철주 역/
시공주니어(1997)

7) 문제 해결이 있는 그림책

리오니Lionni의 〈헤엄이Swimmy〉1964년 Honor Book는 문제 해결의 구조가 있는 그림책이다. 작은 물고기들이 문제를 해결하기 위해 모두 힘을 합쳐 문제 해결을 하는데 어떤 생각을 하며 어떻게 해결책을 찾는지 보여 준다. 〈늑대 할머니Lon Po

Po〉1990년 Medal Winner 역시 문제를 해결하는 구조를 갖고 있다.

〈Swimmy〉
Leo Lionni/Dragonfly Books

〈헤엄이〉
레오 리오니/김난령 역/
시공주니어(2019)

이런 종류의 그림책으로 주·원·문·해(SWAB) 활동도 할 수 있다(제8장의 4. 이해를 위한 전략 참조). 즉 누군가가 무엇을 원했으나 문제가 있다. 그 문제는 원하는 것을 얻는데 방해가 된다. 따라서 그 누군가가 문제를 풀어야 한다.

8) 원인과 결과가 있는 그림책

원인과 결과를 나타내는 그림책은 문제 해결을 나타낸다. 〈Strega Nona〉1976년 Honor Book에서 빅 안토니의 진득하지 못함(원인) 때문에 노나 할머니가 마술 국수 단지를 사용하는 전 과정을 보지 못하고 놓치게 된다. 국수가 끓어넘친다는 결과가 나왔을 때 문제는 시작된다. 이 문제의 해결은 무엇인가? 빅 안토니는 국수를 모두 먹어야 했다. 이런 종류의 그림책으로는 문제의 원인과 결과를 알아내는 추론 놀이를 하는 데 유용하다.

〈Strega Nona〉
Tomie dePaola/Smion & Schuster
Books for Young Readers

6. 듣기 전략

1) 잘 듣기

어린이들은 교사 또는 친구들의 말을 하루 종일 듣는다. 또한 책을 읽을 때에도 의미를 생각하는 가운데 자신이 낸 소리를 듣는다. 물리적으로 어린이는 내면의 소리를 함께 듣는 것이다. 녹음된 것을 들으며 책을 읽는 것은 어린이들에게 이익이 된다. 요즘은 어린이들이 쉽게 스마트폰을 활용하여 어린이들 스스로 녹음을 해 볼 수 있다. 본인의 소리를 듣거나, 친구의 녹음을 듣는 등 다양한 방법으로 듣는 것이 가능하다.

2) 책 오케스트라

읽기와 듣기를 결합하는 또 다른 방법은 '책 오케스트라'를 만드는 것이다. 책의 어조와 분위기를 살릴 수 있는 음악 한 곡을 골라 소리 내어 책을 읽는 동안 배경 음악을 삽입한다. 또는 책을 읽는 동안 적절한 순간에 효과음을 사용한다. 효과음은 모바일이나 인터넷에서 무료로 사용할 수 있는 음원을 찾아 사용할 수 있다.

7. 무대 예술 전략

안정감 있는 분위기를 제공하고 격려를 많이 해 준다면 거의 모든 어린이들이 함께 읽기(읽기 합창)나 동극에 적극적으로 참여하게 될 것이다.

1) 함께 읽기(연속해서 읽기)

함께 읽기 혹은 읽기 합창이란 몇 개의 집단으로 나눈 어린이들에게 책을 주고 각기 맡은 부분을 읽는 것을 말한다. 책 대신 여러 색의 종이에 읽을 부분을 어린이에게 써 주어 함께 볼 수도 있다. 교사는 음악을 연주하는 '지휘자'처럼 각 어린이에게 신호를 주어 교향악단의 지휘자처럼 읽기를 진행한다. 익숙해지면 어린이가 지휘자 역할을 담당한다.

연속해서 읽기에 적합한 것은 도만스카Domanska의 〈만일 이 세상 바다가 하나가 된다면If All the Seas Were One Sea〉1972년 Honor Book, 〈둥둥둥, 북치는 병정!Drummer Hoff〉1968년 Medal Winner, 딜론Dillon의 〈모기가 왜 귓가에서 앵앵거릴까?Why Mosquitoes Buzz in People's Ears〉1976년 Medal Winner 등을 꼽을 수 있다.

〈If All the Seas Were One Sea〉
Simon & Schuster/
MacMillan Publishing Company

〈만일 이 세상 바다가 하나가 된다면〉
재니나 도만스카/이경우 역/
한림출판사(1999)

2) 동극

어린이들은 뛰어난 상상력을 사용하여 거의 모든 책의 내용을 동극으로 공연할 수 있다. 이때 교사는 공연할 공간을 마련한다. 의상과 소품에는 많은 신경을 쓰지 말고, 어린이들이 인물 표현에 집중할 수 있게 한다. 동극을 위한 책으로는 될 수 있으면 많은 등장인물이 나오는 것이 좋다. 브라운Brown의 〈돌멩이 수프Stone Soup〉1948년 Honor Book, 리오니Lionni의 〈헤엄이Swimimy〉1964년, 스티븐스Stevens의 〈위에 있는 것과 아래 있는 것Tops & Bottoms〉1996년 등이 이에 해당되는 그림책이다.

〈위에 있는 것과 아래 있는 것Tops & Bottoms〉
자넷 스티븐스/이경우 역/다음세대(1999)

위 그림에 있는 책을 읽고 난 후, 동극을 위해 대본을 꾸민다, 땅 부자이지만 게으른 곰이 지혜 있는 토끼의 제안으로 추수할 때 손해 보는 내용에서 곰과 토끼의 역할을 정하고 동극을 한다. 어떤 경우에는 위에서 나는 옥수수 역할이나 아래서 나는 비트 당근 무 등의 역할도 정한다. 수확한 것으로 수프 만드는 요리표를 만들고 요리를 하는 활동으로도 확장할 수 있다. 이런 경우에는 〈돌멩이 수프Stone Soup〉도 함께 읽으면 더 좋다.

3) 인형극과 팬터마임puppets and pantomime

인형극은 이야기를 재창작하거나 즉흥 이야기를 인형을 사용하여 동극으로 연장하는 것은 '자연스러운' 언어활동이다. 인형극을 위해서 인형을 만들 때 정교하거나 비싼 것일 필요는 없다. 도화지, 풀, 누런 종이봉투로 훌륭한 손 인형을 만들 수 있다.

팬터마임은 다른 종류의 언어인 신체를 사용하는 또 다른 방법이다. 욜렌의 〈부엉이와 보름달Owl Moon〉1988년 Medal Winner을 어린이들과 읽은 후 책의 어조와 '느낌'이 어떠한지 묻는다. 샌닥Sendak의 〈괴물들이 사는 나라Where the Wild Things

Are〉1964년 Medal Winner를 보여 주고 느낌을 물어본 후 팬터마임 공연을 한다면 문학적으로 표현하는 것을 볼 수 있을 것이다.

8. 시각 예술 전략

전통적으로 어린이들은 교실에서 색칠하고, 자르고, 풀칠하고, 물감으로 그림을 그려 왔다. 이 과정에서 어린이들은 단지 근육을 사용할 뿐만 아니라 많은 사고를 하게 된다. 즉, 어린이들은 그림을 그리고시각-예술 그림에 글을 넣는 창안적 놀이로 문해력도 길러 갈 수 있다.

1) 광고와 표지판

광고와 표지판은 학교와 학급에서도 쉽게 찾아볼 수 있다. 포스터와 표지판은 그래프와 글로 함축된 메시지를 전달하므로 이상적인 문학 자료가 된다. 몇 가지 예를 들어 보면 다음과 같다.

브라운Brown의 〈돌멩이 수프Stone Soup〉1948년 Honor Book를 읽고 난 후 다음과 같은 놀이 활동을 해 본다.

〈Stone Soup〉
Marcia Brown/Aladdin; Reprint edition

〈돌멩이 수프〉
마샤 브라운/고정아 역/
시공주니어(2007)

- 요리표를 만들어 본다.
- 광고를 위한 포스터를 그룹활동으로 해 본다.
- 동극을 위한 표지판을 만들어 본다.

버튼Burton의 〈작은 집 이야기The Little House〉1943년 Medal Winner를 읽고 난 후 다음과 같은 놀이 활동을 해 본다.

- 도시에서 볼 수 있는 표지판(도로, 교통, 가게)을 만들어 본다. 옛날에도 지금과 같은 표지판(걸을 때 휴대폰 보지 않기와 같은 것)이 있었을지 토의해 본다. 그 이유에 관해서도 의견을 나누어 본다.

2) 삽화 관찰

어린이들은 칼데콧 수상 도서에서는 다양하고 뛰어난 삽화를 볼 수 있다. 가끔 삽화가의 이름을 보지 않고도 로만Rohman의 〈날마다 말썽 하나!My Friend Rabbit〉2003년 Medal Winner와 드파올라dePaola의, 〈Strega Nona〉1976년 Honor Book와 같은 삽화를 쉽게 구별할 수 있다. 칼데콧 수상 도서 중 많은 책이 같은 미술가에 의해 그려졌기 때문에 그림책에 담긴 삽화를 비교해 보는 것도 좋은 활동이 된다. 위즈너Wiesner의 글 없는 그림책을 비교해 보면서 삽화에서 독특한 그림의 배경과 묘사 방법을 찾아볼 수도 있다.

* 색 관찰에 도움 주는 예

서로 비교될 수 있는 삽화가 있는 두세 권의 그림책을 관찰·비교하는 것이 한 권의 그림책을 평가하는 것보다는 쉽다. 딜롬Dillom의 〈모기는 왜 귓가에서 앵앵거릴까?Why Mousquitos Buss in People's Ears〉1976년 Medal Winner에 사용된 부드럽고 안정되고 엷은 색조로 가득한 그림책은 이 우스꽝스러운 아프리카 전래 동화가 주는 어느 정도의 부드러움과 유머를 이해하도록 도울 수 있다.

〈Why Mosquitoes Buzz in People's Ears〉
Verna Aardema/Leo Dillon & Diane Dillon/
Puffin/Dial

〈모기는 왜 귓가에서 앵앵거릴까?〉
버나 알디마 글/
레오 딜론 & 다이앤 딜론 그림/
김서정 역/보림(2003)

3) 프로젝트

과학 프로젝트나 미술-공예 프로젝트는 어린이들이 폭넓고 다양한 사고를 하도록 한다. 이때 어린이는 분석하고, 추측하고, 조직하고 계획한다. 다음과 같이 해 볼 수 있다.

〈곰들의 파티Bear Party〉1952년 Honor Book를 읽고 난 후 다음과 같은 놀이 활동을 해 본다.

- 〈동극: 곰들의 파티〉를 프로젝트로 기획한다
- 동극에 필요한 것에 대하여 이야기 나누기를 한다.
- 동극용 스크립트를 짠다.
- 역할놀이를 한다.
- 동극에 필요한 소품(예: 가면)과 의상을 만든다.
- 동극에 필요한 무대장치/배경을 만든다.
- 역할을 정하기를 한다.
- 리허설을 한다.
- 동극을 무대에서 연습한다.
- 초대권을 만든다.
- 동생반/부모님을 초청해서 공연을 한다.

〈세상에서 가장 용감한 소녀Wolf in the Snow〉를 읽고 난 후 다음과 같은 놀이 활동을 해 본다.

- 날씨에 관한 책을 더 읽는다. 그리고 날씨에 대한 기록을 달력에 해 본다.
- 〈날씨〉를 주제로 프로젝트를 기획한다.
- 날씨에 관련된 책을 더 읽는다.
- 날씨를 관찰하는 방법에 대하여 이야기를 나누기를 한다.
- TV에서 '일기 예보'를 본다.
- 날씨 노트 또는 달력에 매일 기록해 본다.
- 친구들 앞에서 '일기 예보'를 말해 본다.

4) 실물자료의 도입

실물자료는 어린이의 주의를 끌고 읽기에서 토의로 부드럽게 옮겨갈 수 있게 한다. 예컨대, 올스버그Allsburg의 〈The Polar Express〉1986년 Medal Winner를 읽고 난 후, 주머니에서 작은 은종을 꺼낸다면 산타클로스가 흔드는 종과 선물을 연상하게 할 것이다.

비슷한 예로 학부모의 도움도 받는다. 이사도라Isadora의 〈벤의 트럼펫Ben's Trumpet〉1980년 Honor Book을 읽은 후 부모님들이 교실에 갑자기 들어와서 트럼펫을 연주한다면 어린이들이 얼마나 기뻐하겠는가!

9. 총체적 언어의 문학적 접근 전략 요약

지금까지 8장에서 총체적 언어의 문학적 접근 여덟 가지를 살펴보며 가르치는 교사나 배우는 어린이들이 재미있게 전개해 나아가는 몰입 전략에 관해 살펴보았다. 이렇게 길게 설명한 것을 일목요연하게 요약·제시하면 다음과 같다.

몰입전략	
작가 전략	**01** 저널 **02** 등장인물에 대한 일기 **03** 내 단어: 책 **04** 편지 쓰기/이메일 보내기 **05** 이야기(앞, 중간, 뒤 이야기) 지어 책으로 묶기/ 전자책 만들기 **06** 브로슈어 활용 **07** 신문/광고 만들기 **08** 자서전 꾸미기 **09** 등장인물 단평 **10** 동시 **11** 직업 목록 **12** 상상하기 **13** 단어 벽 사용하기
협동 전략	**01** 회의하기 **02** 혼합 연령 간 협동하기
게임 전략	**01** 단어 입양-기록하기 게임 **02** 게임 규칙 정하기 **03** 문장 재배열 게임 **04** 보물찾기 게임 **05** 재미있는 단어 찾기 게임 **06** 단어 빌리기 게임

이해를 위한 전략	01 주 · 원 · 문 · 해(SWAB) 02 큰 책 만들기 03 소리내어 읽기 04 벤 다이어그램 만들기 05 단어 가지 만들기 06 동화 구연
이야기 구조의 인식을 위한 전략	01 사건의 연속이 있는 그림책 02 목록과 연속이 있는 그림책 03 비교와 대조가 있는 그림책 04 질문과 대답이 있는 그림책 05 운율과 반복이 있는 그림책 06 진술과 정교화가 있는 그림책 07 문제 해결이 있는 그림책 08 원인과 결과가 있는 그림책
듣기 전략	01 잘 듣기 02 책 오케스트라
무대 예술 전략	01 함께 읽기 (연속해서 읽기) 02 동극 03 인형극과 팬터마임
시각 예술 전략	01 광고와 표지판 02 삽화 관찰 03 프로젝트 04 실물자료의 도입

지금까지 살펴본 바와 같이 총체적 언어의 문학적 접근 전략을 사용하여 다시, 그림책으로 돌아가 깊이 읽기를 전개한다면 어린이들은 '읽는 뇌'는 물론 '양손잡이 읽기 뇌' 능력을 가진 문해력 높은 어린이로 성장하게 될 것이다. 어린이는 앞서 언급했듯이 arcia/tl의 경지에 이르게 되면 주의 집중, 기억, 연결, 추론, 분석하면 결국 도약하여 창의 능력은 물론 공감 능력과 편견 없이 스스로 구성할 수 있는 양손잡이 읽기 뇌를 갖게 될 것이다.

이에 의거해서 제3부 실제에서는 다음과 같은 놀이 실제를 풀어가 보고자 한다.

- 실제 I: 공감과 창의 능력의 예 (기관 적용 사례)
- 실제 II: 공감과 창의 능력의 예 (가정 적용 사례)
- 실제 III: 반편견과 공감 그리고 우정의 예 (가정 적용 사례)

다시, 총체적 언어

칼데콧 그림책 깊이 읽기 놀이

제3부

제9장

실제 Ⅰ: 공감과 창의 능력의 예 〈세상에서 가장 용감한 소녀 Wolf in the Snow〉의 기관 적용 사례

실제 편에서는 제1장에서 언급했듯이 〈다시, 총체적 언어: 칼데콧 그림책 깊이 읽기 놀이〉로 돌아가기 위해 실제 현장에서 적용한 예를 소개한다. 본 9장에서는 공감과 창의 능력의 예로 선정된 도서 〈세상에서 가장 용감한 소녀 Wolf in the Snow〉 2018년 Medal Winner를 가지고 기관에서 적용한 사례를 소개하며 제10장에서는 같은 그림책을 가정에서 적용한 사례를 소개한다. 제11장에서는 반편견과 공감 능력 그리고 우정에 도움이 되는 책으로 〈친구는 좋아! Yo! Yes?〉 1994년 Honor Book를 선정하여 가정에서 실제로 적용한 예를 보여 준다.

칼데콧 수상 도서를 활용하는 총체적 언어 교육에 임할 때는 먼저 그림책에 대한 전반적인 이해를 돕기 위해 출판사와 작가, 그 외 그림책에 필요한 정보를 아는 것이 좋다.

1. 그림책 이해하기

공감 능력과 창의 능력을 길러 주기 위한 융합적 접근은 〈세상에서 가장 용감한 소녀〉의 영어 원본과 한글 번역본을 사용하여 몰입 놀이/활동으로 접근한다. 가능하면 어린이들이 작가와의 교류가 무엇인지, 영어와 한글, 이 두 가지 언어의 공통점과 차이점은 무엇인지 이해하게 하며 공감 능력과 창의 능력을 개발할 수 있도록 한다.

매튜 코델Mathew Cordell의 그림책 〈세상에서 가장 용감한 소녀〉는 눈보라를 이기려는 소녀의 가쁜 숨소리, 아기 늑대의 거친 숨소리, 부엉이 새끼 소리, 새끼를 찾으려는 어미 늑대의 울음소리, 딸을 찾는 가족의 강아지 짖는 소리 등의 글만 있어 긴장감을 일으키는 글 없는 그림책이다.

원 제목은 〈Wolf in the Snow〉로 동물 즉, 늑대를 주인공으로 해서 책이 소개되며 번역서의 제목은 2018년 비룡소에서 출간한 〈세상에서 가장 용감한 소녀〉로 주인공이 소녀로 바뀌었다. 제목에 따라 어린이들의 생각이 달라질 수 있다는 이효진(2010)의 연구도 참고할 수 있을 것이다. 그림은 소녀가 주인공인지, 소년인지까지도 읽는 이가 추측하고 고민하도록 그려져 있다.

글 없는 그림책은 글이 없어서 어린이나 성인이 그림을 더 자세히 보게 하며, 그림이 제시하고자 하는 의도를 찾아내고 공감하도록 한다. 그림책에 이야기를 지어 넣어 작가가 되어 봄으로써 저자와 교류를 하며 동시에 창의적 작가가 되는 경험을 하게 한다. 더 깊이 있는 책 이해를 위해서는 제4장 〈세상에서 가장 용감한 소녀〉 책 소개 부분을 참고하기 바란다.

2. 문학적 접근: 공감 능력과 창의 능력을 위한 계획하기

문학적 접근을 위한 놀이 계획으로 구성주의를 근본으로 하여 제8장에서 언급한 총체적 언어 교육의 문학적 접근 전략을 적용하고자 한다. 이를 바탕으로 제1장에서 제안한 여섯 가지 질문을 사용하여 그림책 깊이 읽기 놀이/질문을 계획한다. 그림책 깊이 읽기를 위해 놀이/질문은 제4장 〈세상에서 가장 용감한 소녀〉: '기대되는 놀이/질문'에 자세히 소개되어 있다. 기관에서는 문학적 접근 전략과 함께 필요한 놀이/질문만을 선택적으로 사용한다. 공감 능력과 창의 능력을 위한 질문/놀이를 다시 한번 살펴보면 다음과 같다.

- 그림책 살피기 놀이/질문
- 그림책 내용 이해 놀이/질문
- 공감하기 놀이/질문
- 상상하기 놀이/질문
- 실천하기 놀이/질문
- 표현하기 놀이/질문

〈세상에서 가장 용감한 소녀〉 그림책은 늑대의 울음소리 같은 몇몇 동물들의 소리(의성어)를 제외하고 글 없이 그림으로 이야기를 전개하고 있어 이야기 전개를 상상하며 숨죽이고 몰입할 수 있게 한다. 이 그림책에서 의도하는 늑대의 울음소리는 '우리는 친구'임을 알려 주는 사랑의 노래임을 알게 하고 기존의 늑대에 대한 고정관념도 알기 위해서 〈아기 돼지 세 마리The Three Pigs〉를 먼저 읽고 토의하는 것도 바람직하다.

다음은 그림책 깊이 읽기를 위한 놀이를 계획하기에 앞서 고려해야 할 공감 능력과 창의적 측면이다.

핵심 포인트

❶ 공감 능력의 측면
- 공감(두려움, 기쁨, 안도)
- 돕기
- 의사소통의 방법
- 늑대에 대한 고정관념: 늑대는 무섭지만 도와줌에 대한 보답의 마음도 있다.

❷ 창의적 측면
- 글 없는 그림책에 글 넣어 창안적 작가가 되기
- 의성어 말하기
- 영어와 한국어의 차이 이해

3. 현장 적용 사례

- 적용대상: H 대학교 부속 유치원 (○○반 어린이들)

<그림책 살피기 놀이/질문>
- 그림책 앞 표지에서 뭐가 보이니? 누가 이 그림책을 그렸을까?
- 빨간 옷을 입고 있는 사람은 누굴까?
- 그림책 뒤 표지를 보니 어떤 이야기가 나올 것 같아?

위의 질문들은 그림책 살피기 놀이를 계획할 때 나눌 수 있는 질문의 예이다. 그중 그림책의 앞표지와 뒤 표지를 살펴보면서 표지 읽기와 추측하기 놀이를 진행하였다.

〈세상에서 가장 용감한 소녀〉 앞표지와 뒤표지

매튜 코델/비룡소(2018)

▸ 표지 읽기(눈으로 읽기)

유아들에게 글 없는 그림을 소개하고 처음에는 그림 속에서 유아들이 어떤 것들을 발견하고 어떠한 느낌을 받았는지 처음에는 자유롭게 이야기를 나누어 보는 시간을 가졌다.

책을 소개하는 모습

책의 그림을 보고 자유롭게 이야기를 나누기 위해 책이 잘 보이는 대형으로 바꿔 앉은 유아들

▸ 추측하기 – 등장인물 살피기

교사는 원문의 〈Wolf in the Snow〉 그림책 표지를 보여 주며 질문하고, 그림책 표지에 보이는 것들에 대해 이야기를 나누었다.

(영어 그림책 표지를 보며)

교사: 책을 가지고 왔는데 이게 영어로 되어 있고 여기 책에는 이야기가 적혀 있지 않아. 궁금하지. 우리가 눈으로 한번 쭉 볼까?

유아들: 네

교사: 어떤 그림이 있는지 보여 얘들아?

유아들: 네

교사: 앞표지에 뭐가 보여?

지우: 영어

교사: 영어가 보여?

서진: 모자

교사: 모자? 어떤 게 보인다고?

명지: 눈

교사: 빨간 모자? 그리고 눈도 보인다.

경찬: 그리고 여기 바닥에 하얀색 있다.

교사: 이 하얀색은 뭘까?

유아들: 눈

교사: 그리고 또 뭐가 보여?

경찬: 그리고 또 강아지

교사: 강아지?

서진: 생쥐

교사: 생쥐? 경찬이는 강아지로 보이고 서진이는 생쥐로 보이고 시언이는 고양이로 보이는구나.

지호: 다람쥐 아니에요?

교사: 지호는 다람쥐?

지우: 아기 늑대

교사: 아기 늑대?

경찬: 선생님 그런데 허지호가 말한 다람쥐는 나무에 올라타는 애인데요?

시아: 돈 있어요.

정인: 난 여우 같은데.

시아: 동전 있어요.

교사: 아, 동전이 있어? 그러면 얘가 지금 다람쥐, 생쥐, 고양이, 아기 늑대, 강아지 누군지 한번 볼까? 그런데 여기 뒷면에도 그림이 있어. 뒷면에는 뭐가 보여?

유아들: 늑대

교사: 뒷면에는 늑대가 보여? 그리고 또?

유아들: 엄마 늑대

교사: 얘는 엄마 늑대 같아?

지우: 걔는 엄마 늑대예요.

정인: 아기 늑대였어.

교사: 얘는 아기 늑대고 얘는 엄마 늑대?

수현: 아기 늑대가 엄마 늑대를 다른 데로 가서 음, 빨간 모자가 찾아주는 거예요?

교사: 그런 건가?

지우: 선생님 그런데 원래 친구들은 이렇게 생각할 수도 있잖아. 이게 어, 다른 동물들도 있고 친구들이 뭔지 모르잖아.

▸ 후기

교사는 유아들이 앞표지와 뒤표지를 보여 주면서 유아들의 자유롭고 창의적인 생각을 들어 보자는 목표를 가지고 책을 소개하였다. 이야기 나누기하는 과정에 교사가 미처 발견하지 못한 세밀한 부분까지 유아들은 보고 말했다. 교사가 질문을 던질수록 유아들이 좀 더 깊이 있게 생각하고 있는 것을 알 수 있다. 처음에 유아들은 주인공인 동물을 강아지, 생쥐, 다람쥐에서 늑대로 수정해 바꾸어 나가면서 그림책의 배경, 등장인물이 무얼 하고 있는지, 어떤 감정일지, 어떤 일이 일어나고 있는지 등에 대해 자유롭게 상상해 나가고 있었다. 특히 어떤 아이가 뒤표지 그림을 보고 난 후 앞표지 내용과 연결 지어서 책의 내용을 "아기 늑대가 엄마 늑대를 다른 데로 가서 음. 빨간 모자가 찾아주는 거예요?"라고 예측하는 모습이 인상 깊었다.

<그림책 내용 이해 놀이 전략>

- 그림책 소녀는 어디로 가는 길일까?
- 아기 늑대를 만난 소녀는 어떻게 했니?
- 길을 잃고 쓰러진 주인공을 본 늑대들은 어떻게 했니?

위의 질문들은 그림책 내용 이해 놀이를 계획할 때 나눌 수 있는 질문의 예이다. 그림책 내용을 들으며 잘 이해하고 있는지를 알기 위해 글 없는 그림을 함께 보며 해당 페이지의 이야기를 만들어 보기도 하고 그림에 대한 질문을 하며 이야기 나누기를 하였다.

▸ 이야기 내용 듣기/그림책 내용 알기

(집에서 학교로, 학교에서 다시 집으로 가는 장면을 보며)

교사: 한번 넘겨 볼까. 그다음은? 이제 시작인가 봐. 영어가 쓰여 있고 이건 뭐 하는 모습일까? 소은이는 이게 뭐 하고 있는 모습 같아?

서윤: (손을 흔든다.)

교사: 안녕? 안녕 하고 있는 것 같아?

서윤: 네

경찬: 나무! 나무요!

교사: 잠깐만, 수현이가 이야기해 줘.

수현: 물이 있고 고양이 얼굴 있어.

교사: 얘 얼굴이 좀 고양이처럼 생겼어? 지우야 방금 어디를 가고 있는 것 같다고 이야기 한 거였어? 어디를 가고 있는 것 같아? 소진아, 소진이는 또 뭐가 보여?

소진: 집

교사: 집이 보여? 여기 집?

서진: 선생님! 근데 지금 너무 추워서, 지금 어, 집에 다음에 만나요. 이렇게 하고 그냥 간 것 같아.

교사: 아 너무 추워서 집에서 다음에 만나 하고 가고 있는 것 같아?

(중략)

지호: 늑대 따라와서 도망치는 거.

교사: 늑대가 따라와서 지금 도망치고 있는 장면 같아?

서진: 할아버지다!

교사: 명지. 이번엔 명지가 선생님한테 이야기해 줄까? 명지가 보이는 거 얘기해 줘. 뭐가 보여?

명지: 늑대가 빨간 모자한테 얘기하는 거.

교사: 늑대가 빨간 모자한테 얘기하는 거 같아?

서진: 선생님 근데요. 저 빨강. 빨강

지호: 빨간 모자라고 (잘 안 들림)

교사: 어, 서진이 이야기를 들어 보자.

서진: 선생님, 어 빨간. 어 잠바 입은 사람이 할아버지야. 나 원래부터 할아버지인 줄 알았어.

교사: 얘는 할아버지야? 오 정인이가 보니까 정인이가 얘 지금 마스크를 쓰고 있는 것 같대. 그러네 이러고 보니까.

경찬: 근데요. 그런데 아기 늑대가 다리를 다쳤는데 할아버지가 아이고 돌봐줘야겠는데 덜덜덜 하면서 지금 걱정하고 있는 것

교사: 음. 아기 늑대가 다리를 다쳤는데 할아버지가 아이고 돌봐줘야겠는데 덜덜덜 하면서 지금 걱정하고 있는 것 같구나?

서진: 근데 그 다음에는 어 할아버지가 지금 늑대 다리가 아파서 집에 데려와서 배고플 거 같아서 씻기고 밥을 줬어요.

(중략)

(주인공이 숲속에 쓰러져 있는 것을 엄마 늑대가 발견한 장면을 보며)

선영: 늑대가 일어나라고 후다닥 후다닥 하는 거 같아요.

지호: 일어나라고 소리 지르고 있는 거 같아.

교사: 일어나라고 소리 지르고 있는 거 같아?

서진: 선생님 너구리랑 늑대가 같이 있어서 울고 있는 거 같아.

교사: 울고 있는 거 같아?

▸ 후기

유아들은 서로의 이야기를 들으며 우리만의 이야기를 만들어 나가는 모습을 보여 주었다. 문화적인 차이로 인해 아이들은 학교가 집처럼 생겨서인지 학교에서 집으로 가고 있는 것을 바로 알지는 못했다. 오히려 집에 떠나는 것으로 잘못 이해하고 있었으나 유아들은 책에 글자가 없기 때문에 우리가 이야기하는 것들이 맞는지는 상관없이 자유롭게 그래서 그 뒤에는 어떻게 되는지, 그다음에는 어떤 상황이 벌어질지 궁금해하고 몰입하는 모습을 보였다. 유아들은 처음에는 주인공을 〈빨간 모자Little Red Riding Hood〉이야기를 연상한 아이가 주인공 이름을 "빨간 모자"라고 부르다가, 할아버지, 빨간 망토에서 여기서는 생략되었으나 결국에는 빨간 모자를 입은 아이로 정정해 가는 모습을 발견할 수 있었다.

그림으로만 보며 상상하고 이야기를 만들어나가는 것은 매우 흥미로운 이야기 하나가 만들어져 나가는 즐거움임을 알 수 있었다. 유아들끼리 이야기 하나를 만들어 가기 위해 상호작용하는 과정은 많은 시행착오를 거쳐가는 과정에서 아이들이 그림을 통한 정보와 자신의 경험을 연결하여 이야기를 만들어 가는 것임을 볼 수 있었다.

<공감하기 놀이 전략>

- 길을 잃은 불쌍한 아기 늑대를 만난 소녀는 어떤 생각이 들었을까?
- 엄마 늑대를 본 소녀는 어떤 느낌이 들었을까?
- 엄마 늑대는 자신의 아이를 찾아준 소녀에게 어떤 마음이 들었을까?

위의 질문들은 공감하기 놀이를 계획할 때 나눌 수 있는 질문의 예이다. 그림책에 나오는 캐릭터들의 감정을 유아들이 어떻게 느끼며 공감하며 표현할 수 있는지에 관심을 가지고 진행하였다.

▸ 그림책 읽은 후 느낌 말하기 예 I

(아기 늑대가 엄마 늑대에게로 간 장면에서)
효정: "가지 마" 하고 빨간 아이가 아기 늑대를 잡으며 말하는 거 같아요.
수현: 하지만, 아기 늑대는 엄마 늑대에게 가버렸어.
교사: 아기 늑대가 엄마 늑대에게 가버려서 빨간 아이의 마음은 어땠을까?
효정: '으앙' 하고 울어버렸을 거 같아요.

다음은 이효정 어린이가 이야기를 나눈 후 그린 그림이다.

이야기를 나눈 후 유아가 그린 그림의 예

▸ 그림책 읽은 후 느낌 말하기 예 II

(아기 늑대가 엄마의 품으로 가버리고 나서 주인공이 쓰러진 장면에서)

선영: 할아버지가 늑대한테 주고 고맙다고 한 다음에 속상해가지고 울고 있는 거 같아.

교사: 아 늑대한테 데려다준 다음에 할아버지가 속상해서 울고 있는 거 같아?

서진: 그다음에 저요. 엄마가 가자 이렇게 한 다음에 울고 있는 거 같아.

교사: 응 그렇게 내려서 울고 있는 거 같아?

지우: 땀나고 있는 거 같아.

교사: 땀을 흘리고 있는 거 같아? 왜 땀을 흘리고 있는 거 같아?

지우: 힘들어가지고 집에 가려면 집이 너무 멀어서 못 가는 거 같아.

선영: 늑대가 고맙다고 어우 하고 인사하는 거 같아.

서진: 선생님 저요. 근데요 멈춰서 그다음에는 집이 없어서 그다음에는 집에 찾아가고 있어요.

정인: 근데 아기를 찾아줘서 다음번에 만나자고 어우 하는 거 같아.

교사: 아기를 찾아줬으니까 "다음에 만나요" 하고 어우 하는 거 같아?

▸ 후기

글 없는 그림을 보여 주며 "여기서는 뭐가 보여?", "이 그림은 무엇을 하고 있는 걸까?" 등의 질문을 하며 유아들이 생각을 직접 말할 수 있도록 이끄는 과정에 유아들은 책을 읽어줄 때보다는 집중하기 어려워하는 모습을 보여 주기도 하였다. 하지만 몇몇 유아들은 자신이 생각하는 느낌이나 감정을 솔직하게 잘 표현해 주었다. 엄마 늑대에게 아기 늑대를 건네주었을 때 할아버지(아직까지 아이를 할아버지로 알고 있음)감정이 어떤 아이는 '속상해가지고 울고 있는 것 같아'라고 공감하고 표현할 수 있었다. 또 어떤 아이는 빨간 모자 아이가 지쳐 쓰러진 모습을 보고 '땀 나고 있는 것 같아'라고 하며 힘들어가지고 집에 못 가는 것 같은 아이의 지친 마음을 잘 느끼고 있었다. 또 늑대가 우는 그림을 보고 유아들은 그때마다 늑대들이 다른 느낌으로 울고 있음을 매번 다른 말들로 이해하고 표현하고 있었다. 이야기 끝부분에 늑대는 '다음번에 만나자'하고 '어우'하는 것으로 자신만의 동화를 만들어냈다.

<표현하기 놀이/질문>
- 책 제목을 지어 볼까?
- 글 없는 그림책에 작가가 되어 이야기를 만들어 볼까?
- 늑대 혹은 아이가 되어 역할 놀이를 해 볼까?

위의 질문들은 표현하기 놀이를 계획할 때 나눌 수 있는 질문의 예이다. 영어 원본책과 번역책의 제목이 다름을 알고 제목 만들어 보기 놀이를 해 보기로 했다.

▸ 제목을 지어 보기

반 유아들이 함께 어떤 제목이 좋을지 토의하는 경험과 고민이 유아들과의 상호작용에 잘 나타나 있다. 책을 다 읽은 후, 유아들과 이 책의 이름을 어떤 것으로 하면 좋을지 만 4세반에서 교사와 유아들이 나눈 이야기는 다음과 같다.

교사: 우리가 글자가 없는 책을 읽었는데, 이 책에는 글자도 없고, 이야기도 없어서 이야기를 만들어 줬잖아. 이 책의 제목을 지어 준다면 뭐라고 하고 싶어?

경찬: 달리카!

교사: 왜 달리카라고 하고 싶어?

경찬: 멋있게 날아가서 데구르르 구르니까.

정인: 나는 크리스마스라고 짓고 싶어.

서진: 선생님 마지막에 아빠 엄마가 만났으니까 아기가 웃고 있고….

교사: 제목을 이야기해 줘. 정인이는 크리스마스라는 제목을 지어 줬어. 다른 친구들은 어떤 제목이 좋을 것 같아?

지호: 늑대

교사: 또 어떤 멋진 제목을 지어 줄 수 있니?

선영: 할아버지, 늑대, 엄마가 나오는 책.

교사: 아까 우리가 빨간 망토가 할아버지가 아니라 아이였다고 마지막에 이야기 나

누었었는데, 할아버지라고 제목을 짓고 싶은 거구나?

수현: 여우랑 빨간 모자 책

지우: 나는 늑대랑 아이들이라고 짓고 싶어.

〈아이들이 만든 제목 목록〉

◈ 제목 1: 달리카

◈ 제목 2: 크리스마스

◈ 제목 3: 늑대 책

◈ 제목 4: 할아버지, 늑대, 엄마가 나오는 책

◈ 제목 5: 여우랑 빨간 모자

◈ 제목 6: 늑대랑 아이들

▸ 후기

표현하기 놀이에서 제목을 지어보는 놀이는 자신의 생각을 말로써 표현해 보고 서로 다른 제목들 가운데 목록을 선정하는 과정에 서로 이야기하면서 다른 친구들의 생각을 존중하고 공감하는 모습을 엿볼 수 있었다.

▸ 나만의 그림책 만들기

다음은 함께 이야기 나누었던 글 없는 그림책에 나만의 이야기와 스토리를 만들어 보고 싶어 하는 유아들을 위해 그림책을 복사해 주고 나만의 그림책을 만들어 보았다. 많은 유아들이 나만의 그림책을 만들고 싶어 하여 각각의 페이지를 나누어 각자 나만의 그림책을 만든 후 합쳐서 하나의 그림책을 만들어 보았다. 나만의 빨간 모자 이야기책을 만들기 시작하였다. 자유롭게 꼭 빨간 모자가 주인공이 아니더라도 자신이 관심 있어 하는 이야기로 구성해 그림을 그리고 유아가 들려주는 이야기를 받아 적어 주었다.

나만의 이야기를 그림으로 자유롭게 그려 보는 유아들의 모습

다음은 유○○ 어린이가 만든 나만의 그림책 예이다.

빨간 아이랑 늑대가 같이 놀고 있었어요.	놀고 나서 빨간 모자는 손씻고 밥먹고 자려고 누웠어요.	빨간 모자가 집에 가는 중인데 늑대가 와서 집으로 들어가고 있어요.

다음은 ○○반 유아들이 합쳐서 만든 이야기책이다.

빨간 아이가 아기 늑대를 안아주려고 했어요. 빨간 아이는 다친 늑대가 불쌍해 보여서 슬펐어요.

빨간 아이가 아기 늑대를 엄마에게 데려다줘서 엄마 늑대랑 아빠 늑대는 뽀뽀를 했어요. "빨간 늑대야 아기 늑대를 찾아줘서 고마워." 엄마 늑대랑 아기 늑대는 기분이 좋아졌어요.

▸ 후기

표현하기 질문으로 총체적 언어의 문학적 접근의 전략 두 번째로 나만의 그림책 만들기 놀이를 하는데 유아들은 주인공의 이름을 자신들이 친숙한 이름의 '빨간 모자' 또는 '빨간 아이'로 하여 그림책을 만들었다. 유아들은 자유롭고 창의적으로 나만의 이야기를 구성해 나가기를 좋아했으며 글 안에 자신이 경험했던 것들과 연결시키기도 하고 아이 또는 동물의 감정을 이입하여 자신이 생각하는 대로 말로 자유롭게 표현하기도 하였다.

▸ 역할극 하기

역할놀이 영역에 빨간 망토를 놓아주고 관찰하였다. 아이들은 빨간 망토를 입으며 '빨간 모자'가 되었다가 늑대가 되며 번갈아 가면서 함께 역할놀이 하기를 즐겼다.

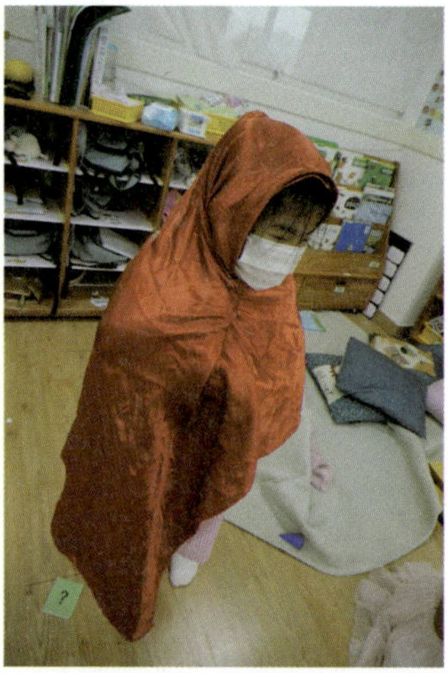

빨간 보자기를 활용해 역할놀이를 즐기는 모습

▸ 후기

칼데콧 그림책 깊이 읽기의 일환으로 글 없는 그림책을 현장에 적용하면서 가장 걱정했던 부분은 모든 유아들의 창의적 생각을 다 들어가면서 그림책 읽기 놀이들을 재미있게 할 수 있을까였다. 그런데 유아들은 생각한 것 이상으로 너무 재미있게 이야기를 만들었다. 유아들은 등장인물이 누구인지, 왜 이러한 행동을 하는지, 그 안에 어떤 것들이 보이는지, 그 장면이 어디에 나왔으며, 그 그림에서 어떤 것이 보이는지, 그 느낌은 어떤지를 이야기하며 너무 즐거워하는 모습을 보여 주었다.

한 아이는 "그림책에 글자가 없으니까 궁금해서 가슴이 쿵광거려요."라고 이야기하기도 했다. 한 가지 그림책을 가지고 여러 가지 이야기가 나올 수 있다는 것에 유아들은 더욱더 흥미를 가지기 시작했다.

그림책 깊이 읽기 과정에서 유아들은 글 없는 그림책을 접하면서 다양한 이야기 만들기에 많은 관심을 갖기 시작했으며 상상하고 표현해서 만들어 내는 과정을 즐기기에 이르렀다.

제10장

실제 Ⅱ : 공감과 창의 능력의 예 <세상에서 가장 용감한 소녀Wolf in the Snow>의 가정 적용 사례

이 장에서는 AI 시대에 필요한 공감 능력과 창의 능력 전개를 칼데콧 수상작인 〈세상에서 가장 용감한 소녀〉 그림책을 가지고 가정에서 양육자와 함께할 수 있는 '집콕 놀이'로 접근한 예를 살펴보고자 한다. 제9장에서 이미 같은 그림책에 대한 이해하기와 문학적 접근: 공감 능력과 창의 능력을 위한 계획하기를 했기 때문에 본 장에서 이 부분을 뛰어 넘고 바로 현장 적용 사례로 넘어가고자 한다.

- 적용대상: K시 남매가 있는 가정 (누나: 만 9세, 동생: 만 3세)

<그림책 살피기 놀이/질문>

- 그림책 앞 표지에서 뭐가 보이니?
- 빨간 옷을 입고 있는 사람은 누굴까? 날씨가 어때?
- 그림책 뒤 표지를 보니 어떤 이야기가 나올 것 같아?

위의 질문들은 그림책 살피기 놀이를 계획할 때 나눌 수 있는 질문의 예이다.

그림책을 소개하면서 표지의 앞과 뒤를 살펴보면서 책의 내용을 추측해 보는 놀이를 진행하였다.

▸ 추측하기 등장인물 살피기

(영어 그림책 표지를 보며)

엄마: 우리 같이 책을 읽을까? 누가 보이니?

동생: 강아지랑 사람

누나: 나는 빨간 옷을 입은 사람이 보이는데.

동생: 마스크를 쓴 사람. 강아지 한 마리.

누나: 너무 추운가 봐.

엄마: 이 책 표지를 보니까 어느 계절이 생각이 나니?

누나: 겨울. Snow

동생: 눈이 와. (칼레콧 메달을 보더니) 바퀴같이 생긴 게 있어요.

누나: (뒤표지를 보고) 뒤에 보니까 늑대야, 늑대.

엄마: 둘이 무엇을 하는 걸까?

누나: 빨간 옷 입은 사람이 늑대한테 뭘 주고 있어.

동생: 먹이를 주나 봐.

(한국어로 된 그림책 표지를 보며)

누나: 주인공이 여자아이였어. 난 할아버지인줄 알았는데…

동생: 어디 어디?

엄마: 이 책의 제목이 '세상에서 가장 용감한 소녀'라고 적혀 있어서 여자라고 알 수 있었구나.

▸ 후기

그림책 살피기 놀이에서 아이들이 그림책 앞, 뒤표지를 보는 동안, 주인공이 누구인지 상상해 볼 수 있었으며 어떤 옷을 입었는지, 무엇을 하고 있는지 생각해 볼 수 있었다. 누나는 주인공을 추측하는 과정에서 글을 모르는 동생과는 달리 영어책을 봤을 때와 한글 책을 본 후, 주인공에 대한 생각이 바뀌게 되었다. 기관의 어린이들처럼 처음에는 할아버지로 생각하였다가 한글 책 제목을 읽은 후 "주인공이 여자아이였어. 난 할아버지인 줄 알았는데"라며 자신의 생각이 잘못되었음을 깨닫고 바로 수정했으며 동생은 "어디 어디?" 하며 누나와 엄마의 도움을 통해 알 수 있었다.

앞서 4장 그림책 소개에서 언급하였으나 영어책에서는 주인공 늑대는 한글 책에서 소녀로 바뀌었는데 이를 모르는 동생은 책 제목을 듣거나 읽지 못하는 상태서 그림책을 보자마자 자신이 관심 있는 동물(강아지로 처음에 인식함)에 먼저 관심을 갖고 관찰하였다. 엄마의 질문에 "강아지랑 사람"이라고 말을 하는 것을 보면 작가가 의도한 제목이 왜 중요한지 알 수 있다.

특히, 동생은 그림책을 보고 대화를 나누며 상호작용하는 과정에서 현재 코로나 바이러스로 인해 마스크를 계속 쓰고 있는 자신의 경험과 관심을 연결해 처음에는 그림에서 '사람'이라고 말을 했다가 나중에는 '마스크를 쓴 사람'으로 생각이 깊이 있게 발전해 가는 과정을 살펴볼 수 있었다.

<그림책 내용 이해 놀이/질문>

- 그림책의 소녀는 어디로 가는 길일까?
- 소녀가 아기 늑대에게 어떻게 하고 있는 거야?
- 아기 늑대가 엄마한테 갔지? 그런데 아이는 어떻게 된 거야? 왜 이러는 걸까?
- 쓰러진 아이에게 늑대들이 어떻게 하는 거야?
- 주·원·문·해(Somebody Wanted But So, SWBS)로 그림책을 분석해 볼까?

위의 질문들은 그림책 내용 이해 놀이를 계획할 때 나눌 수 있는 질문의 예이다. 그림을 보고 내용을 잘 이해했는지 문학적 접근 전략의 이해를 가능한 전략을 사용하여 질문을 전개하였다. 처음 읽었을 때 동생이 대답하기 너무 어려워해서 다시 두 번째 책을 읽었을 때 동생만을 데리고 질문하였다.

혼자 다시 한번 책을 읽는 동생

▸ 이야기 내용 듣기/그림책 내용 알기

(빨간 옷을 입은 소녀가 어디론가 향하는 그림을 보며)
엄마: 빨간 옷을 입은 친구는 지금 어디로 가는 걸까?
동생: 늑대 마을로 가는 거예요
엄마: 늑대 마을로 가는 것 같아요?

동생: 늑대 마을로 가면 물릴 때 늑대 이빨에 찢겨서 막 죽을 수 있어요. 늑대 이빨이 있으니깐, 엄마 알았어요? 몰랐죠?

(쓰러져 있는 아기 늑대를 발견한 소녀의 그림을 보며)

동생: 빨간 옷을 입은 소녀인데….

엄마: 빨간 옷을 입은 소녀가 이 늑대한테 무엇을 하고 있는 걸까?

동생: (양손으로 자신의 얼굴을 만지며) 이렇게 했는데

엄마: 얼굴을 쓰다듬어 주고 있어요? 왜 얼굴을 쓰다듬어 주었을까?

동생: 엄마 보고 싶어서 그런 거 아닌가?
(갑자기 게임이 생각난 듯) 엄마 아빠랑 늑대 게임했었는데 나 잘해요.
그 게임에 우리 마을에 핸드폰 속에 있는 게임인데 하늘색 무지개로 가면 마을이 나와서 초식 동물을 늑대가 잡으려면 점프하고 ….누나가 늑대 게임 하고 싶다고 막 찡찡댔어요.

~(생략)~

(빨간 옷을 입은 소녀가 엄마 늑대를 만난 장면을 보며)

엄마: 빨간 옷을 입은 소녀가 아기 늑대랑 가다가 엄마 늑대를 만났지?

동생: 아빠 늑대 아니에요?

엄마: 아빠 늑대일까?

동생: 아빠 늑대가 아니라 엄마 늑대인가?

엄마: 아기 늑대가 엄마 늑대한테 갔죠?

동생: 어? 어떻게? 아기 늑대가 눈덩이처럼?

(빨간 옷을 입은 소녀가 누운 모습을 보며)

엄마: 왜 그러는 걸까? 빨간 옷을 입을 소녀는 어떻게 되었을까?

동생: (축 늘어진 동작을 흉내 내며) 이렇게 되었어요.

엄마: 왜 그러는 걸까?

동생: 하아~~~늑대 보고 싶어서.

▸ 후기

글 없는 그림책을 자주 접해 보지 못한 동생은 처음에 내용 이해하기 질문에 대답하기를 어려워해서 다시 한번 천천히 혼자 책을 볼 수 있는 기회를 준 뒤, 다시 한번 질문하기 놀이를 하였다. 한 번 내용을 끝까지 봤던 동생은 엄마가 앞부분 그림에서 빨간 옷을 입은 아이가 어디로 가는지 물어보자 그림책 끝부분에서 봤던 늑대 무리들을 생각했는지 '늑대 마을로 가는 거야' 하며 추리를 하고 있었다. 그러고는 자신이 알고 있는 늑대에 대한 지식을 연결하여 늑대는 날카로운 이빨로 물 수 있다는 알고 있는 자신의 지식을 자랑스럽게 뽐냈다.

동생은 추후 다른 질문에 상호작용을 하면서 자신이 게임을 했던 경험과도 연결해서 대답을 하고 있었으며 내용도 잘 이해하고 있었다. 오히려 엄마가 엄마 늑대라고 편향된 생각을 가지고 질문했으나 오히려 동생은 아빠 늑대일 수도 있다며 열린 사고로 대답했다.

어떤 질문에는 바로 말로 표현하기 어렵다고 판단될 때 동작을 썼으나 이내 다시 엄마가 "왜 그런 행동을 했을까?" 하고 반문하자 다시 언어로 "엄마가 보고 싶어서"와 "늑대가 보고 싶어서"라고 바로 말로 표현할 수 있었다.

▸ 주·원·문·해(SWAB)

본 활동은 만 3세 동생 혼자 하기에 너무 어려워해서 만 9세 누나가 함께 참여하여 진행한 주·원·문·해 결과물이다. 결과물이 나올 때까지 많은 절차와 시간이 소요되어서 여기서는 짧게 결과물만 적기로 한다.

주 Someone(누가, 주인공이) = 마스크를 쓴 소녀가

원 Wanted(원했다) = 아기 늑대와 친구가 되고 싶었어요.

문 But(그런데, 문제가 있다) = 그런데 아기 늑대는 엄마 늑대를 만나 엄마에게 가게 되었어요.

해 So(그래서, 해결했다) = 그래서 소녀가 지쳐 쓰러졌지만, 나중에 늑대들이 소녀의 친구들을 불러 주었어요.

▸ 후기

주·원·문·해의 과정을 거칠 때 남매는 스스로 논리적으로 책의 전체 내용을 주·원·문·해에 따라 말하는 것을 어려워했다. 각각의 질문을 던져 줌으로써 천천히 생각해 볼 수 있는 기회와 여러 번 책을 들여다 봄으로써 다시 생각하고 자신들의 생각을 정리해 나갈 수 있도록 했다. 계속 질문하면서 동생은 누나가 말하는 것을 들으며 같이 생각을 정리해 나갈 수 있었다.

<공감하기 놀이/질문>

- 길을 잃은 불쌍한 아기 늑대를 만난 소녀는 어떤 생각이 들었을까?
- 자신의 아이를 찾아 준 소녀에게 엄마 늑대는 어떤 마음이 들었을까?
- 쓰러진 소녀를 보고 엄마 늑대는 어떤 마음으로 울었을까?
- 어떤 그림이 가장 네 마음에 드니? 네 생각은 뭐니?

위의 질문들은 공감하기 놀이를 계획할 때 나눌 수 있는 질문의 예이다. 그림책을 보다가 어린이들이 등장인물들한테 느끼는 감정이나 느낌을 언어로 표현할 수 있도록 전개하였다.

▸ 그림책 읽은 후 느낌 말하기 예 I

(아기 늑대를 안고 있는 주인공과 엄마 늑대가 만나는 장면을 보며)
엄마: 엄마 늑대가 소녀를 봤을 때 어떤 마음이 들었을까? 어떤 말을 했을 것 같아?
동생: 기분이 별로 안 좋을 것 같아요.
누나: '내 아기 내놔!'라고 말할 것 같아요.
(쓰러져 있는 소녀를 발견한 늑대 장면을 보며)
엄마: 엄마 늑대가 울음소리로 소녀에게 어떤 말을 하는 것 같아?
동생: '소녀야 울지 마라'
누나: '내가 도와줄게.'라고 말하는 것 같아요.

▸ 그림책을 읽은 후 느낌 말하기 예 II

엄마: 이 책에서 어느 장면이 가장 좋아?
동생: '후 우~' 눈 내리는 장면.
엄마: 왜 눈 내리는 장면이 좋아?
동생: 응 …… 눈 내리는 날이 좋아서.
누나: 나는 소녀와 늑대가 만난 장면.
엄마: 누나는 소녀와 늑대가 만난 장면이 인상 깊었구나. 특별한 이유가 있어?
누나: 소녀랑 늑대랑 만났을 때 깜짝 놀라서 눈이 왕눈이만 해져서 나도 놀랐어.

그림책 내용에 대해 충분히 대화를 나눈 후, 각자 그림책에서 인상 깊었던 장면을 그림으로 표현해 보았다.

동생이 그린 소녀와 눈보라

누나가 그린 늑대와 소녀

▸ 후기

동생은 글 없는 그림책을 보는 동안 말로 이야기를 표현하는 것에 있어서는 아직 미숙하고 누나의 말에 많이 의존하는 편이지만 그림책의 여러 가지 사물들을 꼼꼼히 보고 관찰하는 것은 매우 뛰어났다. 특히 위에 질문한 두 장면에서는 동생이 잘 공감하고 있었으며 주인공들이 느끼는 감정을 잘 이해하고 있었다.

가장 좋아하는 장면에 대한 느낌을 말해 보는 활동에서는 동생은 좋아하는 이유를 자신이 눈 내리는 날을 좋아하기 때문에 눈 내리는 장면이 좋다는 자신의 감정과 연결해서 책을 읽고 있음을 알 수 있었다. 누나의 경우는 소녀와 늑대가 만났을 때 소녀의 눈이 커졌을 때 감정 이입이 잘되어 누나도 같이 놀랐다는 것을 알 수 있었다.

가장 좋아하는 그림을 표현하기 놀이로 같이 그려 봤는데 누나는 나름대로 늑대와 소녀가 만나는 장면을 유쾌하게 그려내는 모습을 볼 수 있었다. 반면 동생은 아직 그림 형태가 잘 나오지는 않았지만 누나의 그림을 따라서 그리다가 이내 본인의 느낌대로 눈보라가 치는 소리를 내며 자신의 그림 위에 눈보라를 멋지게 그려버렸다.

<상상하기 놀이/질문>

- 만약 내가 늑대라면 사람을 부를 때 어떤 울음소리로 부를까? 울음소리를 만들어 볼래?
- 만약 내가 소녀라면 아기 늑대를 빨리 찾을 수 있게 도와줄 수 있을까?
- 만약 내가 소녀라면 어떤 옷을 입고 나갔을까?

위의 질문들은 상상하기 놀이를 계획할 때 나눌 수 있는 질문의 예이다. '만약 ~라면'을 가지고 어린이들의 다양하고 창의적인 생각을 해 볼 수 있도록 진행하였다. 상상 놀이만은 다른 활동보다 추후 혼자 진행되었는데 이때 동생의 나이가 만 3세에서 만 4세가 되었다.

엄마: 길을 가다가 쓰러진 아이를 보면 어떻게 하면 좋을까?
동생: 편지를 쓰면 어떨까?
엄마: 편지를 쓰면 아이를 구할 수 있을까? 쓰러진 아이에게 늑대들이 어떻게 하는 거야?
동생: 잡아먹는 거야.
엄마: 옆에서 뭐 하는 거야?
동생: 아우~
엄마: 왜 늑대들이 아우~ 소리를 낼까?
동생: 엄마 늑대 아빠 늑대가 아우~하고 있는 거야.
할아버지, 할머니, 엄마, 아빠, 아기 아닌가요. 외할머니 늑대 없어요.
엄마: 네가 만약에 늑대라면 어떤 울음소리를 낼 수 있을 것 같아?
동생: (두 팔을 올리며) 아아, 아후 어, 아후~~~~~~
엄마: 저 멀리까지 들을 수 있게 하려면 어떤 울음소리를 만들어 볼 수 있을까?
동생: 우주까지 말하면 어떨까? (더 이상 소리를 만들지는 않음)

(생략)

엄마: 만약 내가 소녀라면, 아기 늑대를 발견했을 때…
동생: 얘도 인간, 나도 인간인데.
엄마: 만약 내가 소녀라면, 어떻게 엄마 늑대를 찾을 수 있게 ….

동생: 얘는 다섯 살. 나는 여섯 살이야.

엄마: 만약 내가 소녀라면, 어떻게 엄마 늑대를 찾을 수 있게 도와줄 수 있을까?

동생: 그냥 지하라고 차 타고. 엄마 아빠한테 아기 늑대 길 읽어 버렸다고 알려 주지 뭐. 차 타고 늑대 마을 가면 되지 뭐.

엄마: 만약 내가 소녀라면, 어떤 색 옷을 입고 싶어?

동생: 난 파란색을 좋아하니깐 파란 옷을 입을 거야. (어린이집에 있었던 파란색 옷 사건에 대하여 말하기 시작했으나 웅얼거려서 무슨 말인지 자세히 알아듣기는 힘들었음.)

▸ 후기

상상하기에서 늑대 울음소리 만드는 모습을 보면 갑자기 일어서나 환하게 웃으며 자기만의 울음소리로 울어대기 시작했다. 아마도 아이의 머릿속에 벌써 늑대가 되어 상상하는 것 같이 즐거워했다. 그런데 '내가 소녀라면~' 이란 부분이 마음에 들지 않는 듯 다른 소리를 연거푸 하다가 결국 아기 늑대를 엄마 늑대에 찾아주는 방법으로 현실 세계에서 가능한 방법인 차로 그것도 지하로(아이의 집에 주차장은 지하에 있음) 오라고 하여 엄마 늑대에게 데려다주겠다고 하였다. 어떤 색 옷을 입고 싶은지에도 자신이 좋아하는 것과 또 그 이유를 자신의 경험과 바로 연결 지어 생각하기 시작했다.

<표현하기 놀이/질문>

- 책 제목을 만들어 볼까?
- 글 없는 그림책의 작가가 되어 이야기를 만들어 볼까?
- 그림책을 소개하는 광고지를 만들어 볼까?
- 벤 다이어그램을 만들어 볼까?

위의 질문들은 표현하기 놀이를 계획할 때 나눌 수 있는 질문의 예이다.

표현하기 질문을 계획할 때 문학적 전략 중 작가 전략과 시각 예술 전략, 이해를 위한 전략을 토대로 놀이를 진행하였다.

▸ 책 제목 짓기

〈아이들이 만든 제목 목록〉

◈ 제목 1: 세상에서 제일 키가 작은 소녀

◈ 제목 2: 마스크 소녀

◈ 제목 3: 평생 마스크를 쓰고 사는 소녀

◈ 제목 4: 엄마를 찾아 주세요.

◈ 제목 5: 보라돌이

보라돌이를 제목으로 한 책 표지 그림

▸ 후기

그림책을 읽은 후 아이들은 책 제목이 영어책과 한글책이 다름을 알고 또 다른 제목을 지어 보는 데 관심을 보였다. 아이들은 처음으로 책 제목을 만들었을 때는 자신이 생각하기에 인상깊었던 점을 가지고 책 제목을 만들었는데 여러 가지 제목을 말하면서 책의 내용과 결부시켜 하나의 제목을 만들어 내기도 하고, 더 발전해서 누나 자신이 좋아하는 색을 대입시켜 주인공의 이름 '보라돌이'라고 했다. '상상하기'에서 알 듯 동생은 파란색을 좋아했으나 집중력이 이미 떨어진 동생은 관심이 없어 가만히 있었다. 누나는 보라돌이를 제목으로 표지 그림을 그렸는데 추워서 보라 돌이가 쓰러지는 장면을 연출한 것이다.

또한 다른 여러 제목에서 '마스크'를 붙이기를 선호했는데 현재의 사회적 현상(코로나바이러스로 마스크를 쓰고 있음)을 아이들이 잘 인식하고 있으며 거기에 관심을 갖고 제목 짓기에 연결하여 생각하고 있음을 알 수 있었다.

▸ 작가가 되어 보기

가정에서도 작가가 되어서 이야기를 만들어 보았다. 남매가 지은 이야기는 다음과 같다.

옛날에 어느 한 가족이 살고 있었어요.
학교에서 소녀가 떠났어요.
늑대들이 가고 있었어요. 그런데 세상에서 가장 용감한 소녀가 풀숲으로 들어가고 있어요.
늑대들이 길을 지나가고
소녀는 헥헥거리고, 아기 늑대는 낑낑거리고 있어요.
소녀가 무서워하고 아기 늑대는 울고 있어요.
엄마 늑대가 아기 늑대를 찾고 있어요.
근데 부엉이가 꽥하고 소리를 질렀어요.

마스크 쓴 사람이 늑대가 와서 깜짝 놀랐어요.
소녀랑 늑대랑 눈이 마주쳤어요.
그래서 늑대는 엄마한테 가고, 소녀는 혼자 남아서 울고 있어요.
소녀가 속상할 거 같아요.
혼자 풀숲에서 누워 있고, 친구들이 찾으러 왔는데, 늑대 친구들이 도와주고 있어요.
그래서 친구들을 찾았어요.
집으로 돌아갔어요.

글 지은이: 최○○·최○○

▸ 작가에게 편지쓰기

편지쓰기 활동으로 코델 작가와 주인공에게 편지를 쓰기로 하였다. 편지를 쓰기 전에 작가가 이책을 왜 만들었을지, 작가/주인공에게 무엇을 물어보고 싶은지에 대하여 먼저 이야기를 나누었다. 누나는 편지를 쓰고 동생은 그림을 그리고 말로 하면 엄마가 듣고 적어 주었다.

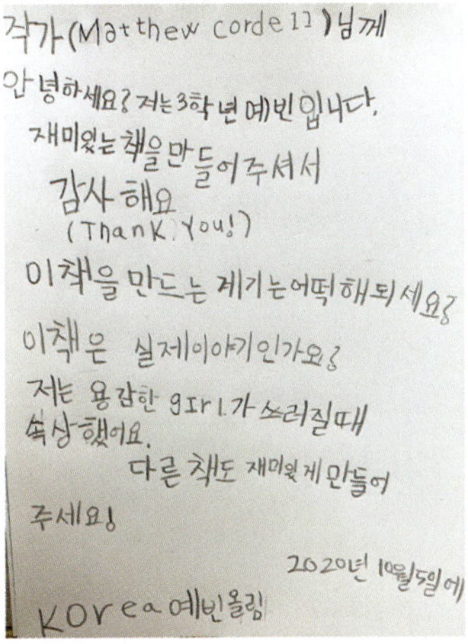

작가(Mahew Cordell)님께

안녕하세요? 저는 3학년 ○○○입니다.
재미있는 책을 만들어 주셔서
감사해요.
(Thank you!)
이 책을 만드는 계기는 어떡해 되세요?
이 책은 실제이야기인가요?
저는 용감한 gIrl가 쓰러질때
속상했어요.
다른 책도 재미있게 만들어
주세요!

2020년 10월 5일에
Korea ○○올림

누나가 작가에게 쓴 편지

▸ 주인공에게 편지쓰기

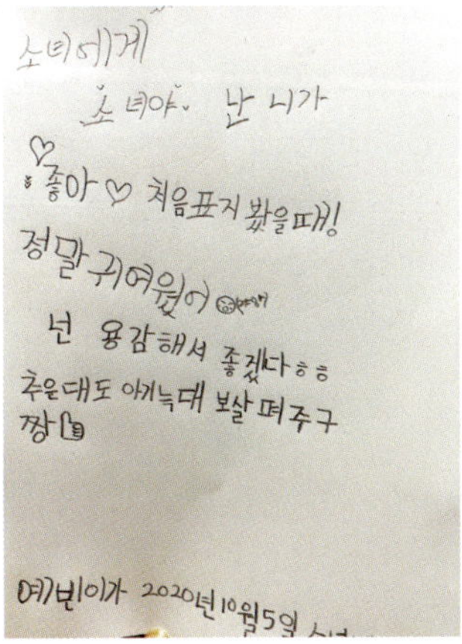

소녀에게

소녀야, 난 니가
(하트)좋아(하트) 처음 표지 봤을 때!
정말 귀여웠어(웃는 얼굴) 갸앙
넌 용감해서 좋겠다. ㅎㅎ
추운대도 아기 늑대 보살펴주구
짱(엄지 척)

OO이가 2020년 10월 5일 소녀에게

누나가 소녀게 쓴 편지

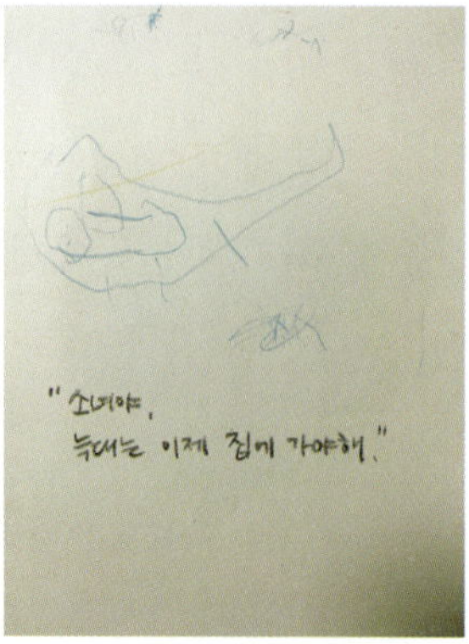

소녀에게

소녀야, 늑대는 이제 집에 가야 해

동생이 소녀에게 쓴 편지

▸ 늑대에게 편지를 쓰며 공감하기

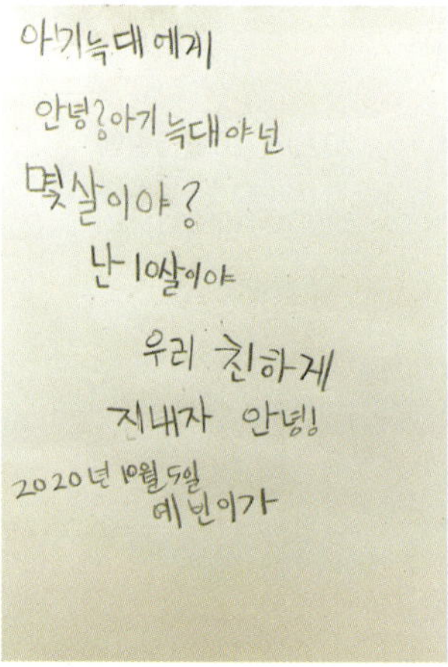

아기 늑대에게

안녕? 아기 늑대야 넌
몇 살이야?
난 10살이야.
우리 친하게
지내자. 안녕!
2010년 10월 5일
○○이가

누나가 늑대에게 쓴 편지

늑대야

어른되면 그렇게
가버리지마

혼자 길 잃어버리지 않게
빨간 소녀에게
부탁해 보자

동생이 늑대에게 말로 쓴 편지

▸ 후기

표현하기 놀이로 진행했던 여러 쓰기 활동에서는 어린 동생이 아직 쓰기 활동이 원활하지 않아서 쓰고 싶은 말을 하고 그림을 그리면 엄마가 듣고 써 주기로 했다. 그림책의 이야기를 만드는 작가가 되어 보기 질문/놀이에서는 동생이 누나와 함께 만들 수 있어서 신나했다. 오히려 상상할 때는 누나보다도 더 적극적으로 참여했으며 자신의 생각을 말로 표현하고자 노력하는 모습이 인상 깊었다.

편지 쓰기 활동에서는 누나는 작가에게 편지를 쓸 때는 작가의 이름을 꼭 써주어야 한다며 책에 적혀 있는 이름을 보고 따라 적었다. 그런데 편지를 쓰다 보니 작가가 외국인임을 깨닫고 중간에 감사의 인사를 영어로 쓰고 싶어서 자신이 아는 영어 지식을 총동원하여 스펠링을 물어보며 'Thank you!', 'gIrl(대문자 I가 섞인 창안글자)', 'Korea'란 단어를 넣어서 편지를 썼다.

편지 쓰기 활동에서 동생은 누나가 편지 쓰는 걸 보더니 자신도 글을 쓰듯이 연필을 쥐고 쓰는 동작을 흉내 내었으나 실제를 쓰지는 못하고 그림 그리듯이 끄적였다. 편지 내용을 말로 웅얼거려서 이를 듣고 편지에 대신 받아 적어 주었다.

▸ 광고 만들기

이 그림책을 친구에게 소개하려면 어떤 방법이 있을지 이야기 나눈 후 광고지를 만들어 보았다.

엄마: 이 책을 다른 친구에게 소개하려면 어떤 방법이 있을까?
누나: 포스터를 만들어요.
엄마: 또 다른 방법은 무엇이 있을까?
누나: 음…. 친구를 초대해요.
엄마: 아하. 친구를 초대해서 책을 읽어줘도 좋겠구나.
그럼 우리 오늘은 먼저 광고 포스터를 만들어 볼까?

누나가 다 완성한 후, 동생이 자기 얼굴 사진을 소녀 사진 위에 넣으며 '나도! 나도!' 말하였다.

다음은 누나가 그린 광고지에 동생이 자신의 얼굴 사진을 붙여 넣은 모습이다.

▸ 벤 다이어그램 만들기

〈세상에서 가장 용감한 소녀〉 그림책을 읽은 후 가장 많이 반복적으로 사용하는 단어는 '마스크'였다. 코로나로 인해 아이들도 자주 사용하고 있어 그것에 대한 관심이 높아졌기 때문이다. 그런데 그림에 나오는 용감한 소녀가 사용하는 마스크의 용도는 지금 아이들이 사용하는 용도와 다르기 때문에 다름을 이해시킬 필요가 생겼다. 그래서 아이들과 이야기를 나눈 후, 벤 다이어그램으로 전개하였다. 대부분의 활동은 누나가 주도하여 진행했으며 동생이 옆에서 함께 했다.

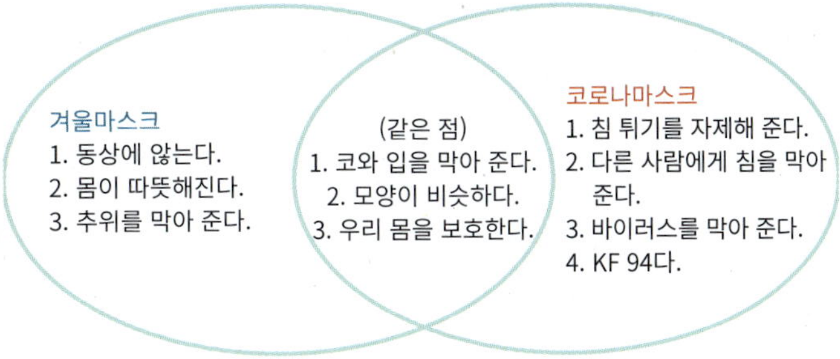

▸ 후기

1장에서 언급했듯이 그림책은 '대화식 읽기'에 좋다고 하였는데 아이들이 그림책을 함께 읽으면서 끊임없이 상호작용하고 자신들의 사전 지식과 배경, 경험을 연결 지으며 공감하고 추론하는 과정을 거쳐 가는 것을 지켜 볼 수 있었다. 그림책을 처음 보여 주었을 때 동생이 소녀가 쓴 마스크를 제일 먼저 발견하며 자기와 비슷한 모습에 신기해했다. 이것은 여러 놀이에서 마스크가 들어간 결과물이 보여 준 것과 누나가 작가에게 편지를 쓸 때 외국인 작가에게 자신이 아는 영어를 최대한 활용하려 했던 모습에서 발견할 수 있었다.

지금까지 여러 놀이를 하는 과정에서 문학적 접근 전략 중, 협동적 학습에서 혼합 연령 간의 협동하기가 동생의 놀이에 긍정적 영향을 끼치는 것을 볼 수 있었다. 다른 것에 관심이 많고 집중력이 짧았던 어린 동생은 작가가 되어 보기와 쓰기 놀이를 하니까 금세 싫증이 나서 다른 곳으로 갔으나 누나가 흥미 있게 계속하는 것을 보고 다시 돌아와서 함께 놀이를 하며 서로 간에 자극을 주었으며 결국 결과물로까지 나올 수 있었다.

제11장

실제 Ⅲ : 반편견과 공감 능력 그리고 우정의 예 〈친구는 좋아![Yo! Yes?]〉의 가정적용 사례

본 장에서는 코로나와 인권 존중에 필요한 반편견과 공감 능력 그리고 우정에 대한 전개의 예로 〈친구는 좋아![Yo! Yes?]〉[1994년 Honor Book] 그림책을 사용하여 다문화 가정의 '집콕 놀이'로 접근한 예를 살펴보고자 한다.

우선 그림책의 이해를 돕기 위해 심층적으로 출판사나 그 외 자료를 탐구하는 것을 선행한다. 반편견과 공감 능력 그리고 우정을 길러 주기 위한 융합적 접근은 〈친구는 좋아!〉의 영어 원본과 한글 번역본을 사용하여 몰입 놀이/활동으로 접근한다. 가능하면 어린이들로 하여금 작가와의 교류가 무엇인지, 두 언어, 영어와 한글의 공통점과 차이점은 무엇인지 이해하게 하며 반편견과 공감 능력 그리고 우정을 길러 가는 방법을 알도록 계획한다. 실제 적용을 위해 문학적 접근 전략을 기본 바탕으로 하여 질문을 통한 놀이를 계획한다. 필요에 따라 모든 전략과 놀이/질문을 선택적으로 사용하였으며 제9장, 제10장과 겹치는 전략과 놀이/질문은 되도록 본 장에서는 제외해 제공한다.

〈친구는 좋아!〉
크리스 라쉬카/이상희 역/
다산기획(2007)

〈Yo! Yes?〉
Raschka, C./Orchard Books

1. 그림책 이해하기

〈친구는 좋아![Yo! Yes?]〉는 1994년에서 칼데콧 메달을 수상한 작품이다. 작가 크리스 라쉬카[Chris Raschka]는 그 후에도 2006년에는 〈할아버지 댁 창문[The Hello, Goodbye Window]〉으로 칼데콧 메달을, 2012년에 〈빨강 파랑 강아지 공[A Ball for Daisy]〉으로 칼데콧 메달을 받은 작가이다. 다른 그림책에 대한 자세한 소개를 원한다면 4장 〈빨강 파랑 강아지 공〉을 살펴보면 된다.

〈친구는 좋아!〉는 길에서 마주친 두 아이가 우정을 그려 가는 이야기이다. 배경 없이 최소한의 그림과 어휘로 깊이 있는 내용을 다루고 있는 것이 특징적이다. 번역서의 제목은 〈친구는 좋아!〉로, 2007년 다산기획에서 출간한 그림책이다. 앞뒤 없이 허물없는 두 주인공의 대화는 핵심만 말하는 아이들의 화법을 그대로 소개하며 이에 준하는 그림이 참으로 공감을 자아낸다. 글이 간단하기 때문에 성인이 한 번 읽어 주면 어린이도 그림을 자세히 읽으며 그림이 제시하고자 하는 의도를 알고 공감하며, 동시에 우정을 쌓아가는 방법을 이해할 수 있게 한다.

그림책에 있는 두 아이는 머리 모양도 다르고 피부색도 다르다. 34개의 단어로만 된 그림책의 언어도 독특하다. 이 그림책은 다문화 사회의 미국 초등학교 저학년 초기에 번번이 소개되는 그림이다. 다음은 그림책 안에 있는 내용 중 일부이다.

번역 그림책의 텍스트	원본 그림책의 텍스트
야! 뭐라고?	YO! Yes?
나좀봐! 누구?	Hey! Who?
너 말이야! 나?	You! me?
그래, 너. 왜?	Yes, You. Oh!
잘 지내니? 별로.	What's up? Not much.
어째서? 재미 없어.	Why? No fun.
왜? 친구가 없거든.	Oh? No friends.
어이쿠! 진짜야.	Oh! Yes.

위의 대화를 소리 내어 읽어 보면서 질문에 대하여 생각해 볼 수 있게 한다.

- 몇 명의 대화일까? 어떻게 알 수 있을까?
- 적극적인 아이는 누구일까? 왜 그렇게 생각하니?
- 결국, 이 둘은 친구가 될까?
- 어떤 놀이를 함께 할까?

그림책의 내용은 외로운 두 명의 아이가 서로 주고받는 대화임을 알 수 있다. 먼저 목소리가 큰 아이가 큰 소리(글자의 크기가 큼)로 말을 걸어오고 목소리가 작은 아이가 작은 소리(글자 크기가 상대적으로 작음)로 대답을 하며 서로 의사소통을 하다가 결국 서로 친구가 되어 간다. 글자의 크기를 서로 다르게 하여 두 아이의 마음을 표현하였다.

2. 융합적 접근의 계획: 반편견과 공감 능력 그리고 우정을 위한 계획하기

〈친구는 좋아!〉 그림책은 피부색이 다른 두 외로운 아이들이 어색하지만 간단한 언어로 인사를 나누고 "친구가 없다"는 말에 공감하며 우정을 나누게 되는 이야기를 전개하고 있어 숨죽이고 몰입할 수 있게 한다. 그림책 속에서 특이한 대화와 표정과 감정의 변화는 우리도 친구를 사귈 때 '멋쩍고 주저함'이 있음을 알려 주는 우정을 맞이하는 방법을 알게도 해 준다. 이 그림책을 읽기 전에 "Black Lives Matter!"와 "Asian Lives Matter!"가 무엇인지 함께 인터넷을 검색해도 도움이 될 것이다. 인권의 문제와 반편견의 힘을 길러줄 수 있는 측면을 다룰 수 있을 것이다.

편견은 왜 있는지, 내가 가진 편견은 무엇인지, 장애인의 심정은 어떨 것인지 약자의 마음은 어떤 것인지도 토의해 보며 더불어 사는 지금의 세상에서 반편견의 생각과 실천이 왜 중요한지 토의해 본다. 라쉬카Raschka의 다른 그림책 〈할아버지 댁 창문The Hello, Goodbye Window〉을 먼저 읽어 보거나 벤 다이어그램으로 비교 해 보는 것으로도 공감과 가족애를 이해하게 할 것이다.

유의사항

❶ 반편견과 공감 능력의 측면

- 편견(흑인, 백인, 장애인, 노인)에 대한 나의 부정적 생각이나 고정관념에서 벗어나기
- 피부색과 모습은 달라도 느끼는 감정은 같다.
- 인격-누구나 존중받을 권리가 있다.

❷ 우정의 측면

- 의사소통의 방법: 긍정의 말은 기분을 좋게 한다.
- 내가 먼저 'Yo!' 하는 적극적인 태도로 친구를 대하며 더불어 사는 인사를 먼저 한다.
- 영어와 한국어의 차이는 있지만 친구에게 우정을 표현하는 친절한 말하기를 익히고 실천한다.

3. 현장 적용 사례

- 적용대상: B시 남매가 있는 다문화 가정 (누나: 만 5세, 동생: 만 3세)

<그림책 내용 이해 놀이/질문>

- 그림책에 나오는 등장인물들은 어떤 점이 같고, 어떤 점이 다르니?
- 결국 이 둘은 친구가 되었니?
- 그림책에 나오는 등장인물들은 어떻게 친구가 되었니?
- 두 친구들은 어떤 놀이를 할까?

▸ **그림책 내용 알기**

그림책을 다 본 후 엄마와 아이들의 대화는 다음과 같다.

엄마: 그림책에 나오는 등장인물들은 어떤 점이 같고, 어떤 점이 다르니?

누나: 피부색이 달라요. 얘는 까맣고 얘는 하얘요. 입고 있는 옷이 달라요.

엄마: 결국 이 둘은 친구가 되었니?

동생: 친구가 됐어요.

누나: 한 친구가 물어봐서 다른 친구가 오케이 했어요.

동생: 신나게 놀 거예요.

엄마: 그림책에 나오는 등장인물들은 어떻게 친구가 되었니?

동생: 친구가 될래? 하고 물어봐서 친구가 됐어요.

누나: 같이 놀면서 더 친해질 거예요.

엄마: 두 친구들은 어떤 놀이를 할까?

동생: 자동차를 가지고 놀 것 같아요.

▸ 주·원·문·해(SWAB)

이 활동은 이미 앞의 10장에서 적용한 방법으로 SWAB란 Somebody, Wanted, But, So의 약자이며 "누군가가 무엇을 원했으나 문제가 있다. 그런데 그 문제는 원하는 것을 얻는 데 방해가 된다. 그래서 그 누군가가 문제를 해결해야 한다."는 것이다.

〈친구는 좋아!〉의 그림책 개요에 나타났듯이 두 외로운 소년은 길에서 만나 이야기를 나눈다. 검은 피부 소년은 "Yo!"라고 자신 있게 말을 건네고 하얀 피부 소년은 "Yes" 하고 작게 대답한다. 그러나 하얀 피부 아이가 친구가 없다는 말을 듣고 검은 피부 아이가 "나하고 친구하자!"고 제안은 했지만 거절당할까 봐 겁난다. 그러자 하얀 피부 아이가 적극적으로 "좋아!"라고 대답한다. 결국 둘은 "야호! 신난다!"를 외치며 친구가 된다.

이와 같은 이야기의 흐름을 살피며 '주·원·문·해'로 그림책을 아이들과 분석한 후 나온 결과는 다음과 같다. 아이들이 이 과정을 통해 저절로 공감, 두려움, 우정의 의미를 조금씩 이해하게 되었다.

주 Someone(누가, 주인공이) = 두 외로운 아이들이

원 Wanted(원했다) = 길에서 만나 친구 되기를 원했다. 흑돌이가 '친구하자'고 먼저 제안한다.

문 But(그런데, 문제가 있다) = 그런데 백돌이가 '글쎄!' 하고 주저하다가 '좋아!'라고 답한다.

해 So(그래서, 해결했다) = 결국 둘은 서로 "야호. 신난다!"를 외치며 친구가 된다.

▸ 후기

아이들은 처음 그림책을 읽는 동안은 흑인 아이와 백인 아이의 대화라기보다는 수줍어하는 아이와 적극적으로 다가가는 아이 사이의 대화로 이해하였다. 그래서 자연스럽게 두 주인공의 감정 상태에 더 집중하고 그림책을 읽었다. 그림책에 사용된 어휘나 문장을 제한해서 사용했음에도 그림으로 충분히 내용을 잘 이해하게 하는 그림이어서 오히려 피부색에는 별로 관심이 없었다.

주·원·문·해 놀이를 위해서는 '융합적 접근의 계획'에서 언급되었듯이 아이들이 피부색에 대한 개념이 없었기에 먼저 피부색의 다름과 왜 그것이 문제가 되는지 설명을 해 주어야 했다.

하지만 아이들은 자세히는 '그림책 내용 알기'에서의 상호작용을 보면서 그것이 '왜 문제인지 자세히는 모르지만' 피부색이 다름을 '얘는 까맣고 얘는 하얘요'라고만 인지하고 있는 상태였다. 주·원·문·해 활동에서는 두 아이의 성격(목소리 크기)의 다름보다는 피부색으로 두 아이의 이름을 붙여 준 것이 매우 특이했다. 바로 한 아이의 이름은 '흑돌이' 다른 아이의 이름은 '백돌이'가 된 것이다.

<공감하기 놀이/전략>

- 친구가 말을 걸었을 때 기분이 어땠을까?
- 말을 걸었는데 친구가 돌아서서 가면 기분이 어떨까?
- 친구가 생겼을 때 기분이 어떨까?

위의 질문들은 공감하기 놀이를 계획할 때 나눌 수 있는 질문의 예이다. 공감하기를 깊이 있게 하기 위해 이야기를 나눈 후 문학적 전략의 게임 전략을 접목하였는데 단어카드를 주고 놀이를 진행하였다.

다음은 어린이들과 나눈 대화이다.

엄마: 친구가 말을 걸었을 때 기분이 어땠을까?

누나: 처음에는 친구가 없어서 기분이 안 좋았어요. 그런데 마지막에는 기분이 좋아졌어요.

엄마: 말을 걸었는데 친구가 돌아서서 가면 기분이 어떨까?

누나: 슬프고 속상한 마음이 들어요.

엄마: 친구가 생겼을 때 기분이 어떨까?

누나: 신났을 것 같아요.

동생: 같이 신나게 놀고 싶을 것 같아요.

이야기를 나눈 후 감정에 대한 표현 카드를 활용해 주인공의 감정이 어떻게 변화하는지 추측해 보는 활동을 해 보았다.

▸ 감정 카드로 주인공의 감정 이해하기

우리가 느끼는 여러 가지 감정에 대해 이야기해 보고 주인공의 감정 변화를 추측해 본다.

감정 카드로 장면마다
주인공의 감정 추측하기

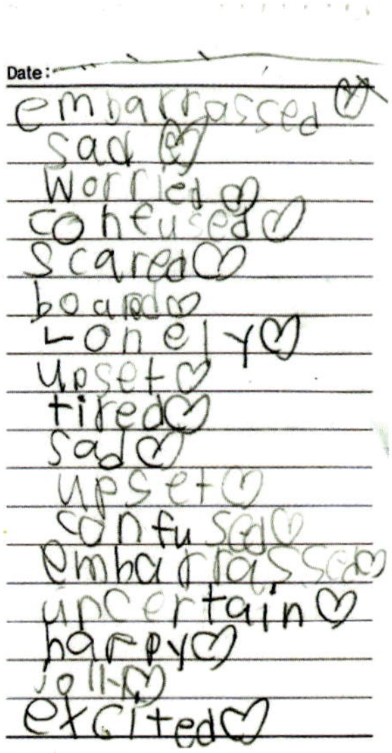

당황스럽고
슬프고
걱정되고
혼란스럽고
무섭고
지겹고
외롭고
기분 나쁘고
피곤하고
슬프고
속상하고
혼란스럽고
당황스럽고
불확실하고
행복하고
기쁘고
신이 나고

누나가 예측한 백인 아이의 감정 변화

▸ 후기

아이들과 감정 카드를 펼쳐 놓고 각각의 감정에 대해 이야기하는 시간이 매우 의미 있었다. 아이들은 본인의 경험을 이야기하며 각각의 감정에 대해 설명하려고 애썼고 잘 모르는 단어가 나올 때는 비슷한 종류의 감정과 연관 지으며 이해하려고 노력했다. 처음에는 아이들과 말로만 감정을 이야기해 보려고 했는데 백인 아이의 감정이 페이지마다 바뀌는 것을 보고는 큰 아이가 글씨로 써 보고 싶다고 이야기하여 노트를 가져와 감정을 차례대로 써 보았다. 백인 아이가 느꼈을 감정을 다 써 보고 나서는 얼마나 감정이 많이 바뀌었는지에 매우 놀라고 흥미로워했다.

아이들이 느끼는 감정의 어휘 변화가 처음에는 단순했다가 감정 카드를 사용하니 더 섬세하게 표현되었다. 거기서 더 나아가 쓰기까지 가해지니 아이는 감정의 개수와 변화에 따라 본인 스스로 분석을 하며 놀라워하는 게 인상 깊었다. 게임 전략을 활용함으로써 그림책 읽기 놀이는 더 깊이 있게 이루어졌다. 감정 변화에 사용되었던 어휘를 보면, 그림책 내용이 처음에 부정적 감정에서 긍정적 감정으로 변화되고 있음을 잘 나타내 주고 있었다.

<상상하기 놀이/질문>

- 만약 내가 친구가 없다면 어떻게 할까?
- 만약 모르는 친구가 말을 걸어오면 어떻게 할까?
- 만약 나와 모습이 다른 친구를 만나면 어떻게 할까?

위의 질문들은 상상 놀이를 계획할 때 나눌 수 있는 질문의 예이다. 상상하기 놀이는 앞에 공감하기 놀이처럼 먼저 그림책에 대하여 이야기를 나눈 후, 문학적 접근의 작가적 전략을 사용하여 작은 책 만들기를 진행하였다.

다음은 어린이들과 나눈 대화이다.

엄마: 만약 내가 친구가 없다면 어떻게 할까?
동생: 나는 너무 심심할 것 같아요.
누나: 속상하고 울고 싶을 것 같아요.
엄마: 만약 모르는 친구가 말을 걸어오면 어떻게 할까?
누나: 처음에는 쑥스러워요. 친해지면 괜찮아요.
엄마: 만약 나와 모습이 다른 친구를 만나면 어떻게 할까?
누나: 우리는 다 다르게 생겼어요. 얼굴이 달라도 돼요. 엄마 나도 머리 색깔이 달라요. 내 친구 현진이는 얼굴이 까매요. 그래도 다 같이 친구를 할 수 있어요. 엄마 영국 cousin Soraiya랑 Maya도 까맣잖아요. 그래도 친군데?

▸ 작은 책 만들기

이야기를 나눈 후 누나와 동생은 만약 내가 흑인 아이를 만난다면 어떤 이야기를 할지에 대한 작은 책을 만들어 보았다.

아이들이 만든 작은 책

▸ 후기

상상하기 놀이에서 누나는 자신의 경험을 바탕으로 '만약에 모르는 친구가 말을 걸어오면 어떻게 할래'라는 질문에 상상보다는 자신의 경험에 비추어 "처음에는 쑥스러워요. 친해지면 괜찮아요"라고 말해 주고 있다. 반편견 질문에도 누나는 자신의 환경과 경험에 비추어 머리색도 다르고 얼굴색도 다른 친구와 사촌 이름을 나열하며 다 친구가 될 수 있음을 알고 상상보다는 현실적인 대답을 하였다. 또 피부색에 대하여 대해서도 자연스럽게 자신의 생활 안에 반편견 환경이 이미 이루어지고 있음을 오고 가는 대화로 미루어 알 수 있었다.

작은 책 만들기 활동을 위해 아이들에게 손바닥만 한 크기의 작은 책을 만들어 주었는데 처음에 그 책을 받자 귀엽다며 너무 좋아했다. 빨리 자신만의 글을 써 보고 싶어 했다. 특별히 짧은 글로 쓰라고 한 게 아니었는데도 아이들은 원래 책에 나와 있는 것처럼 한 단어, 두 단어로 자신이 생각을 창안적으로 표현한 점이 놀라웠다.

Hey! what? (뭐?)
You! Why? (왜?)
Yo! Why? (왜?)
Me! Want to play? (놀래?)
What's up? noting (아무것도)

<실천하기 놀이/질문>

- 친구를 어떻게 사귀었니?
- 너는 친구랑 같은 모습을 가졌니? 어떤 점이 다르니? 어떤 점이 같니?
- 친구랑 무엇을 할 때 가장 재밌어?
- 네가 슬플 때와 기쁠 때 어떻게 친구에게 표현하니?

위의 질문들은 실천하기 놀이를 계획할 때 나눌 수 있는 질문의 예이다. 실천하기 질문을 통해 실제로 자신이 경험한 것과 연결하기 좋은 방법으로 이야기 나누기 활동을 진행하였다. 이때 한 활동을 토대로 뒤이어 진행할 표현하기 놀이에서 이 결과물이 자연스럽게 발현되었다.

엄마: 친구를 어떻게 사귀었니?

동생: 기억이 잘 안나요. 그냥 같이 있다가 놀면서 친해졌어요.

누나: 같이 있으면서 놀다가 친해져서 지금은 다 베스트 프렌드예요.

엄마: 너는 친구랑 같은 모습을 가졌니? 어떤 점이 다르니? 어떤 점이 같니?

누나: 나는 우리 반 친구들이랑 머리 색깔이 달라요. 내 머리가 제일 예뻐요. 그런데 우리는 다 다르게 생겼어요.

엄마: 친구랑 무엇을 할 때 가장 재밌어?

누나: 놀이터에서 놀 때 제일 재미있어요. 놀이터에서 잡기놀이하고 모래놀이 하고 그네 타고 다 재미있어요.

엄마: 네가 슬플 때와 기쁠 때 어떻게 친구에게 표현하니?

누나: 슬플 때는 말을 안 해요. 슬플 때는 혼자 있어요. 기쁠 때는 다 같이 웃으니까 서로 마음을 잘 알 수 있어요.

▸ 후기

다문화 가정에서 자라나는 아이들이 독특한 다문화에서 자라며, 한국가정에서 자란 같은 반 아이들과 자신들을 어떻게 생각하는지 궁금했었다. 마침 그림책 깊이 읽기에서 실천하기 질문을 통해 자연스럽게 물어볼 수 있는 기회가 되어 반가웠다.

두 아이들 모두 또래 친구들과 놀면서 자연스럽게 우정이 생겼음을 확인할 수 있었다. 누나는 특히 모든 친구가 "다 베스트 프랜드예요."라고 말하며 깊은 우정을 나누고 있음을 드러냈다. 생김새에 대한 질문에서 누나는 자신의 생김새가 조금 다르다는 것을 인지해서 "나는 달라요"라고 했지만 오히려 그 다름을 모두 긍정적 표현으로 "우리는 다 다르게 생겼어요."라고 말하며 자기 자신이 자존감이 있음을 당당히 표현했다. 그러나 동생은 아직 모르고 있는 듯했다. 하지만 아이들은 서로 생김새가 다르다는 것이 친구를 사귀는 데 문제가 있다고 생각하지는 않았다.

<표현하기 놀이/질문>
- 후에 어떤 이야기가 일어날지 이야기를 이어서 지어 볼까?
- 네가 생각하는 책의 제목은 무엇이니?

위의 질문들은 표현하기 놀이를 계획할 때 나눌 수 있는 질문의 예이다. 앞에 실천하기 놀이에서 진행했던 이야기 나누기를 한 후, 바로 작가적 전략을 사용하여 후속 짓기와 책 제목 짓기를 진행하였다.

▸ 후속 이야기를 짓기

누나와 동생은 '내가 흑인 아이를 만난다면' 어떤 이야기를 할지 작은 책을 만들어 보았다.

엄마: 뒤에는 어떤 일이 있었을까?
누나: 두 아이가 신나게 같이 놀았을 것 같아요. 장난감 자동차를 가지고 재미있게 놀 것 같아요.
동생: 둘이 사과를 같이 따서 먹을 것 같아요. 사과 나무가 하나 있는데 둘이 사과를 하나씩 따서 나누어 먹을 것 같아요.

누나의 그림

동생의 그림

▸ 책 제목을 짓기

누나와 동생이 새로 지은 그림책의 이름과 제목 〈마익스랑 데니얼〉

앞표지

뒤표지

▸ 후기

이 책을 읽는 모든 어른은 이 책을 흑인 아이와 백인 아이의 대화로 이해할 것이다. 하지만 아이들과 이 책을 읽으면서 아이들의 눈에는 서로 성격이 다른 두 아이의 이야기로 보인다는 것을 알 수 있었다. 책의 제목을 정하고 표지를 꾸미는 과정에서도 아이들은 각 캐릭터의 모습 자체에 집중했는데 그래서인지 각 캐릭터에 이름을 정해 주고 싶어했다. 아이들은 책에서 서로 이름을 물어보지 않았다는 것을 신기해하며 같이 놀기 위해서는 서로 이름을 알아야 한다고 생각했다. 그리고 책의 제목도 마익스와 데이널이라고 정해 주었다.

지금까지 진행한 다양한 놀이와 질문을 통해 그림책 깊이 읽기를 아이들과 즐겁게 해볼 수 있어 좋았다. 다문화 가정에서 자연스럽게 아이들과 상호작용하며 깊이 있는 대화를 나눌 기회가 쉽지 않았기 때문에 아이들을 이해하는 데 도움이 되었다.

종합하면, 제9~11장 실제편에서는 다시 그림책으로 가는 현장 적용 모습을 살펴보았다. 제9~10장에서는 공감과 창의 능력의 예로 선정된 도서 〈세상에서 가장 용감한 소녀[Wolf in the Snow]〉를 가지고 어린이들은 글 없는 그림책에 '나만의 이야기'와 '이야기 짓기' 등과 같은 창의적 활동을 통해 마음껏 자신의 능력을 발휘했다. 그림책 표지 살펴보기를 시작으로 그림책을 이해하고 캐릭터에 감정이입을 해 보고 '만약 내가~라면'으로 상상놀이를 하고 현실 경험과 연결하고 표현하는 창안 활동으로 그림책 깊이 읽기를 시도하였다.

그림책을 다시 천천히 깊이 읽어 가는 과정은 분명 AI 시대를 거스르는 느린 속도이지만 반드시 어린이들에게는 '뇌 회로'를 구축해 가기 위해, 그리고 문해력을 발달시키기 위해 필요한 노력이다. 특히 가정에서 가족과 함께 상호작용하면서 읽는 그림책 깊이 읽기는 어린이들의 '뇌 회로' 발달에 긍정적 영향을 미칠 것이다. 가정에서는 아이와 잠자기 전에 책 읽기를, 기관에서는 총체적 언어접근 전략으로 그림책 깊이 읽기를 다시 시도하기를 권장한다.

제11장에서는 반편견과 공감 능력 그리고 우정의 예로 선정된 도서 〈친구는 좋아![Yo! Yes?]〉를 가지고 현장에서는 내용 알기에서 시작하여 후속 이야기 짓기까지 아이들과 활동해 보았다. 이 사례는 그림책 읽기를 통해 다문화 가정에서 자라가는 아이들이 '자신을 어떻게 생각하는지' 궁금한 것을 아이들과 책을 읽는 동안 간접적으로 이해할 수 있게 된다는 것을 알려 준다. 결국 우리는 모두 다 다르게 생겼지만 친구를 사귀는 데에는 피부색이 문제가 안 된다는 것을 드러낸 사례가 시사하는 점은 편견을 넘어 공감과 우정을 길러갈 수 있다는 긍정적 측면이 있다는 것이다. 다시, 그림책 읽기는 작가의 의도를 재확인하는 것이라는 데 공감하며, 칼데콧 수상 그림책은 어린이가 간접 경험을 할 수 있는 좋은 매체이고 전두엽을 발달하는 데 있어 없어서는 아니 되는 오프라인 놀잇감으로 필수적인 것이다.

다시, 총체적 언어

칼데콧 그림책 깊이 읽기 놀이

부록

부록 I

칼데콧 수상도서 글없는 그림책 목록(1938~2020)

	수상연도	그림책 제목(삽화가/저자)
1	1978 Medal Winner	*Noah's Ark* (Peter Spier)
2	1981 HonorBook	*Truck* (Donald Crews)
3	1981 Honor Book	*The Grey Lady and the Strawberry Snatcher* (Molly G. Bang)
4	1989 Honor Book	*Free Fall* (David Wiesner)
5	1992 Medal Winner	*Tuesday* (David Wiesner)
6	1995 Honor Book	*Time Flies* (Eric Rohmann)
7	1996 Honor Book	*Alphabet City* (Stephen T. Johnson)
8	2000 Honor Book	*Sector 7* (David Wiesner)
9	2005 Honor Book	*The Red Book* (Barbara Lehman)
10	2007 Medal Winner	*Flotsam* (David Wiesner)
11	2010 Medal Winner	*The Lion & the Mouse* (Jerry Pinkney)
12	2012 Medal inner	*A Ball for Daisy* (Chris Raschka)
13	2014 Honor Book	*Journey* (Aaron Becker)
14	2014 Honor Book	*Flora and the Flamingo* (Molly Idle)
15	2014 Honor Book	*Mr. Wuffles!* (David Wiesner)
16	2017 Honor Book	*Du Iz Tak?* (Carson Ellis)
17	2018 Medal Winner	*Wolf in the Snow* (Matthew Cordell)

(2021년 3월 기준)

부록 II

번역된 칼데콧 수상 도서 목록

많은 칼데콧 메달과 아너상 그림책은 여러 출판사에 의해 한국어로 번역되었다. 1938년 이후 칼데콧상 도서가 약 62권이 번역되었다. 번역이 안 된 나머지 그림책은 원서 그대로 소개한다. 아너상 그림책은 번역된 것만 소개하는데 약 140권으로 검색된다. 참고문헌을 대신하여 원서를 먼저 소개한다. 그리고 한국어로 번역된 제목, 역자, 출판사와 간행 연도를 소개한다.

2020 Medal Winner

▶ *The Undefeated*, illustrated by Kadir Nelson, written by Kwame Alexander. 우리는 패배하지 않아. 조고은 역. 보물창고. 2020.

Honor Book

- *Bear Came Along*. illustrated by Richard T. Morris, written by Leuyen. 곰이 강을 따라 갔을 때. 이상희 역. 소원나무. 2020.

The 2010s

2019 Medal Winner

▶ *Hello Lighthouse*, illustrated and written by, Sophie Blackall. 안녕, 나의 등대. 정회성 역. 비룡소. 2019.

Honor Books

- *Alma and How She Got Her Name*, illustrated and written by Juana Martinez-Neal. 나의 이야기, 알마. 김경미 역. 다산기획. 2019.
- *Thank You, Omu!*, illustrated and written by OgeMora. 할머니의 식탁. 김영선 역. 위즈덤하우스. 2019.
- *The Rough Patch*, illustrated and written by Brian Lies. 망가진 정원. 이상희 역. 밝은미래. 2020.

- *A Big Mooncake for Little Star*, illustrated and written by Grace Lin. 달케이크. 마술연필 역. 보물창고. 2019.

2018 Medal Winner

- *Wolf In The Snow*, illustrated and written by Matthew Cordell. 세상에서 가장 용감한 소녀. 역자 없음. 비룡소. 2018.

Honor Books

- *Big Cat, Little Cat*, illustrated and written by Elisha Cooper. 큰 고양이, 작은 고양이. 엄혜숙 역. 시공주니어. 2018.
- *A Different Pond*, illustrated by Thi Bui, written by Bao Phi. 또 다른 연못. 이상희 역. 밝은미래. 2018.
- *Grand Canyon*, illustrated and written by Jason Chin. 그랜드 캐니언: 지구에서 가장 거대한 협곡. 윤정숙 역. 이정모 감수. 봄의정원. 2018.

2017 Medal Winner

- *Radiant Child: The Story of Young Artist Jean-Michel Basquiat*, illustrated and written by J. Steptoe. 빛나는 아이: 천재적인 젊은 예술가 장 미셸 바스키아. 이유리 역. 위즈덤하우스. 2018.

Honor Books

- *Leave Me Alone!*, illustrated and written by Vera Brosgol. 날 좀 그냥 내버려 둬!. 김서정 역. 미래엔아이세움. 2017.
- *Freedon in Congo Square*, illustrated by R. Gregory, written by Carole Boston Weatherford. 콩고 광장의 자유. 김서정 역. 밝은미래. 2018.
- *Du Iz Tak?* illustrated and written by Carson Ellis. 훌라훌라 추추추. 김지은 역. 웅진주니어. 2017.
- *They All Saw a Cat*, illustrated and written by Brendan Wenzel. 어떤 고양이가 보이니?. 애플비 편집부 역. 애플비북스. 2016.

2016 Medal Winner

▶ *Finding Winnie; The Story of the World's Most Famous Bear*, Illustrated by Sophie Blackall, written by Linda Mattick. 위니를 찾아서: 세상에서 제일 유명한 곰에 관한 실제 이야기. 정회성 역. 미디어창비. 2016.

Honor Books

- *Waiting*, illustrated and written by Kevin Henkes. 조금만 기다려 봐. 문혜진 역. 비룡소. 2020.
- *Last Stop on Market Street*, illustrated by Christian Robinson, written by Matt de la Pena. 행복을 나르는 버스. 김경미 역. 비룡소. 2016.
- *Trombone Shorty*, illustrated by Bryan Collier, written by Troy Andrew. 트롬본 쇼티. 정주혜 역. 담푸스. 2017.

2015 Medal Winner

▶ *The Adventures of Beekle: The Unimaginary Friend*, illustrated and written by Dan Snatat. 비클의 모험: 상상을 뛰어넘은 여행. 고정아 역. 아르볼. 2015.

Honor Books

- *Nana in the City*, illustrated and written by Lauren Castillo. 도시에 사는 우리 할머니. 이상희 역. 재능교육. 2015.
- *The Noisy Paint Box: The Colors and Sounds of Kandinsky's Abstract Art*, illustrated by Mary GrandPre, written by Barb Rosenstock. 소리 나는 물감 상자: 색과 소리의 추상화가 칸딘스키. 염명순 역. 위즈덤하우스. 2014.
- *Vita Frida*, illustrated and written by Yuyi Morales. 프리다 칼로 나는 살아 있어요. 유소영 역. 담푸스. 2015.

2014 Medal Winner

▶ *Locomotive*, illustrated and written by Brian Floca. 증기기관차 대륙을 달리다. 유만선 역. 너머학교. 2020.

Honor Books

- *Journey*, illustrated and written by Aaron Becker. 머나먼 여행. 역자 없음. 웅진미디어. 2014.
- *Mr. Wuffles!* illustrated and written by David Wiesner. 이봐요, 까망 씨!. 역자 없음. 비룡소. 2014.

2013 Medal Winner

- *This is Not My Hat*, illustrated and written by Jon Klassen. 이건 내 모자가 아니야. 서남희 역. 시공주니어. 2018.

Honor Books

- *Creepy Carrots!*, illustrated by Peter Brwon, written by Aaron Reynolds. 오싹오싹 당근. 홍연미 역. 주니어RHK. 2013.
- *Sleep Like a Tiger*, illustrated by Pamela Zagarenski, written by Mary Logue. 깊은 밤 호랑이처럼. 강형복 역. 키즈엠. 2013.
- *Extra Yarn*, illustrate and written by Laura Vaccaro Seeger. 애너벨과 신기한 털실. 홍연미 역. 길벗어린이. 2013.
- *Green*, illustrate by Jon Klassen, written by Mac Barnett. 세상의 많고 많은 초록들. 김은영 역. 다산기획. 2014.
- *One Cool Friend*, illustrate by David Small, written by Toni Buzzeo. 엘리엇에게 엉뚱한 친구가 생겼어요. 서남희 역. 다산기획. 2014.

2012 Medal Winner

- *A Ball for Daisy*, illustrated and written by Chris Raschka. 빨강 파랑 강아지 공. 역자 없음. 지양어린이. 2012.

Honor Books

- *Grandpa Green*, by Lane Smith. 할아버지의 이야기 나무. 김경연 역. 문학동네. 2011.
- *Blackout* by John Rocco. 앗, 깜깜해. 김서정 역. 다림. 2012.
- *Me... Jane* by Patrick McDonnell. 내 친구 제인. 장미란 역. 웅진주니어.

2011.

2011 Medal Winner

▶ *A Sick Day for Amos McGee*, Illustrated by Erin E. Stead, written by Phillip C. Stead. 아모스 할아버지가 아픈 날. 유병수 역. 별천지. 2011.

Honor Book

- *Interrupting Chicken* by David Ezra Stein. 아빠, 더 읽어 주세요. 김세실 역. 시공주니어. 2011.

2010 Medal Winner

▶ *The Lion & the Mouse*, illustrated and written by Jerry Pinkney. 사자와 생쥐. 윤한구 역. 열린책들. 2010.

Honor Books

- *Red Sings from Treetops: A Year in Colors*, illustrate by Pamela Zagarrenskim, written by Joyce Sidman. 빨강이 나무에서 노래해요: 봄, 여름, 가을, 겨울의 색깔 이야기. 이상희 역. 살림어린이. 2011.
- *All the World*, illustrate by Marla Frazee, written by Liz Garton Scanlon. 온 세상을 노래해. 이상희 역. 웅진주니어. 2010.

The 2000s

2009 Medal Winner

The House in the Night, Illustrated by Beth Krommes, written by Susan M. Swanson. 한밤에 우리 집은. 정경임 역. 지양어린이. 2009.

Honor Books

- *A Couple of Boys Have the Best Week Ever.* illustrated and written by Marla Frazee. 최고로 멋진 놀이였어!. 육아리 역. 뜨인돌어린이. 2014.
- *How I Learned Geography*, illustrated and written by Uri Shulevitz. 내가 만난 꿈의 지도. 김영선 역. 시공주니어. 2008.

- *A River of Words: The Story of William Carlos Williams*, illustrated by Melissa Sweet, written by Jen Bryant. 시가 흐르는 강: 윌리엄 카를로스 윌리엄스 이야기. 이상희 역. 큰북작은북. 2009.

2008 Medal Winner

▶ *The Invention of Hugo Cabret*, illustrated and written by Brian Selznick. Scholastic Press.

Honor Books

- *First the Egg*. illustrated and written by Laura Vaccaro Seeger. 무엇이 먼저일까?. 방애림 역. 미디어창비. 2016.
- *Knuffle Bunny Too: A Case of Mistaken Identity*, illustrated and written by Mo Willems. 내 토끼 어딨어?. 정희성 역. 살림어린이. 2008.
- *Henry's Freedom Box: A True Story from the Underground Railroad* illustrated by Kadir Nelson, written by Ellen Levine. 헨리의 자유상자. 김향이 역. 뜨인돌어린이. 2008.
- *The Wall – Growing Up Behind the Iron Curtain* by Peter Sis. 장벽. 안인희 역. 미래엔아이세움. 2010.

2007 Medal Winner

▶ *Flotsam*. illustrated and written by David Wiesner. 시간 상자. 역자 없음. 시공주니어. 2018.

Honor Books

- *Moses: When Harriet Tubman Led Her People to Freedom*, illustrated by Kadir Nelson, written by Carile Boston Watherford. 모세: 세상을 바꾼 용감한 여성 해리엣 터브먼. 김서정 역. 달리. 2007.

2006 Medal Winner

▸ *The Hello, Goodbye Window*. Illustrated by Chris Raschka, written by Norton Juster. 할아버지댁 창문. 금동이책 역. 엔이키즈. 2015.

Honor Books

- *Rosa*. illustrated by Bryan Collier and written by Nikki Giovanni. 일어나요 로자. 최순희 역. 웅진주니어. 2006.
- *Hot Air: The(Mostly) True Story of the First Hot-Air Baloon Ride*, illustrated and written by Marjorie Priceman. 동물들은 왜 열기구를 탔을까?. 임미경 역. 주니어RHK. 2009.
- *Zen Shorts*, illustrated and written by Jon J. Muth. 달을 줄 걸 그랬어. 천미나 역. 담푸스. 2016.
- *Song of the Water Boatman and Other Pond Poems*, illustrated by Beckie Prange, written by Joyce Sidman. 또 다른 연못. 이상희 역. 밝은미래. 2018.

2005 Medal Winner

▸ *Kitten's First Full Moon*, by Kevin Henkes. 달을 먹은 아기 고양이. 맹주열 역. 비룡소. 2005.

Honor Books

- *The Red Book*, by Barbara Lehman. 빨강 책: 우연한 만남. 역자 없음. 북극곰. 2019.
- *Coming on Home Soon*, illustrated by E. B. Lewis, written by Jacqueline Woodson. 엄마의 약속. 서애경 역. 아이세움. 2007.

2004 Medal Winner

▸ *The Man Who Walked Between the Towers*, by Mordical Gerstein. 쌍둥이 빌딩 사이를 걸어간 남자. 신형건 역. 보물창고. 2004.

Honor Books

- *Ella Sarah Gets Dressed*, by Margaret Chodos−Irvine. 오늘은 무슨 옷을 입

을까?. 민유리 역. 베틀북. 2005.

- *Don't Let the Pigeon Drive the Bus by Mo Willems.* 비둘기에게 버스 운전은 맡기지 마세요!. 정회성 역. 살림어린이 2009.

2003 Medal Winner

▶ *My Friend Rabbit, by Eric Rohmann.* 날마다 말썽 하나!. 이상희 역. 뜨인돌어린이. 2014.

Honor Books

- *The Spider and the Fly*, illustrated by Tony DiTerlizzi, written by Mary Howitt. 거미와 파리. 장경렬 역. 열린어린이. 2004.
- *Hondo & Fabian*, by Peter McCarty. 누렁이랑 야옹이. 정주혜 역. 담푸스. 2015.
- *Noah's Ark*, by Jerry Pinkney. 노아의 방주. 김영욱 역. 어린이작가정신. 2015.

2002 Medal Winner

▶ *The Three Pigs* by David Wiesner. 아기 돼지 세 마리. 이옥용 역. 마루벌. 2008.

Honor Books

- *The Dinosaurs of Waterhouse Hawkins*, illustrated by Brian Selznick, written by Barbara Kerley. 공룡을 사랑한 할아버지. 이융남 역. 문학동네. 2004.
- *Martin's Big Words: the Life of Dr. Martin Luther King, Jr.* illustrated by Bryan Collier, written by Doreen Rappaport. 마틴 루터 킹. 서애경 역. 미래엔아이세움. 2010.
- *The Stray Dog, by Marc Simont.* 떠돌이 개. 백영미 역. 작은책방. 2002.

2001 Medal Winner

▶ *So You Want to Be President?* illustrated by David Small; text; test: Judith St. George. 대통령이 되고 싶다고?. 김연수 역. 문학동네어린이. 2012.

Honor Books

- *Click, Clack, Moo: Cows That Type*, illustrated by Betsy Lewin; text: Doreen Cronin. 탁탁 톡톡 음매~ 젖소가 편지를 쓴대요. 이상희 역. 주니어RNK. 2014.
- *Olivia*, by Ian Falconer. 그래도 엄마는 너를 사랑한단다. 서애경 역. 베틀북. 2013.

2000 Medal Winner

▶ *Joseph Had a Little Overcoat*, by Simms Taback. 요셉의 작고 낡은 오버코트가…?. 김정희 역. 베틀북. 2000.

Honor Books

- *Sector 7*, by David Wiesner. 구름공항. 역자 없음. 시공주니어. 2017.
- *The Ugly Duckling*, illustrated by Jerry Pinkney; text: Hans Christian Andersen. 미운 오리 새끼. 윤한구 역. 별천지. 2010.
- *When Sophie Gets Angry—Really*, Really Angry, by Molly Bang. 소피가 화나면 정말 정말 화나면. 박수현 역. 책읽는곰. 2013.
- *A Child's Calendar*, illustrated by Trina Schart Hyman; text: John Updike. 어린이의 열두 달. 장경렬 역. 열린어린이. 2007.

The 1990s

1999 Medal Winner

▶ *Snowflake Bentley*, illustrated by Mary Azarian; text: Jacqueline Briggs Martin. Houghton.

Honor Books

- *No, David!* by David Shannon. 안 돼, 데이비드!. 김경희 역. 주니어김영사. 2020.
- *Tibet Through the Red Box*, by Peter Sis. 티베트. 엄혜숙 역. 마루벌. 2005.

1998 Medal Winner

- *Rapunzel*, by Paul O. Zelinsky. Dutton.

Honor Books

- *The Gardener*, illustrated by David Small; text: Sarah Stewart. 리디아의 정원. 이복희 역. 시공주니어. 1998.
- *There Was an Old Lady Who Swallowed a Fly*, by Simms Taback. 옛날 옛날에 파리 한 마리를 꿀꺽 삼킨 할머니가 살았는데요. 김정희 역. 베틀북. 2000.

1997 Medal Winner

- *Golem*, by David Wisniewski. 진흙 거인 골렘. 김석희 역. 비룡소. 2005.

Honor Books

- *Hush! A Thai Lulla*, by illustrated by Holly Meade; text: Minfong Ho. 쉿!. 윤여림 역. 곧은나무(삼성출판사). 2006.
- *Starry Messenger: Galileo Galilei*, by Peter Sis. 갈릴레오 갈릴레이. 백상현 역. 시공주니어. 1999.

1996 Medal Winner

- *Officer Buckle and Gloria*, by Peggy Rathmann. Putnam.

Honor Books

- *Tops & Bottoms*, adapted and illustrated by Janet Stevens. 위에 있는 것과 아래 있는 것. 이경우 역. 다음세대. 1999.
- *Alphabet City* by Stephen T. Johnson. 알파벳 도시. 역자 없음. 주니어김영사. 2007.
- *Zin! Zin! Zin! a Violin*, illustrated by Majorie Pricman; text: Lloyd Moss. 징! 징! 징! 바이올린. 햇살과나무꾼 역. 킨더랜드. 2008.

1995 Medal Winner

▶ *Smoky Night*, illustrated by David Diaz; text: Eve Bunting. HMH Books for Young Readers.

Honor Books

- *Swamp Angel*, illustrated by Paul O. Zelinsky; text: Anne Issacs. 세상에서 가장 큰 아이 안젤리카. 서애경 역. 비룡소. 2001.
- *Time Flies*, by Eric Rohmann. 이상한 자연사 박물관. 이지유 역. 미래아이. 2001.

1994 Medal Winner

▶ *Grandfather's Journey*, by Allen Say; text: edited by Walter Lorraine. 할아버지의 긴 여행. 엄혜숙 역. 마루벌. 2003.

Honor Books

- *Peppe the Lamplighter*, illustrated by Ted Lewin; text: Elisa Bartone. 페페: 가로등을 켜는 아이. 서남희 역. 열린어린이. 2005.
- *In the Small, Small Pond*, by Denise Fleming. 조그맣고 조그만 연못에서. 김향금 역. 삼성출판사. 2001.
- *Owen*, by Kevin Henkes. 내사랑 뿌뿌. 이경혜 역. 비룡소. 1996.
- *Yo! Yes?* illustrated by Chris Raschka; text: edited by Richard Jackson. 친구는 좋아!. 이상희 역. 다산기획. 2007.

1993 Medal Winner

▶ *Mirette on the High Wire*, by Emily Arnold McCully. Putnam.

Honor Books

- *The Stinky Cheese Man and Other Fairly Stupid Tales*, illustrated by Lane Smith; text: Jon Scieszka. 냄새 고약한 치즈맨과 멍청한 이야기들. 이상희 역. 담푸스. 2010.
- *Seven Blind Mice*, by Ed Young. 일곱 마리 눈먼 생쥐. 최순희 역. 시공주니어. 2017.

1992 Medal Winner

- *Tuesday*, by David Wiesner. 이상한 화요일. 역자 없음. 비룡소. 2002.

1991 Medal Winner

- *Black and White*, by David Macaulay. Houghton.

Honor Books

- *Puss in Boots*, illustrated by Fred Marcellino; text: Charles Perrault, trans. by Malcolm Arthur. 장화신은 고양이. 홍연미 역. 시공주니어. 2000.
- *"More More More," Said the Baby: Three Love Stories*, by Vera B. Williams. 또, 또, 또 해주세요: 세 가지 사랑 이야기. 노경실 역. 열린어린이. 2005.

1990 Medal Winner

- *Lon Po Po: A Red-Riding Hood Story from China*, by Ed Young. 늑대 할머니. 여을환 역. 길벗어린이. 2016.

Honor Books

- *Color Zoo*, by Lois Ehlert. 알록달록 동물원. 문정윤 역. 시공주니어. 2017.

The 1980s

1989 Medal Winner

- *Song and Dance Man*, illustrated by Stephen Gammell; text: Karen Ackerman. 멋쟁이 우리 할아버지. 지혜연 역. 열린어린이. 2006.

Honor Books

- *Free Fall*, by David Wiesner. 자유 낙하. 이지유 역. 미래아이. 2007.
- *Mirandy and Brother Wind*, illustrated by Jerry Pinkney; text: Patricia C. McKissack. 미랜디와 바람오빠. 김서정 역 . 열린어린이. 2004.

1988 Medal Winner

- *Owl Moon*, illustrated by John Schoenherr; text: Jane Yolen. 부엉이와 보름달. 박향주 역. 시공주니어. 2000.

Honor Book

- *Mufaro's Beautiful Daughters: An African Tale* by John Steptoe. 무파로의 아름다운 딸들. 김민영 역. 상상의힘. 2014.

1987 Medal Winner

▶ *Hey, Al*, illustrated by Richard Egielski; text: Arthur Yorinks. 새가 된 청소부. 고은진 역. 뜨인돌어린이. 2013.

Honor Books

- *Alphabatics*, by Suse MacDonald. 알파벳은 요술쟁이. 이경우 추천. 케이 유니버스. 2002..
- *Rumpelstiltskin*, by Paul O. Zelinsky. 룸펠슈틸츠헨. 이지연 역. 베틀북. 2001.

1986 Medal Winner

▶ *The Polar Express*, by Chris Van Allsburg. Houghton Mifflin.

Honor Book

- *King Bidgood's in the Bathtub*, illustrated by Don Wood; text: Audrey Wood. 그런데 임금님이 꿈쩍도 안해요!. 조은수 역. 보림. 2020.

1985 Medal Winner

▶ *Saint George and the Dragon*, illustrated by Trina Schart Hyman; text: retold by Margaret Hodges. Little, Brown.

Honor Book

- *Have You Seen My Duckling?* by Nancy Tafuri. 아기 오리는 어디로 갔을까요?. 박상희 역. 비룡소. 1999.

1984 Medal Winner

▶ *The Glorious Flight: Across the Channel with Louis Bleriot*, by Alice & Martin Provensen. 위대한 비행: 루이 브레리오의 영국 해협횡단 비행. 윤인웅 역. 다산기획. 2009.

1983 Medal Winner

▶ *Shadow*, translated and illustrated by Marcia Brown Original text in French: Blaise Cendrars. 그림자. 김서정 역. 보림. 2003.

Honor Book

- *A Chair for My Mother*, by Vera B. Williams. 엄마의 의자. 최순희 역. 시공주니어. 1999.

1982 Medal Winner

▶ *Jumanji*, by Chris Van Allsburg. 쥬만지. 정회성 역. 비룡소. 2020.

Honor Books

- *Where the Buffaloes Begin*, illustrated by Stephen Gammell; text: Olaf Baker. 들소 소년. 이상희 역. 소년한길. 2001.
- *Outside Over There*, by Maurice Sendak. 잃어버린 동생을 찾아서. 김경미 역. 시공주니어. 2015.

1981 Medal Winner

▶ *Fables by Arnold Lobel*. 아놀드 로벨 우화. 이상희 역. 베틀북. 2000.

Honor Books

- *Mice Twice*, by Joseph Low. 생쥐를 초대합니다. 최순희 역. 다산기획. 2007.
- *Truck*, by Donald Crews. 트럭. 역자 없음. 시공주니어. 1996.

1980 Medal Winner

▶ *Ox-Cart Man*, illustrated by Barbara Cooney; text: Donald Hall. 달구지를 끌고. 주영아 역. 비룡소. 1997.

Honor Books

- *Ben's Trumpet*, by Rachel Isadora. 벤의 트럼펫. 이다희 역. 비룡소. 2006.
- *The Garden Of Abdul Gasazi*, by Chris Van Allsburg. 압둘 가사지의 정원. 이창희 역. 베틀북. 2002.

- *The Treasure* by Uri Shulevitz. 보물. 최순희 역. 시공주니어. 2006.

The 1970s

1979 Medal Winner

▶ *The Girl Who Loved Wild Horses*, by Paul Goble. Bradbury.

Honor Book

- *Freight Train*, by Donald Crews. 화물 열차. 박철주 역. 시공주니어. 2001.

1978 Medal Winner

▶ *Noah's Ark*, by Peter Spier. 노아의 방주. 김경연 역. 미래아이. 2004.

Honor Books

- *Castle*, by David Macaulay. 성. 장석봉 역. 소년한길. 2003.
- *It Could Always Be Worse, retold and illustrated* by Margot Zemach. 우리 집은 너무 좁아. 이미영 역. 비룡소. 2006.

1977 Medal Winner

▶ *Ashanti to Zulu: African Traditions*, illustrated by Leo & Diane Dillon; text: Margaret Musgrove. Dial.

Honor Book

- *The Amazing Bone*, by William Steig. 멋진 뼈다귀. 조은수 역. 비룡소. 2000.

1976 Medal Winner

▶ *Why Mosquitoes Buzz in People's Ears*, illustrated by Leo & Diane Dillon; text: retold by Verna Aardema. 모기는 왜 귓가에서 앵앵거릴까?. 김서정 역. 보림. 2003.

1975 Medal Winner

- *Arrow to the Sun*, by Gerald McDermott. 태양으로 날아간 화살. 김명숙 역. 시공주니어. 2017.

1974 Medal Winner

- *Duffy and the Devil*, illustrated by Margot Zemach; retold by Harve Zemach. Farrar.
- *Cathedral*. by vid Macaulay. 고딕성당: 이 아름다운 건물이 지어지기까지. 하유진 역. 소년한길. 2003.

1973 Medal Winner

- *The Funny Little Woman*, illustrated by Blair Lent; text: retold by Arlene Mosel. 별나게 웃음 많은 아줌마. 이미영 역. 물구나무. 2003.

Honor Books

- *Anansi the Spider: A Tale from the Ashanti*, adapted and illustrated by Gerald McDermott. 거미 아닌시: 아샨티 옛이야기. 윤인웅 역. 열린어린이. 2005.
- *Snow-White and the Seven Dwarfs*, illustrated by Nancy Ekholm Burkert; text: translated by Randall Jarrell, retold from the Brothers Grimm. 백설공주와 일곱 난쟁이. 이다희 역. 비룡소. 2004.

1972 Medal Winner

- *One Fine Day*, retold and illustrated by Nonny Hogrogian. 꼬리를 돌려주세요. 홍수아 역. 시공주니어. 2001.

Honor Books

- *Hildilid's Night*, illustrated by Arnold Lobel; text: Cheli Duran Ryan. 힐드리드 할머니와 밤. 정대련 역. 시공주니어. 1999.
- *If All the Seas Were One Sea*, by Janina Domanska. 만일 이 세상 바다가 하나가 된다면. 이경우 역. 한림출판사. 1999.

1971 Medal Winner

▶ *A Story A Story*, retold and illustrated by Gail E. Haley. Aladdin.

Honor Books

- *Frog and Toad are Friends*, by Arnold Lobel. 개구리와 두꺼비는 친구. 엄혜숙 역. 비룡소. 1996.
- *In the Night Kitchen*, by Maurice Sendak. 깊은 밤 부엌에서. 강무홍 역. 시공주니어. 2001.

1970 Medal Winner

▶ *Sylvester and the Magic Pebble*, by William Steig. 당나귀 실베스터와 요술조약돌. 이상경 역. 다산기획. 2000.

Honor Books

- *Goggles!* by Ezra Jack Keats. 피터의 안경. 정성원 역. 비룡소. 2005.
- *Alexander and the Wind-Up Mouse*, by Leo Lionni. 알렉산더와 장난감 쥐. 김난령 역. 시공주니어. 2019.
- *Thy Friend*, Obadiah by Brinton Turkle. 갈매기의 친구 오바디아. 정경임 역. 지양어린이. 2004.
- *The Judge: An Untrue Tale*, illustrated by Margot Zemach; text: Harve Zemach. 어리석은 판사. 장미란 역. 시공주니어. 2004.

The 1960s

1969 Medal Winner

▶ *The Fool of the World and the Flying Ship*, illustrated by Uri Shulevitz; text: retold by Arthur Ransome. 세상에 둘도 없는 바보와 하늘을 나는 배. 우미경 역. 시공주니어. 1997.

1968 Medal Winner

▶ *Drummer Hoff*, illustrated by Ed Emberley; text: adapted by Barbara

Emberley. 둥둥둥, 북치는 병정!. 재구성: 프뢰벨 연구소. 프뢰벨 행복나누기. 2003.

Honor Books

- *Frederick*, by Leo Lionni. 프레드릭. 최순희 역. 시공주니어. 2017.
- *The Emperor and the Kite*, illustrated by Ed Young; text: Jane Yolen. 황제와 연. 홍연미 역. 다산기획. 2008.

1967 Medal Winner

- *Sam, Bangs & Moonshine*, by Evaline Ness. 샘과 고양이 뱅 그리고 헛소리. 이준덕 역. 다음세대. 1999.

1966 Medal Winner

- *Always Room for One More*, illustrated by Nonny Hogrogian; text: Sorche Nic Leodhas. 세상에서 제일 넓은 집. 최순희 역. 열린어린이. 2007.

Honor Book

- *Just Me*, by Marie Hall Ets. 바로 나처럼. 이상희 역. 비룡소. 2002.

1965 Medal Winner

- *May I Bring a Friend?* illustrated by Beni Montresor; text: Beatrice Schenk de Regniers. 친구를 데려가도 될까요?. 장미란 역. 시공주니어. 2005.

Honor Books

- *Rain Makes Applesauce*, illustrated by Marvin Bileck; text: Julian Scheer. 비는 사과 소스를 만들어요. 이상희 역. 열린어린이. 2006.
- *A Pocketful of Cricket*, illustrated by Evaline Ness; text: Rebecca Caudill. 호주머니 속의 귀뚜라미. 이상희 역. 사계절. 2005.

1964 Medal Winner

- *Where the Wild Things Are*, by Maurice Sendak. 괴물들이 사는 나라. 강무홍 역. 시공주니어. 2002.

Honor Book

- *Swimmy*, by Leo Lionni. 헤엄이. 김난령 역. 시공주니어. 2019.

1963 Medal Winner

▶ *The Snowy Day*, by Ezra Jack Keats. 눈 오는 날. 김소희 역. 비룡소. 1995.

Honor Books

- *Mr. Rabbit and the Lovely Present*, illustrated by Maurice Sendak; text: Charlotte Zolotow. 토끼 아저씨와 멋진 선물. 조동섭 역. 시공주니어. 2015.

1962 Medal Winner

▶ *Once a Mouse*, retold and illustrated by Marcia Brown. 옛날에 생쥐 한 마리가 있었는데. 엄혜숙 역. 열린어린이. 2004.

Honor Books

- *Fox Went out on a Chilly Night: An Old Song*, by Peter Spier. 추운 밤에 여우가. 김연수 역. 열린 어린이. 2006.
- *Little Bear's Visit*, illustrated by Maurice Sendak; text: Else H. Minarik. 꼬마 곰의 방문. 엄혜숙 역. 시공주니어. 2018.

1961 Medal Winner

▶ *Baboushka and the Three Kings*, illustrated by Nicolas Sidjakov; text: Ruth Robbins (Parnassus)

Honor Book

- *Inch by Inch, by Leo Lionni*. 꿈틀 꿈틀 자벌레. 이경혜 역. 물구나무(파랑새 어린이). 2003.

1960 Medal Winner

▶ *Nine Days to Christmas*, illustrated by Marie Hall Ets; text: Marie Hall Ets and Aurora Labastida. 크리스마스까지 아홉 밤. 최리을 역. 비룡소. 2002.

The 1950s

1959 Medal Winner

▶ *Chanticleer and the Fox*, illustrated by Barbara Cooney; text: adapted from Chaucer's Canterbury Tales by Barbara Cooney. 제프리 초서의 챈티클리어와 여우. 박향주 역. 시공주니어. 1997.

Honor Book

- *Umbrella*, by Taro Yashima. 우산. 정태선 역. 미래아이. 2001.

1958 Medal Winner

▶ *Time of Wonder*, by Robert McCloskey. 기적의 시간. 김서정 역. 문학과 지성사. 2002.

Honor Books

- *Anatole and the Cat*, illustrated by Paul Galdone; text: Eve Titus. 아나톨과 고양이. 정화진 역. 미디어창비. 2017.

1957 Medal Winner

▶ *A Tree is Nice*, illustrated by Marc Simont; text: Janice Udry. 나무는 좋다. 강무홍 역. 시공주니어. 1997.

Honor Book

- *1 is One*. by Tasha Tudor. 1은 하나. 공경희 역. 월북. 2009.
- *Anatole*, illustrated by Paul Galdone; text: Eve Titus. 아나톨. 정화진 역. 미디어창비. 2017.

1956 Medal Winner

▶ *Frog Went A-Courtin'*, illustrated by Feodor Rojankovsky; text: retold by John Langstaff. Harcourt.

Honor Books

- *Play With Me*, by Marie Hall Ets. 나랑 같이 놀자. 양은영 역. 시공주니어.

2000.

- *Crow Boy*, by Taro Yashima. 까마귀 소년. 윤구병 역. 비룡소. 1996.

1955 Medal Winner

- *Cinderella, or the Little Glass Slipper*, illustrated by Marcia Brown; text: translated from Charles Perrault by Marcia Brown. 신데렐라. 장미란 역. 시공주니어. 2008.

1954 Medal Winner

- *Madeline's Rescue*, by Ludwig Bemelmans. 마들린느의 멋진 새 친구. 마술연필 역. 보물창고. 2014.

Honor Books

- *Green Eyes*, by A. Birnbaum. 하얀 고양이 초롱이. 이명희 역. 마루벌. 2003

1953 Medal Winner

- *The Biggest Bear*, by Lynd Ward. 세상에서 가장 커다란 곰. 공경희 역. 웅진주니어. 2002.

Honor Books

- *One Morning in Maine*, by Robert McCloskey. 어느 날 아침. 장미란 역. 논장. 2018.
- *The Storm Book*. illustrated by Margaret Bloy Graham; text: Charlotte Zolotow. 폭풍우가 몰려와요. 장미란 역. 다산기획. 2008.

1952 Medal Winner

- *Finders Keepers*, illustrated by Nicolas, pseud. (Nicholas Mordvinoff); text: Will, pseud. 내 뼈다귀야!. 박향주 역. 시공주니어. 2001.

1951 Medal Winner

- *The Egg Tree*, by Katherine Milhous. Scribner.

Honor Book

- *The Most Wonderful Doll in the World*, illustrated by Helen Stone; text: Phyllis McGinley. 내 인형을 잃어버렸어요. 김옥수 역. 다산기획. 2008.

1950 Medal Winner

- *Song of the Swallows*, by Leo Politi. Scribner.

Honor Book

- *The Happy Day*, illustrated by Marc Simont; text: Ruth Krauss. 모두 행복한 날. 고진하 역. 시공주니어. 2017.

The 1940s

1949 Medal Winner

- *The Big Snow*, by Berta & Elmer Hader. 큰 눈 내린 숲속에는. 정경임 역. 지양어린이. 2011.

1948 Medal Winner

- *White Snow*, Bright Snow, illustrated by Roger Duvoisin; text: Alvin Tresselt. 하얀 눈 환한 눈. 최리을 역. 비룡소. 2003.

Honor Book

- *Stone Soup*. by Marcia Brown. 돌멩이 수프. 고정아 역. 시공주니어. 2007.

1947 Medal Winner

- *The Little Island*, illustrated by Leonard Weisgard; text: Golden MacDonald. Doubleday.

1946 Medal Winner

- *The Rooster Crows*, by Maude & Miska Petersham. Macmillan.

1945 Medal Winner

- *Prayer for a Child*, illustrated by Elizabeth Orton Jones; text: Rachel Field. 어린이를 위한 기도. 공경희 역. 미래사, 2008.

Honor Book

- *In the Forest*, by Marie Hall Ets. 숲 속에서. 박철주 역. 시공주니어. 1998.

1944 Medal Winner

- *Many Moons*, illustrated by Louis Slobodkin; text: James Thurber. 아주 아주 많은 달. 황경주 역. 시공주니어. 1998.

Honor Book

- *A Child's Good Night Book*, illustrated by Jean Charlot; text: Margaret Wise Brown. 모두 잠이 들어요. 나희덕 역. 비룡소. 2001.

1943 Medal Winner

- *The Little House*, by Virginia Lee Burton. 작은 집 이야기. 홍연미 역. 시공주니어. 1993.

Honor Book

- *Marshmallow by Clare Turlay Newberry*. 작은 토끼 마시멜로. 최순희 역. 시공주니어. 2010.

1942 Medal Winner

- *Make Way for Ducklings*, by Robert McCloskey. 아기 오리들한테 길을 비켜 주세요. 이수연 역. 시공주니어. 1999.

Honor Book

- *Nothing At All*, by Wanda Gag. 투명 강아지 아무개의 마법. 정성진 역. 지양어린이. 2010.

1941 Medal Winner

- *They Were Strong and Good*, by Robert Lawson. Viking.

Honor Book

- *April's Kittens*, by Clare Turlay Newberry. 에이프릴의 고양이. 김준섭 역. 시공주니어. 1998.

1940 Medal Winner

- *Abraham Lincoln*, by Ingri & Edgar Parin d'Aulaire. 에이브러햄 링컨. 정한결 역. 미래사. 2004.

Honor Book

- *Madeline*, by Ludwig Bemelmans. 씩씩한 마들린느. 이선아 역. 시공주니어. 2001.

The 1930s

1939 Medal Winner

- *Mei Li*, by Thomas Handforth. Doubleday.

Honor Book

- *Andy and the Lion*, by James Daugherty. 앤디와 사자. 이선아 역. 시공주니어. 2000.

1938 Medal Winner

- *Animals of the Bible, A Picture Book*, illustrated by Dorothy P. Lathrop; text: selected by Helen Dean Fish. Lippincott.

참고문헌

참고 문헌

강무홍(2004). 눈과 귀를 즐겁게 하는 언어를 찾아서. 북페럼. 서울: 한국출판 마케팅 연구소.

강영안(2020). 읽는다는 것: 독서법 전통을 통해서 본 성경 읽기와 묵상. 서울: IVP.

고혜진(1997). 한국어판 Caldecott 수상 도서 현황 및 번역 오류에 대한 연구. 이화여자대학교대학원 석사학위논문.

곽향림(2015). 구성주의 유아교육 교수학습법. 서울: 공동체.

권문정(2020). 그림책을 활용한 질문중심 하브루타 활동이 유아의 공감능력과 창의성에 미치는 영향. 숭실대학교 교육대학원. 석사학위 논문.

권문정·채명희(2017). 하브루타 질문 놀이터. 서울: 경향BP.

김세희·현은자(2011). 그림책의 이해. 경기: 사계절.

김현정(2020). 엄마 하브루타 할래요. 서울: 키출판사.

김형숙·손지희·이두표·천보선(2015). 관계의 교육학, 비고츠키. 서울: 살림터.

서정숙(1996). Caldecott 메달 도서의 특성 분석. 이화여자대학교대학원 박사학위 논문.

신명호 (1994). 그림책의 세계: 시각 표현의 변천과 가능성. 서울: 계몽사.

양동일·이성준(2018). '말하는' 역사 하브루타: 질문과 대화로 시작하는 우리 아이 역사교육. 서울: 한국경제신문i.

이경우(1995). 수학교육을 위한 문학적 접근. 서울: 다음세대.

이경우(1996, 2001). 총체적 언어: 문학적 접근을 중심으로. 서울: 창지사.

이경우·곽향림·정경진·이윤희(2019). 그룹게임.: 코딩과 컴퓨팅 사고 놀이. 서울: 창지사.

이경우·반운경(1992). 그룹게임: 피아제 이론이 암시하는 수교육. 서울: 창지사.

이경우·이은화·이정환·이기숙(1996). 통합적 접근을 위한 Caldecott Honor 수상 도서 연구. 서울: 창지사.

이기숙·현은자·김영실(1993). 유아의 문자 언어 교육을 위한 통합적 접근법에 관한 연구. 서울: 창지사.

이성은(2005). 아동을 위한 총체적언어교육: 실제와 매체로서 언어적 관점. 서울: 이대출판부.

이성준(2019). '배우는 사람의 질문이 중요하다.' 하브루타 네 질문이 뭐니?: 하브루타 질문법으로 글로벌 시대에 필요한 인재를 양성하라!. 하브루타문화협회. pp. 114–126.

이연승(2003). 2003년도 칼데콧상(Caldecott Awards) 수상도서 분석 및 시사점. 어린이미디어연구, 2(1), 55–84.

이연승(2005). 2005 칼데콧상 메달상 수상도서 'Kitten's First Full Moon'의 분석 및 교육적 적용. 어린이미디어연구, 4, 179–203.

이연승·박향원(2004). 2004 Caldecott Awards 수상도서 'ELLA SARAH GETS

DRESSED'의 분석 및 적용. 어린이미디어연구, 3, 17–34.

이연승·박향원(2007). 2006년 칼데콧 상 수상도서의 분석 및 교육적 적용. 어린이미디어 연구. 6(1). 179–202.

이연승·박향원(2008). 2007년 칼데콧상 메달상 수상도서 'Flotsam'의 분석 및 교육적 적용. 어린이미디어 연구. 7(1). 155–179.

이은화·이상금·이정환·이경우·이기숙(1995). 통합적 접근을 위한 Caldecott Medal 수상 도서연구. 서울: 창지사.

이지성(2019). 에이트: 인공지능 시대에 대체되지 않는 나를 만드는 법. 서울: 차이정원.

이효진(2010). 영어 그림책과 번역 그림책에 대한 독자 반응 비교: 그림책의 제목을 중심으로. 성균관 대학교 대학원 석사학위 논문.

하브루타문화협회(2019). 하브루타 네 질문이 뭐니?: 하브루타 질문법으로 글로벌 시대에 필요한 인재를 양성하라!. 서울: 경향BP.

현은자·김정준·연혜민·김민정·김현정·장시경(2019). 어린이 교육전문가가 엄선한 100권의 그림책. 도서출판 CUP.

Altwerger, B. & Flores, B.(1986). *Theme cycle. Key note address.* TAWL.

Altwerger, B., V. Resta. & Kilarr, G.(1992). *Theme cycles: Creating contexts for whole language strategies.* New York: R. C. Owen.

Anderson, G.(1986). *A whole language approach to reading.* New York: University Press of American.

Ashton–Warner, S.(1965). *Teacher.* New York: Simon & Schuster.

Association for Library Service to Children(1996). *The Newbery and Caldecott Awards: A guide to the medal and honor books.* 1996 Edition. Chicago: American Library Association.

Calkins, L.(1986). *The art of teaching writing.* New Hampshire: Heinemann Educational Books. Inc.

Cullinan, B. E.(1992). Whole language and children's literature. *Language Arts, 69,* 426–430.

Cullinan, B. E., & Galda, L.(1994). *Literature & the child.* New York: Harcourt Brace College Publishers.

Derman–Sparks, L. and the A. B. C. Task Force.(1999). 반편견 교육과정: 어린이에게 대응 능력을 길러주는 도구. *Aniti-Bias curriculum: Tools for EMPOWERING young children.* (이경우·이은화 역) 서울: 창지사. (원저 1989년 출판).

DeVreis, R. & Kohlber, L.(1987). *Constructivist early education: Overview and comparision with other programs.* New York: Longman.

Devries R. & Zan, B.(1997). 유아를 위한 사회 도덕성 교육. *Moral classrooms, moral children: Creating a Constructivist atmosphere in early education.* (이은화·이경우·곽향림 역). 서울: 창지사. (원저 1994년 출판).

Dewey, J.(1913/1975). *Interest and effort in education.* Edwardsville: Southern Illinois Press.

Edelsky, C.(1988). Living in the author's world: Analyzing the author's craft. *The California Reader, 21*(3), 14–17.

Edelsky, C. B., Altwerger. & Flores, B.(1991). *Whole language: What's the difference.* New Hampshire: Heinemann Educational Books. Inc.

Edes, M. & Wells, D.(1989). Grand conversations: An exploration of meaning construction in literature study groups. *Research in the Teaching of English, 23,* 4–29.

Flores, B. & Hernandez, E.(1988). A bilingual kindergartener's sociopsycho geneses of literacy & biliteracy. *Dialoge, 5.* 2–3.

Goforth, F. S., & Spillman, C. V.(1994). Using folk literature in the classroom: Encouraging children to read & write. Greenwood Press.

Goodman, K.(1986). *What's whole in whole language?.* New Hampshire: Heinemann Educational Books. Inc.

Goodman, K.(2014). *What's whole in whole language in the 21st century?.* New York: Garn Press.

Goodman, K., Smith, E. B., Meredith, R., & Goodman, Y. M.(1986). *Language and thinking in school: A whole language curriculum.* Richard C. Owen Pub.

Goolsby, L. & DeVries, R.(1994). ill. by K. T. Gunningham. *When a friend eats more than her share.* Cedar Falls, Iowa: University of Northern Iowa. Regents' Center for Development Education.

Goolsby, L. & DeVries, R.(1994). ill. by K. T. Gunningham. *When a friend refuses to share.* Iowa: University of Northern Iowa. Regents' Center for Development Education.

Goolsby, L. & DeVries, R.(1994). ill. by K. T. Gunningham. *When a friend steals.* Cedar Falls, Iowa: University of Northern Iowa. Regents' Center for Development Education.

Gordon, W. J., & Poze, T.(1972). *Teaching is listening.* Massachusetts: Porpoise Books.

Holdaway, D.(1979). *The foundations of literacy.* New Hampshire: Heinemann Educational Books. Inc.

Kammi, C. (1976). *Piaget, children and number.* Washington D. C.: NAEYC.

Kamii, C. & DeVries, R.(1992). 물리적 지식활동: 피아제 이론이 암시하는 과학교육.

Physical knowledge in preschool education: Implications of Piaget's theory. (이경우·문미옥 역). 서울: 창지사. (원저 1978년 출판).

Kamii, C. & DeVries, R.(1980). *Group games in early education: Implications of Piaget's theory*. Washington, D. C.: NAEYC.

Kamii, C.(1984). Autonomy: The aim of education of revisioned by Piaget. *Phi Delta Kappan*, v65. n6. 410–415.

Kamii, C.(1976). *Piaget, children and number*. Washington D. C.: NAEYC.

Kohlberg, L. & Mayer, R.(1972). *Development as the aim of education. Harvard Educational Review. 42*, 449–496.

Krashen, S. D.(2013). 크라센의 읽기 혁명. *The power of reading*. (조경숙 역). 서울: 르네상스. (원저 2004년 출판).

Kucirkova, N & Zuckerman, B.(2017). A Guiding framework for considering touchscreens in children under two," *International Journal of Child Computer Interaction 12*, Issue *C* (April 2017): 46–49.; Radesky, J. S. & Schumancher, J. and Zucherman, B. *Mobile and Interactive Media Use by Young Children: The Good, the Bad, and the Unknown, Pediatrics* 135, no. 1 (January 2015): 1–3.

Lipson, E. R.(2000). *The New York Times parents guide to the best books for children*. 3rd. ed. rev. & updated. The NYT.

Loughlin, C. & Suina, J.(1982). *The learning environment*. New York: Teachers College Press.

Lynch, Priscilla.(1986). *Using big books and predictable books*. Toronto: Scholastic–TAB Publications.

Lynch–Brown, C. & Tomlinson, C.(1996). *Essentials of children's literature*. Jenson Books Inc.

Martinez, L. S. & Stager, G.(2015). 메이커혁명, 교육을 통합하다. *Invent to learn: Making, tinkering, and engineering in the classroom*. (송기봉·감상균 공역). 서울: 홍릉과학출판사. (원저 2013년 출판).

Moen, C. B.(1991). *Teaching with Caldecott books: Activities across the curriculum*. New York: Scholastic Inc.

Papert, S.(1980, 2000). *Mindstorms: Children, computers, and poweful ideas*. Basic Book. Inc.

Papert, S.(1993). What's the big idea?: Toward a pedagogy of idea power. *IBM System Journal, 39*(3–4), 720–729.

Piaget, J.(1932, 1965). *The moral judgement of the child*. London: Free Press.

Piaget, J.(1936). *The origins of intelligence in children*. New York: International Universities

Press.

Piaget, J.(1970). *Genetic epistemology*. Translated by E. Duckworth. New York: Columbia University Press. (Original lectures delivered at Columbia University in October of 1968).

Resnick, M.(2018). 미첼 레스닉의 평생유치원: MIT 미디어 랩이 밝혀낸 창의적 학습의 비밀. *Lif long kindergarten: Cultivating creativity through projects, passion, peers and play*. (최두환 역). 서울: 다산사이언스. (원저. 2017년 출판).

Rosenblatt, L. E.(1978). *The reader, the text, the poem: The transaction theory of the literacy work*. Southern Illinois Univ. Press.

Routman, R.(1988). *Transitions from literature to literacy*. New Hampshire: Heinemann Educational Books. Inc.

Schmidt, B.(1989). *Responses to literature grades K-8*. International Reading Association.

Selman, R.(1980). *The growth of interpersonal understanding*. New York: Academic Press.

Staton. J., R. Shuy. J. Payton & Reed(1988). Dialogue journal communication: Classroom, linguistic, *social & cognitive views*. New Jersey: Ablex.

Stewig, J. W.(1980). *Children and literature, Chicago: Rand McNally*. College Publishing Company.

Stewig, J. W.(1988). *Children and literature*. Houghton Mifflin Co.

Turbill, J.(1982). *No better way to teach writing*. New South Wales: Primary English Teaching Association.

Vygotsky, L. S. (1986). *Thought and language*. Massachusetts: MIT Press.

Wigginton, E. (1979). Foxfire 5. *Garden City*. New York Anchor Book.

Wolf, M. (2019). 다시, 책으로: 순간접속 시대에 책을 읽는다는 것. *Reader, come home*. (전병근 역). 서울: 어크로스. (원저 2018년 출판).

인터넷

가온빛. http://gaonbit.kr.

모범적 소수 인종, 그 부끄러운 이름에 대하여. 뉴스앤조이. 2020. 06. 03.

비룡소. http://bir.co.kr.

인터넷 교보문고. https://kyobobook.co.kr.

American Library Association. http://www.ala.org.

American Library Association. Wikipedia. https://en.wikipedia.org/wiki/American_Library_Association. 2020. 5. 20. 인출.

Black Lives Matter protests: March held in Liverpool. BBC. 2020.06.13 bbc.co.uk. https://www.bbc.com/news/uk-england-merseyside-53033810. 2020. 07. 21. 인출.

Bookflix. http://teacher.scholastic.com/products/bookflix/#/

Bulbul. K. 3 campaigns spreading to the joy of reading to children at home. World Economic Forum. 2020.04.14. weforum.org/agenda/2020/04/covid19-coronavirus-reading-books-online-social-media-authors.

Experiences Build Brain Architecture. Center on the Developing at Harvard Uinv. https://developingchild.harvard.edu/resources/experiences-build-brain-architecture/. 2020. 8. 9. 인출.

https://www.newsnjoy.or.kr/news/articleView.html?idxno=300766. 2020. 9. 15. 인출.

ScratchJr. www.scratch.org.

Stephen D Krashen. Latest Articles. www.sdkrashen.com.

동영상

혐오에 감염되는 '이모데믹'과 싸워야 한다. tvN Shift 2020 tvN Shift EP.8. tvN 인사이트. https://www.youtube.com/watch?v=6X0UkHy9Ay8. 2020. 6. 7. 인출.

How to Access and Use BookFlix. westbanklibrary. https://www.youtube.com/watch?v=dQgE-e6T5KA. 2020. 7. 27. 인출.

NRC Presents: Stephen Krashen on Reading Because You Want To (Part 1). [Youtube]. https://www.youtube.com/watch?v=rX0_R9ZdYfQ. 2021년 3. 2. 인출.

So You Want to be President? https://www.youtube.com/watch?v=gcc0KpXtl5c. Scholastic. 2020년 5. 18. 인출.

TV 프로그램

EBS. 6부작 특별기획 〈당신의 문해력〉. 1부 읽지 못하는 사람들/2부 공부가 쉬워지는 힘, 어휘력/3부 학교 속의 문맹자들/4부 내 아이를 바꾸는 소리의 비밀/5부 디지털 시대, 굳이 읽어야 하나요?/6부 소리내어 읽으세요. 2021년 3월 8일, 9일, 15일, 16일, 22일, 23일 방송 인출.

다시, 총체적 언어

칼데콧 그림책 깊이 읽기 놀이

찾아보기

일반색인

영문

ㄱ

ㄴ

ㄷ

ㅇ

ㅈ

인명색인

영문

ㄱ

ㄴ

ㄷ

ㄹ

ㅁ

작품색인

저자소개

이경우 이화여자대학교 명예교수
곽향림 호원대학교 유아교육과 교수
이연승 경성대학교 유아교육과 교수
정경진 구성주의 연구소 연구실장
이윤희 아이원더 이중언어 교육팀장

다시, 총체적 언어

칼데콧 그림책 깊이 읽기 놀이

초판 1쇄 인쇄 2021년 4월 29일
초판 1쇄 발행 2021년 5월 3일

지 은 이 | 이경우 · 곽향림 · 이연승 · 정경진 · 이윤희
펴 낸 이 | 김기섭
편 집 인 | 이초롱
펴 낸 곳 | 창지사 www.changJisa.com
08589 서울시 금천구 가산디지털 1로 83 파트너스타워 1차 9층
전화 (02)719-2211~3
팩스 (02)701-9386
등 록 | 1977년 4월 28일 · 제1-421호

ISBN 978-89-426-1376-2 (93370)

값 25,000원